天津社会科学院学者文库

企业内部薪酬差异管理理论研究

DEVELOPING
COMPENSATION DIFFERENCE
MANAGEMENT THEORY
OF ENTERPRISE

徐全军 / 著

社会科学文献出版社
SOCIAL SCIENCES ACADEMIC PRESS (CHINA)

本书是天津社会科学院重点研究课题的最终研究成果，课题编号 11YZD–05

鉴定意见（一）

本书论述条例清楚、逻辑分明。第一部分，先是把视点放在国外，对世界薪酬管理理论研究前沿进行回顾，然后回过头来检阅国内薪酬管理专著的情况。第二部分，比较了三种学科的薪酬理论，条理很清楚，思考得很深入。第三部分，用三种学科理论分析了三种薪酬差异，逻辑上与第二部分相互对应。第四部分，用第二部分和第三部分的理论，结合国内外十几个企业案例，阐述了几个关键的薪酬论断，又使用调查数据验证了十几对薪酬变量之间的关系。第五部分，综合前面几部分所有的论述，构建了相互补充的管理模型图。本书认为，理论研究必须经过三个步骤：概念研究、命题研究、框架构建。概念研究是在第三部分里完成的，命题研究是在第四部分里完成的，框架构建是在第五部分里完成的。

作者对课题做了认真而深入的研究，已经达到预期目的，建议通过课题评审，等级为 A。

贺　俊

中国社会科学院　研究员

2017 年 5 月 17 日

鉴定意见（二）

　　专著的每一部分都有创新的地方。第一部分的理论前沿综述是在公开发表的论文的基础上完成的；第二部分的多学科薪酬逻辑比较是作者独到的见解，其核心思想也被公开发表；在第三部分中，人力资本与薪酬差异的关系、等级内在薪酬的概念等，都是作者的看法；第四部分是作者结合理论和案例阐述了个人的薪酬观点；在第五部分中，作者设计了七个管理模型图。总结起来，核心创新应该是作者在最后三章设计的管理模型图。

　　该课题的研究成果是一种学术性很强的著作，以创建理论为目的，抽象度较高，使用的理论、方法和材料都很丰富，论证合理、逻辑严密，具有创新性，建议通过评审，等级为 A。

陈　志

中国科学技术发展战略研究院　研究员

2017 年 5 月 17 日

自　序

本书试图服务于一种理论体系的发展。

企业管理的核心是人力资源管理，人力资源管理的核心是薪酬管理，薪酬管理的核心是薪酬差异管理。

薪酬的激励作用不仅取决于薪酬的绝对值，更取决于薪酬的相对值。"不患寡而患不均"，人们通常把自己的薪酬与他人比较，除了比较货币薪酬外，还比较教育投入、工作条件、工作安全和稳定、非货币福利、发展空间等，比较的结果不但影响员工稳定性，还影响工作积极性。薪酬差异管理十分重要。

已有的薪酬管理学研究，关注了薪酬差异管理问题，比如薪酬等级安排、薪酬的公平性原则等，但是研究焦点大多是设计岗位的方法、制定薪酬制度的步骤、绩效考核指标的选择等，少有专门研究薪酬差异的管理学著作，更缺乏研究"为什么这样做"的管理学专著。本书试图在这个领域做一点尝试。

管理学自诞生之日起就建立在多种学科理论基础之上，采用和吸收所有有利的理论，追求对问题解释的完备性而不是理论逻辑的严谨性，这是管理学的基本范式。之所以如此，是因为管理学的目标是综合所有影响要素，包括物质的、心理的、有形的、无形的，对管理问题给出最佳的解决方案，在解释"为什么"的同时致力于解释"怎么办"。

薪酬既涉及物质财富，又涉及心理过程，经济学和心理学天然的是薪酬最重要的学科理论基础。经济学领域的薪酬论著十分丰富，不但解释了企业外部的工资问题，而且已经把视角深入企业的内部，解释管理方面的问题。心理学领域虽然并没有很多关于薪酬的论著，但心理学一直是管理学的基础，从科学管理学派到人际关系管理学派，都在研究员工的心理过程。如何吸收已有的经济学、心理学和管理学薪酬理论成果，构建新的理论框架是本书的主要研究思路。

构建理论的方法一般是"思辨研究"和"扎根研究"。"扎根研究"强调研究者持续投身实践，从大量鲜活的事实中归纳出一种全新的理论，一般的研究人员很难具备这种客观条件。本书分析了十几个案例，似乎有"扎根研究"的倾向，但是所使用的都是二手案例，很难从这些案例中归纳出理论体系，因此本书的案例研究只能作为"思辨研究"的辅助。文中也使用"量的研究"，但是"量的研究"只能验证一些要素的关系，无法完成构建理论体系的任务。因此，本书主要使用了"思辨研究"，在已有管理理论成果基础上，从多学科理论中吸收营养，对概念、命题、学理进行梳理、比较、分析、综合，找出一般性规律。这种方法，在哲学社会科学理论研究中经常使用，在经济学中属于规范研究。

本书第一章讨论了国际薪酬管理理论研究前沿。利用四种国际顶尖的管理学期刊近十几年来刊登的五十多篇有关薪酬的文章，分析管理学者们正在研究什么、怎样研究。结论与前文所述一致，他们都是使用了多种学科的理论，经济学、心理学、社会学理论被运用得最多，薪酬差异、高管薪酬、薪酬激励性等都受到了高度重视。但是，大部分研究是"量的研究"，研究几个变量之间的关系，极少有论文致力于发展理论体系。在研究理论前沿的基础上，本书简要地回顾了中文版薪酬管理专著的情况，并对薪酬差异管理理论研究的意义、争议以及方法做了论述。

本书从第二章开始，主要讨论以下四个方面的问题：第二、三、四章剖析各种学科的薪酬观点及其背后的逻辑；第五、六、七章对薪酬差异的概念和种类进行解析；第八、九、十章基于案例、事实和数据讨论薪酬差异的基本命题；第十一章到第十三章构建薪酬差异管理的理论模型图。

薪酬是如此复杂，以至于任何一个学科都无法对此做出完美的解释，如果不理解各种学科背后的假设和理论逻辑，在现实中照搬理论，可能会适得其反。为此，第二、三、四章不仅讨论三种学科的薪酬观点，还探讨各学科理论的假设和基于假设之上的薪酬逻辑。经济学的理性人假设、心理学的社会人假设、管理学的复杂人假设决定了三种薪酬理论本质上的不同，决定了各理论的优势和局限性。在现实中，管理学者和经济学者讨论问题时经常产生分歧，经济学者往往首先假定人是理性的、自利的，在此基础上以严密的逻辑推理问题；管理学者相反，从讨论开始就假定人的思想和行为是可以改变的，并在此基础上综合思考各种要素，寻找最佳的方案，动摇人的自利价值观甚至理性，改变人的心态以达到激励的目的。管理学者把薪酬分为外在薪酬和内在薪酬，合起来就是完整薪酬，有的经济学者很不理解为什么会存在内在薪酬，曾经有一位学经济学的好友问笔者，怎么能把心理上的收益也作为薪酬呢？这就是学科理论差异的表现。

外在薪酬，也就是货币薪酬，是经济学讨论的理论。供求平衡理论、委托代理理论、人力资本理论、内部劳动力市场理论等都是外在薪酬差异的理论基础。内在薪酬，也就是非物质性薪酬，是心理学所讨论的理论。心理学研究中并没有内在薪酬这个概念，但讨论的是内在薪酬的内容。管理学既讨论外在薪酬又讨论内在薪酬，讨论所有薪酬的激励状况以及其与各种经营要素的关系。管理学论著很少把内在薪酬再进一步分为有差异的和没有差异的，本书对此进行了尝试。

理论构建离不开三个步骤：概念剖析、命题研究、框架构建。对命题研究的最好方法是联系实际。本书使用了一些案例，包括国外著名企业和国内新兴企业的案例，内在薪酬数据是无法从现有的数据库中找到的，为此本书设计了量表和调查问卷。由于案例数量的限制，不能用纯粹的归纳方法得出命题，只能结合理论进行讨论，受制于问卷数据的质量，虽然通过"量的研究"讨论了十几个薪酬命题，但主要是为了阐述研究思路，在整个研究中不处于重要地位。

管理学模型一般不采用数学模型，数学模型主要解释要素关系，管理学模型除了解释要素关系外，还要解释解决问题的基础、过程、重点、关键和目标等，并且管理要素是非线性关系，如果采用数学模型，理论对解释问题的完备性就大打折扣。管理学一般采用图表式的模型，如著名的价值链模型图、五种竞争力模型图、能力树模型图、波士顿矩阵模型图等。本书在最后三章构建了七个薪酬差异管理模型图，它们是从一般到具体的逻辑关系，第一个模型是最基础的模型，后边的模型是对它的进一步分解。薪酬差异制度管理原理模型，揭示了薪酬差异管理与环境、制度和目的的关系；薪酬差异管理与专用性人力资本的培育和激励模型，解释了薪酬制度运行中的薪酬差异功能的管理；薪酬等级结构设计模型，解释了薪酬等级的管理；薪酬构成设计模型，解释了不同员工薪酬构成差异的管理；企业内部团队之间的薪酬差异设计原理，解释了团队薪酬差异管理；企业中团队内部成员薪酬差异设计模型，解释了团队内部薪酬差异管理。每个模型都从基础、过程、目的和学科理论这四个方面对相关问题做出了解释。这些模型是本书研究的主要目的或者说是结论，是最主要的创新点。

这是一本学术性书籍，许多论断都是通过思辨演绎出来，站在学科角度思考问题，抽象度较高，只是解释了人力资源管理中的一个问题，实际应用还需要结合实践经验。只是使用经济学、心理学和管理学已有的理论成果，并没有涉及社会学、政治学、哲学等学科，理论发展空间很大。本研究只为抛砖引玉，期待基于"扎根研究"而产生的理论。

本研究部分章节的内容或观点，已在《天津社会科学》、《天津大学学报》（社会科学版）、《经济管理与评论》、《环渤海经济瞭望》、《中国社会科学报》等公开发表。

向所有为本书提供过意见的专家致谢，对于本书存在的不足，敬请各位读者批评指正。

徐全军

2017 年 5 月 1 日

目　录

第一篇
导　论

第一章
薪酬研究回溯、意义和争议

一 国际薪酬理论研究前沿回顾[①]

使用 WILEY 和 EBSCO 两个数据库，对国际四种著名学术杂志《Strategic Management Journal》，《Academy of Management Review》，《Academy of Management Jounal》，《Administrative Science Quarterly》，分别使用 Compensation、Reward、Incentive、Pay、Payment、Salary、Remuneration 等关键词进行检索，得到发表于 2000 年之后的 59 篇与企业薪酬相关的论文，通过分析这些论文，对国际一流学者研究的薪酬问题和方法进行回溯。

（一）学术界研究的薪酬问题

企业薪酬的研究一般从四个层面展开，即市场层面、企业层面、团队层面、个人层面。

1. 从市场层面对薪酬的研究

从市场层面研究企业薪酬，主要讨论国家和地区的政治、经济和社会文化等因素对企业薪酬制度的影响。其中，歧视问题被广为关注。

---

① 徐全军：《近十年来国外企业薪酬管理学术研究状况述评》，《经济管理与评论》2013 年 9 月。

G. F. Dreher 等人在 2000 年使用 758 份调查数据检验了性别和种族对薪酬的影响，发现白人男性雇员的薪酬水平具有明显的优势。同年，Seidel 等人通过分析 3062 个真实的薪酬条约，发现少数民族成员薪酬增加的幅度比其他民族要低，原因是社会关系影响了薪酬条约的制定。A. Joshi 等人在 2006 年，通过研究 3970 名销售人员的薪酬发现，如果在一个团队或上级管理层中有较大比例的有色人种和异性成员，因民族和性别差异引起的薪酬差异就比较小。

除了歧视外，有关研究证明，社会制度和惯例对薪酬有重要影响。Wm. Gerard Sanders 等人在 2007 年，通过对德国股票选择权薪酬的研究发现，有争议的管理方式能否被采纳取决于两个方面：一是制度环境是否成熟，二是是否有采纳有争议的管理方式的经历。20 世纪 90 年代，在俄罗斯局部地区，非法恶意拖欠工资现象成为一种社会潮流，J. S. Earle 等人在 2010 年对此进行了研究，发现，如果在一个地区存在频繁拖欠工资的惯例，就会使该地区其他公司也热衷于拖欠工资，并且受害者更不倾向于反抗。

2. 从企业层面对薪酬的研究

研究视角从市场转向企业内部，最值得关注的问题就是构建企业薪酬体系，讨论企业薪酬系统如何激励与培育人力资本，如何与企业战略匹配。本部分从薪酬与创新、协调的关系等方面，阐述了薪酬系统对人力资本的作用；从薪酬与绩效、战略的关系等方面，阐述了薪酬系统对战略的作用。

J. D. Shaw 等人在 2000 年研究了监督、合作与薪酬的关系；R. Gulati 等人在 2005 年，扩展了传统的激励与冲突的概念，把和谐定义为协调和合作性；R. Makadok 等人在 2009 年研究了在混合形态治理结构中的激励机制；同年，M. J. Leiblein 等人通过对 463 个半导体公司的研究证明，小公司和大公司在激励方面的差别导致了创新行为的异质性。

薪酬与绩效的关系一直是学术界讨论的热门话题。2001 年，A. D. Stajkovic 等人的研究证明，基于组织行为修正模型的货币薪酬优于一般的绩效薪酬，并且比社会认可、业绩反馈对绩效有更强的正向作用。2002 年，J. D. Shaw 等人研究了公司内薪酬离散程度对产出的影响，认为如果有规范的个人激励制度并且工作具有独立性，薪酬的离散度与业绩成正比，反之不成立。2003 年，M. P. Brown 等人通过研究医院的年度报告，发现企业薪酬系统和组织绩效呈非线性相互作用的关系。

关于薪酬与战略的关系，国外局限于研究单一业务公司范围内的问题。2001 年，B. Boyd 等人在研究了薪酬系统与事业部战略关系后发现，薪酬的支付系统与事业部的战略目标密切相关，并且层级位置是影响薪酬系统的重要变量。

3. 从团队层面对企业薪酬的研究

如上所述，薪酬的激励机制、薪酬与业绩的敏感性、薪酬与企业战略的匹配等是国外管理学学术界研究的热点问题。除了从企业层面对它们进行研究外，还要从团队层面进行讨论。

对于团队薪酬激励的问题，T. R. Zenger 等人在 2000 年讨论了团队薪酬激励强度，认为团队的人数、质量检验和团队管理者的参与度是影响薪酬激励强度的重要因素。

对于团队薪酬与绩效的关系，E. C. Hollensbe 等人在 2000 年对此进行了讨论，认为团队目标、薪酬计划、团队特征等因素对团队绩效水平有重要影响。

对于团队薪酬与战略的关系，D. Knight 等人在 2001 年对此做了讨论，认为团队目标的困难度与战略风险正相关，但有效的薪酬激励可以降低战略风险，团队目标难度、团队激励、战略风险和战术运用直接影响战略绩效。

对团队薪酬的研究，国外大部分学者都热衷于围绕高层管理团队进行讨论。近十年来，他们讨论了高管团队内部薪酬的差别、高管团队薪酬的变动、高管团队薪酬对战略的作用等问题。认为，高管团队成员的相似性越大，薪酬差异越大；如果薪酬与公司的虚拟价格捆绑在一起，薪酬差异会增大；社会心理因素影响到管理层薪酬的设定过程，进而影响到薪酬差异和业绩；高管团队内部薪酬差异既影响到团队的合作又影响到锦标激励强度，但在这两者之间存在着平衡点；如果环境的变化增强了管理者对市场的判断力，那么这种环境会使高管团队薪酬水平得到提高；如果环境改变使高管成员变动很大，那么这种环境会使高管团队的薪酬得到很大变化；管理层的股票期权与公司的后置风险曲线相关；追求创新的战略意图对核心雇员的薪酬水平、薪酬标准和股票期权等有重要的影响。

4. 从个人层面对薪酬的研究

对高层管理者薪酬的研究，国外学者不只热衷于从团队层面进行，还热衷于从个人层面进行。他们的研究涉及许多变量：如管理者个人特征、外部顾问、公司战略、创新、企业社会责任、锦标制度、代理问题、个人声誉等。

围绕管理者的个人特征，A. J. Wowak 等人在 2010 年研究了管理者的管理动机、知识结构、自信等特征与薪酬的关系，阐述了股票期权如何影响管理能力和风险行为。C. Kulich 等人在 2011 年，讨论了管理者的性别特征与薪酬的关系，发现男性管理者的薪酬不仅高于女性，而且其薪酬的绩效敏感度也高于女性。

对于顾问薪酬，M. A. Geletkanycz 等人在 2001 年讨论了 CEO（首席执行官）外部顾问网络与 CEO 薪酬的关系，认为管理者外部网络对公司有战略性意义，应该在 CEO 薪酬中得到反映。Y. Deutsch 等人在 2010 年，研究了外部顾问与股票选择权的关系，发现给顾问股票期权比给 CEO 更有效果，如果同时给 CEO 和顾问股票期权，那么对 CEO 的激励比对顾问的激励弱。

围绕管理者薪酬与公司战略的关系，有关学者研究了公司的长期投资、公司风险、多元化、公司并购、公司规模、战略联盟等问题。

关于管理者薪酬与创新的关系，M. Makri 等人在 2006 年发现，把发明共振和科学收获等指标与 CEO 薪酬联系起来，有利于公司的业绩。C. F. Fey 等人在 2008 年发现，基于集体业绩的激励薪酬可以导致更多的知识共享。J. He 等人在 2009 年发现，基于监控和激励的管制机制，对知识创新与经济效益的关系有不对称的作用。

对于管理者薪酬与企业社会责任的关系，J. E. Coombs 等人在 2005 年发现，利益相关者的主动行为对 CEO 薪酬的水平有反向作用。另外，P. Berrone 等人在 2009 年研究了环境保护与管理者薪酬的关系。

管理者薪酬与机会主义关系的相关论文研究了薪酬的透明度、公司治理力度、操纵收入、创始人薪酬、家族控制、管理者讨价还价能力等问题。认为，薪酬激励失灵的程度因薪酬透明度而异；薪酬水平与管理者的权利和公司治理力度相关；当 CEO 拥有更多的虚拟期权和更少的股票所有权时，CEO 更倾向于操纵公司业绩；管家和代理人的行为差异随着公司的增长而减小；在家族控制的企业中，作为家族成员的 CEO 的薪酬比外部的 CEO 薪酬低；奖金对晋升的负面影响力随着管理人员的讨价还价能力而改变；股票所有权和股票选择权对公司收购和剥离具有完全相反的影响。

对于管理者薪酬与声誉的关系，2000 年，B. M. Staw 等人研究了时尚管理技术与 CEO 薪酬的关系，认为时尚的管理技术并没有给公司带来更高的效益，但是这样的公司被认为更具创新性，主要领导容易被授予更高的薪酬。J. B. Wade 等人在 2006 年发现，被杂志认证的 CEO 在绩效好的情况下将得到更高的薪酬，但在绩效差的情况下得到的薪酬反而更低，虽然认证在短期内对 CEO 薪酬具有正面作用，但在长期内却具有负面的作用。

除了对管理者个人薪酬进行研究外，部分学者还研究了普通员工的个人薪酬问题。C. C. Chen 等人在 2002 年研究了在中外合资企业中当地雇员与外籍雇员之间的薪酬公平问题，S. Mintoh 等人在 2003 年也研究了类似的问题。C. B. Cadsby 等人在 2007 年比较了绩效薪酬和固定薪酬对普通员工的激励效果。同年，S. E. Devoe 等人研究了小时工资制度对员工工作主动性的影响。H. Wang 等人在 2008 年研究了实物期权对雇员人力资本投资的作用。

过去，学者对所有权结构、公司治理与薪酬关系的研究，一般集中于高层管理者薪酬领域内，S. Werner 等人在 2005 年，把这一问题拓展到普通雇员薪酬领域，发现所有权结构不但影响了高层管理者的薪酬，而且影响了所有雇员的薪酬。

综上所述，学术界从市场、企业、团队和个人四个层面，对性别、种族、制度、薪酬体系、人力资本、企业战略、绩效、事业部、高管团队、管理者等与薪酬的关系进行研究，其中，薪酬差异是研究的重点问题，涉及性别、种族、公司规模、人力资本、绩效、产出、层级位置、事业部目标、团队成员相似性、公司虚拟价格、社会心理、团队合作、环境变化、管理者个人特征、国籍、所有权结构、声誉、薪酬透明度、公司治理力度、操纵收入、创始人薪酬、家族控制、管理者讨价还价能力等对薪酬差异的影响。

（二） 学术界研究薪酬的方法

如果说研究的领域和问题决定了选题，那么研究的理论基础和方法决定了研究的范式。忽视理论基础和研究方法，将无法厘清研究的路径、工具、优点、科学性和局限性。

1. 薪酬研究的理论基础

对薪酬的研究一般使用经济学、心理学、社会学等学科理论进行解释。

从所分析的论文中发现学术界研究薪酬至少使用了 26 种理论。涉及的具体理论包括：交易成本理论、委托代理理论、锦标制度理论、人力资本理论、组织理论、企业资源理论、企业知识理论、企业发展理论、最优合同理论、效率工资理论、相对讨价还价能力理论、目标设定理论、胜任力理论、公平理论、动机理论、认知理论、组织行为理论、预期理论、决策理论、管家理论、社会比较理论、社会影响理论、社会学网络理论、社会歧视理论、社会角色理论、管理霸权理论等。其中，委托代理理论是影响力最大的理论，其次是人力资本理论和企业资源理论。

从学科来看，学术界使用的理论涉及经济学、心理学、社会学和政治学等。其中，影响力最大的学科是经济学，其次是心理学，最后是社会学。许多文献综合使用两种及以上理论对一个问题进行阐述。

R. Agarwal 等人（2010）使用社会心理学理论和经济组织理论讨论激励与战略联盟的关系；P. Kalyta（2009）使用最优合同理论和管理霸权理论讨论薪酬透明和机会主义；Y. Yanadori 等人（2006）使用资源理论、代理论和人力资本理论讨论薪酬与创新问题；J. D. Shaw 等人（2001、2002）使用代理理论和人力资本理论讨论团队薪酬，使用心理学理论、社会学理论和经济学理论讨论薪酬差异与绩效问题；A. D. Henderson 等人（2001）使用锦标理论、社会心理学理论和社会政治学理论讨论高管团队薪酬；D. Knight 等人（2001）使用预期理论、代理理论和社会认知理论讨论团队薪酬；W. Gerard 等人（2001）使用代理理论和行为决策理论讨论 CEO 薪酬；A. D. Stajkovic 等人（2001）使用社会认知理论和激励理论讨论薪酬绩效；J. G. Combs 等人（2003）使用委托代理理论和人力资本理论讨论薪酬与机会主义；M. P. Brown 等人（2003）使用效率工资理论和公平理论讨论薪酬绩效；N. Wasserman（2006）使用管家理论和代理理论讨论创始人与代理人的区别；C. B. Cadsby 等人（2007）使用代理理论和心理学理论讨论绩效薪酬的激励；S. E. Devoe 等人（2007）使用经济学理论和心理学理论讨论小时工资问题；X. Zhang 等人（2008）使用代理理论和期望理论讨论 CEO 问题；J. He 等人（2009）使用代理理论、资源理论和知识理论讨论薪酬激励与创新问题；H. C. Wang 等人（2006）使用资源理论和代理理论讨论薪酬与战略问题；C. Kulich 等人（2011）使用代理理论和人力资本理论阐述薪酬与性别的关系；R. Agarwal 等人（2010）使用社会心理学和组织理论分析激励和战略联盟的关系。

2. 薪酬研究的方法

论文使用的研究方法只有两种："量的研究"方法和"思辨研究"方法。"量的研究"基于大样本数据，而"思辨研究"不使用样本。

所有基于"量的研究"类论文，都遵循着导语、理论与假设、方法、结果、讨论这五个步骤进行论述。作者在"导语"这部分中，一般阐述研究的背景、目的等问题；在"理论与假设"这部分中，一般根据理论提出要验证的 3 至 7 个理论假设；在"方法"这部分中，首先阐述样本和数据来源，然后设定因变量、自变量和控制变量，最后阐明处理变量的方法；在"结果"这部分中，主要描述计量统计的结果；全文最有理论价值的部分可能是最后一部分"讨论"，这部分的篇幅比较大，全面阐述了文章的思想，包括创新性、局限性、未来研究的方向等。

样本和数据是"量的研究"的基础。本文所涉及的论文选取的样本涉及学生、大型工业企业、中型高科技企业、被《财富》排名的企业、瑞士财务机构、上市公司、行业协会、家族控制企业、医院、公开募股公司、航空公司、外资企业等，其中，60% 的论文选取的样本是上市公司。论文采集数据的来源有三种，分别为档案（二手）数据库、问卷调查、实验。

论文使用的档案数据库有：Compustat、Execucomp、CRSP、KLD、

SAFER、ATUS、公司公告、薪酬年度调查、蓝皮书、财务机构数据库、咨询公司调查数据、财富 500 数据库、公司内部档案等。其中，使用最多的是 Compustat 数据库。

使用调查数据的论文：C. Fey 等人（2008）对中国 200 个大型外资公司的二级子公司进行访谈，并在访谈中完成了调查问卷；M. Larraza-Kintana 等人（2007）对 1993～1995 年首次募股的公司进行了邮寄问卷调查；J. D. Shaw 等人（2000）对美国薪酬协会的成员进行了 149 份问卷调查，2001 年，对美国混凝土管道协会的 202 个系进行了问卷调查，2002 年，又对 141 个企业进行了问卷调查；G. F. Dreher（2000）对 9 个学校 1018 位 MBA 学生做了调查；C. C. Chen 等人（2002）对中外合资的 161 位本土员工进行了调查；N. Wasserman（2006）使用了对 528 个私人科技公司的 1238 位管理者的调查数据；J. Earle 等人（2010）对 560 个公司进行了调查。

使用实验方法的论文：R. Agarwal 等人（2010）对 405 名 MBA 学生进行了实验；D. Knight 等人（2001）对 264 位参加高阶管理课程学习的学生进行了分组实验；A. D. Stajkovic 等人（2001）在企业工厂进行了实验；A. Joshi 等人（2006）对 3970 位销售人员进行了分组实验；C. B. Cadsby 等人（2007）从澳大利亚大学招募了 115 名学生进行实验；S. E. Devoe 等人（2007）对 85 位参与者进行了小时工资的研究。

许多论文综合使用多种数据库，部分论文使用了多种数据搜集方法。M. Larraza-Kintana（2007）不但使用了调查问卷，还使用了公司公告、Compustat 和 CRSP 数据库；J. D. Shaw 等人（2002）不但使用调查数据，还使用蓝皮书、SAFER 等数据库；S. E. Devoe 等人（2007）不但使用了实验数据，还使用了 ATUS 数据库。

与"量的研究"类论文相比，"思辨研究"论文的结构比较简单，主要包括：导语、阐述理论、提出命题、说明理论意义。与国内的一些思辨性论文不同的是，国外研究在一篇文章中常常提出三个以上的命题（假设），并以命题一、命题二等文字注明。H. C. Wang 等人（2006）通过思辨对激励与多元化的问题提出了五个命题；S. Mintoh 等人（2003）通过思辨对本土与外籍员工之间的薪酬问题提出了七个命题；E. C. Hollensbe

等人（2000）通过思辨对团队绩效薪酬提出了三个命题；T. R. Zenger（2000）通过思辨对团队激励问题提出了七个命题。

综上所述，学术界对某个薪酬问题的讨论，往往综合使用多种理论、多种方法和多种数据。目前，委托代理理论、实证研究、上市公司数据被广泛地运用。

二　薪酬差异研究的意义、现状和争议

（一）薪酬差异管理是人力资源管理的核心问题

大量案例表明，企业人力资源管理的核心问题是薪酬差异管理。

（1）2004 年 12 月 8 日，A 集团宣布以 12.5 亿美元收购 IBM 全球 PC 业务，之后面临的最大问题是，如何平衡从事一般工作的原 IBM 员工的高薪与 A 集团从事高层管理工作的员工的低薪。如果维持高工资，IBM PC 的亏损局面将无法扭转；如果降薪，又面临着人员大规模流失的被动局面。企业人力资源管理受到了严峻的挑战！

（2）2004 年 3 月，在秘鲁的中国 B 公司发生了工人罢工事件。B 公司出于与当地工会组织搞好关系的良好愿望，邀请他们到北京参观访问。这些工会领导人返回秘鲁，提出要按照中国企业的标准给秘方员工增加福利。B 公司迫于罢工的压力，同企业工会组织签订了多达 35 项的福利协议，B 公司遭受的直接经济损失高达 351 万美元。

（3）C 公司是武汉市一家以生产绿色食品为主的中型民营企业。C 公司对销售人员采用基本工资加业务提成的薪酬模式，其基本工资根据销售人员的学历进行了等级设计：①刚毕业的、学习市场营销专业的大专生，基本月薪 800 元；②有相关工作经验、非市场营销专业的大专学历销售人员，基本月薪 800 元；③有一定工作经验、中专学历的销售人员，基本月薪 500 元。C 公司整体业绩较好，管理层和员工的关系也很好，但令人费解的是，销售人员跳槽现象时有发生，跳槽人员中有刚招进来的新人也有公司的销售"元老"。很多本来销售业绩很好的销售人员说走就走，很多销售计划因人员的流动而被搁浅或被迫中断。公司根据对跳槽人员的回访

发现，跳槽的原因是销售人员对学历薪酬差异不满意。

（4）D 企业为充分调动技术人才的积极性和创造性，曾采取提高奖金系数的办法，但激励效果只维持了几个月。后来，总经理王某在一次外出考察中，发现某企业聘任技术专家的做法很好。回来后便授意有关职能部门筹划，建立了本企业技术专家聘任制度，根据岗位特点给予不同标准的专家津贴。专家制度实施初期，极大地激发了专家们的积极性和责任感，但同时也引起了其他员工的强烈不满，这些不满情绪在第一季度考核期来临之际更为激化，此时企业的外部环境迅速恶化，企业不得不抽出更多的时间和精力去处理层出不穷的问题，再三推迟对技术专家的考核，最终考评只是简单地走个过场。又过了一段时间，企业的决策层发现，无论是技术专家还是其他员工，工作积极性和责任感明显减退。技术专家们抱怨工作太辛苦，他人不配合；而其他员工则理直气壮地认为，既然专家们享受高薪，就应该付出更多的劳动，自己多劳也不能多得，只要把分内之事干好就行，何必多管其他事情。

（5）E 公司地处南京市珠江路电子一条街，从事计算机销售、系统集成、软件开发等业务，员工主要由软件开发人员、系统集成项目人员、营销人员和行政、财务人员组成。在创业之初，各类人员的薪酬定位处在当地同行薪酬区的下限，员工往往工作半年左右就离职，1999 年秋，当公司承接大批新型通信软件产品订单时，因严重缺乏一批软件开发人员，不得不到人才市场突击招人。2000 年下半年，公司经营形势一片大好，为了"尽快网罗业内一流人才，抓住有利时机迅速发展壮大公司"，E 公司决定以领先于当地同类企业的薪酬水平来调整公司的薪酬方案。实行新的薪酬标准后，离职率降至 8％以下，员工素质和结构大为改善。然而，这一策略在实行一段时间后，又出现新的棘手问题，由于员工的起薪水平高，现金支付量大，公司设置的加薪频率和幅度较小，同岗位人员的薪酬水平差别不大，上升的空间小。随着时间的推移，其他公司的员工薪酬水平不断增长，逐渐赶上 E 公司的薪酬水平，一些骨干人才的离职倾向又开始抬头。

（6）L 公司是国有企业 A 集团下属的一个分公司，主要从事高科技电子产品的研发与生产。L 公司是由 A 集团原来的子公司 V 与子公司 J 组建而成，组建时员工主要来自于 V 公司和 J 公司，为了发展需要，公司同时还从人才市场招聘了一部分员工。

公司运营后，来自 V 公司的员工 c 的工资依然按照 V 公司原来的薪酬标准发放，来自 J 公司的员工 d 的工资仍然按照 J 公司原来的薪酬标准发放，而从外部人才市场招聘来的员工 e 则按市场标准发放工资。L 公司的薪酬均以月固定工资的形式发放，实行薪酬保密制度。员工 c、d、e 担任的工作任务都是电路设计与研发，然而员工 e 的工资却远高于 c，而 c 又略高于 d。

由于 L 公司生产的产品处于国内领先水平，A 集团对其非常重视。在 L 公司成立之初，L 公司总经理（兼任集团副总裁）就曾向员工许诺，公司盈利后将逐步提高员工的薪酬待遇。L 公司员工的积极性因此非常高涨，在较短的时间内完成了多个研发项目，并顺利通过评审。产品投放到市场后，L 公司逐渐开始盈利，而薪酬制度却仍然没有变动，L 公司的总经理只是在年末以非公开的形式发放了年终奖。

此后，公司里关于薪酬收入的小道消息满天飞，员工 c、d、e 通过一些非正式的渠道也都知道了彼此工资和年终奖的数额。在 L 公司开始盈利后的第一年（公司成立后第三年），公司员工针对薪酬待遇的抱怨之声四起，积极性开始下降，不时有人跳槽，迟到早退现象也不断增加，生产率随之大幅下降。与此同时，竞争对手向市场推出了同类型的竞争性产品已极大地威胁到了 L 公司的市场地位。①

（7）白某是一家中日合资企业的销售员。刚进公司时，他对这个岗位是挺满意的，不仅薪酬高，而且最令他喜欢的是这个公司给销售员发的是固定薪酬，而不是采用佣金制。因为他担心自己没受过这方面的专业培训，比不过别人，若拿佣金比别人少了会丢脸。刚上岗的头两年，小白虽然兢兢业业，但销售成绩一般，可是随着他对业务的逐渐熟练，跟零售商客户彼此间熟悉了，他的销售额渐渐上升。去年，小白干得特别出色。尽管定额比前年提高了 25%，可是到了 9 月初他就完成了全年销售定额。10 月中旬，日方销售经理通知他去汇报工作。汇报结束后，经理对他说：

---

① 孙利虎：《战略薪酬管理：理论与实务》，东北财经大学出版社，2015，第 2 页。

"公司要有几个像你一样棒的推销明星就好了。"经理的话无疑是肯定了他的优秀业绩。今年，公司又把他的定额提高了25%，尽管一开始不如去年顺利，但他仍一马当先，业绩比预计得要好。他听说本市另两家中美合资的化妆品制造企业都搞销售竞赛和奖励活动，其中一家是总经理亲自请最佳销售员到大酒店吃一顿饭，而且人家还有内部发行公司通信之类的小报，让人人都知道每人的销售情况，还表扬每季和年度的最佳销售员。而自己公司从不告诉大家谁干得好谁干得坏，也没有奖励。小白心里特别恼火。其实，在刚开始业绩不好时，他并不关心这个问题，但现在他开始觉得公司对销售员实行固定薪酬制是不公平的，一家合资企业怎么也搞"大锅饭"，应该按劳付酬。小白主动向经理谈了他的想法，建议改成佣金制，至少实行按成绩给予奖励的制度。不料经理说这是既定的政策，母公司一贯如此，还说这是本公司的文化特色，拒绝了他的建议。不久，令公司领导吃惊的是，小白辞职而去，听说他被挖到另一家竞争对手那儿去了。①

（8）1990年，年产120万吨原煤的中型矿井山花矿获得了卫生和安全的双丰收，在安全生产方面，该矿100万吨原煤生产死亡率降低到了2%以下，一举跻身于同行业的先进行列。上级主管部门为此拨了15万元奖金，奖励该矿在安全生产中做出贡献的广大干部和职工。山花矿有职工5136人，其中管理干部458人，占全矿职工的8.9%。为了合理分配这15万元奖金，该矿召开了一次"分配安全奖"会议。袁矿长召集了下属的五位副矿长、薪酬科长、财务科长、人事科长和有关科室的领导开会。袁矿长首先表明了自己的看法，提出奖金分配应该大家都有份，但不能搞平均主义，王科长介绍了具体的分配方案："主要分五个档次，矿长550元，副矿长500元，科长400元，一般管理人员200元，工人一律5元。"

管生产的冯副矿长认为工人只有5元太少了，而且大家都一样，没有拉开档次。具体主管安全的安检科陈科长，觉得自己比其他科长责任大，却与其他科长拿一个档次，太不公平了。于是发言说："要说安全工作，全矿大大小小几百条巷道我都熟悉，天天都在和安全打交道，每一次都要亲自到事故现场。但有些人一年没下几天井，与安全工作根本不沾边儿，

---

① 王长城：《薪酬管理》，海天出版社，2002，第113页。

奖金一样多，这公平吗？所以我建议多拉一个档次。"陈科长的这番话像颗炸弹把会议气氛搞乱了，大家站在自己的立场针锋相对地说开了。袁矿长最后决定维持原分配方案，认为多拉一个档次，就多一层意见，对安全科陈科长，可以在其他方面进行弥补。

奖金发下去几天后，全矿倒显得风平浪静，但没过几天，矿里安全事故就接连不断地发生了。先是运输区运转队的人车跳轨，接着三采区割煤机电机被烧，随后就是开拓区冒顶，工人受伤。袁矿长亲自组织了调查，但大家互相推责，最后终于说出了真心话："我们拿的安全奖少，没那份安全责任感，干部拿的奖金多，让他们来干吧！"还有个工人说："我受伤，就是为了不让干部拿安全奖。"一段时间里，矿上的安全事故仍然在发生，虽然矿里采取了一些措施，进行了多方面的调整工作，总算把安全事故压了下去，但矿局各区队从前那种人人讲安全，个个守操作规程的景象再也看不到了。①

（9）Z 电子集团公司曾经取得过辉煌的经营业绩，原是国内四大品牌之一，其主导产品彩电在国内曾处于领先地位，然而，在日趋白热化的市场竞争中，Z 集团市场份额年年下滑。企业高层决定聘请专业咨询公司进行诊断。

咨询小组对企业内部的员工满意度调查显示，各部门间对薪酬的满意度存在很大的不平衡性，特别是研发部门整体满意度最低。企业人才流动性不是很大，但流失的往往是核心人才。例如，最近研发部门一位极有经验的高级工程师就跳槽到一家竞争对手企业里去了。同时，小组在访谈中发现，有这种想法的人不在少数。同样是高级工程师，虽然个人能力相差较大，但同样都处在薪酬体系中的第 30 级，在薪酬分配上体现不出差别来。遇到项目也往往是少数尖子冲在前面，承担了更多的项目，薪酬分配鞭打快牛的问题突出。企业薪酬体系是高度统一的，基本上都是 50% 基本工资、50% 奖金，基本工资根据岗位制定。一般来说，部长级别基本工资为 3500~4000 元，经理级别为 3000~3500 元，如此等等。奖金平均按月发给员工，如果员工工作没有什么大的失误，就可以领取全部奖金。

---

① 王长城：《薪酬管理》，海天出版社，2002，第 113~116 页。

咨询专家认为，这些主要问题的根由在于：企业薪酬体系内部公平性有问题，没有在不同职类、不同层级采用个性化设计，难以有效吸引和激励人才；奖金发放只有形式上的约束功能，没有绩效上的激励意义；薪酬体系的窄带特征完全基于岗位，难以体现出研发人员所特有的能力特性。[①]

（10）F 制冷公司是一家合资公司。公司成立于 1995 年，是重要的中央空调和机房空调产品生产销售厂商之一。现有员工 300 余人，在全球有 17 个办事处。随着销售额的不断上升和人员规模的不断扩大，企业整体管理水平也需要提升。公司在人力资源管理方面起步较晚，原有的基础比较薄弱，尚未形成科学的体系，尤其是薪酬福利方面的问题比较突出。在早期，人员较少，单凭领导一双眼、一支笔倒还可以分清楚给谁多少工资，但人员激增后，只靠过去的老办法显然不灵，这样的做法带有很大的个人色彩，更谈不上公平性、公正性、对外的竞争性。于是他们聘请普尔摩公司就其薪酬体系进行系统设计。

管理咨询公司顾问经过系统的分析诊断，就公司现在的薪酬管理所存在的问题进行整理，认为该公司在薪酬管理方面存在的主要问题有以下四个方面：一是薪酬分配原则不明晰，内部不公平。不同职位之间、不同员工之间的薪酬差别基本上是凭感觉来确定。二是不能准确了解外部特别是同行业的薪酬水平，无法准确定位薪酬整体水平。给谁加薪、加多少，这让老板和员工心里都没底。三是薪酬结构和福利项目有待进一步合理化。四是需要建立统一的薪酬政策。

管理咨询公司顾问认为，解决薪酬分配问题需要一系列步骤：首先，需要有工作说明书作为公司人力资源管理的基础；其次，在工作说明书的基础上，对该公司的职位等级进行评定；再次，公司应委托专门的薪酬调查公司就同行业、同类别、同性质公司的薪酬水平进行调查；最后，依据公司职级图、薪资调查的数据、公司的业务状况以及实际支付能力，对公司的薪酬体系进行设计。

经过双方的紧密配合，该公司领导对最终形成的方案十分满意，因为

---

① 周斌、汪勤：《薪酬管理：理论、实务、案例》，清华大学出版社，2014，第 15 页。

他们再也不用为每月发工资这件事头疼了。薪酬分配政策的公平性也消除了员工之间的猜疑，激发了其工作热情。[①]

总之，在现实中有太多类似的案例，这些案例表明这样的观点：薪酬差异是影响人力资源管理、企业竞争优势乃至企业生存与发展的关键性问题。众多的案例足以说明：本书研究薪酬差异管理理论对企业管理实践有重要的意义。

（二）管理学领域缺少研究薪酬差异理论的专著

管理学领域把保持企业内部薪酬的公平性和企业外部薪酬的竞争性视为薪酬设计的主要问题。

世界著名的薪酬管理专家米尔科维奇等，在《薪酬管理》一书中建立了薪酬管理模型。该模型认为，设计和管理薪酬制度的基本目标有三个：效率、公平和合法。公平是薪酬制度的基础。公平的目标是试图确保每一名员工获得公平的薪酬。它强调在设计薪酬制度时，既能体现员工的贡献（如给业绩突出或经验丰富、训练有素的员工支付更高的薪酬），又能满足雇员的需要（如支付公平薪酬，而且分配工作的程序公平）。为实现薪酬管理的三个目标，每个雇主都须研究四项薪酬战略政策，包括：①内部一致性；②外部竞争性；③员工的贡献；④薪酬体系管理。这些政策是建立薪酬制度的基石。内部一致性，是指组织内部不同员工之间薪酬的比较，确定内部薪酬差异。外部竞争性，是指雇主如何参照竞争对手的薪酬水平为自己的薪酬水平定位，确定企业和竞争对手的薪酬差异。在他的模型中，内部一致性被放在第一位。[②]

索普（Thorpe, R.）和霍曼（Homan, G.）在《企业薪酬体系设计与实施》中认为，确保薪酬管理系统中的公平，是人力资源管理者的主要目标。薪酬应该不均等分发，例如，那些努力工作、拥有特殊技能或者肩负重任的人，应比他人获得更多。有两种途径可以决定对不同员工的支付水平：第一种方法是先确定外部劳动力市场薪酬水平，然后根据市场水

---

① 曹如中、邱羚、秦迎林：《人力资源开发与管理》，清华大学出版社，2015，第171页。
② 〔美〕米尔科维奇、纽曼：《薪酬管理》，董克用译，中国人民大学出版社，2002，第9页。

平支付组织中的个人；第二种方法是根据组织目标或某些工作价值进行支付。两种方法都符合公平理论。①

德斯勒（Dessler, G.）所著的畅销教材《人力资源管理》一书认为，公平可能是决定工资率最重要的因素。存在两种类型的公平：外部公平和内部公平。同其他组织的工资水平相比，支付的工资必须是优厚的，否则难以吸引和留住合格的雇员。同组织内其他人所得到的工资相比，应让每位雇员认为他或她的工资是公平的。在实际操作中，当考虑到内部和外部公平的情况时，确定工资的过程包括以下几个步骤：①就其他雇主为类似职位所支付的工资情况做一次薪水调查（确保外部公平）；②通过职位评价确定组织中每个职位的相对价值；③把类似的职位归并为一个工资等级；④通过工资曲线确定每个工资等级的额度；⑤调整好每个工资等级中的级差。②

李新建在《企业薪酬管理》中认为，企业薪酬结构的构建，要体现四个原则：①内部工作价值一致性的原则。所谓体现内部工作价值一致性，主要指企业应该清楚地了解每项工作的相对价值，并能客观地在薪酬等级中予以反映。②按个人能力付薪的原则。在薪酬结构的设计中，应该综合考虑员工的各种能力，并在薪酬结构设计中予以体现，因为员工的能力差别决定了对企业贡献的差别。③按贡献付薪的原则。按照员工的贡献付薪或按绩效付薪最能体现公平付薪的原则。④外部竞争性的原则。企业在构建薪酬结构的过程中，对一些关键职位和核心员工的薪酬设计，必须参考劳动力市场工资率的变化，即在体现内部公平性的同时兼顾外部的竞争性。③

孙剑平在《薪酬管理——经济学与管理学视觉的耦合分析》中指出，公平原则是薪酬设计的基本原则，即薪酬管理主体进行薪酬设计的基本理念。由于公平原则是薪酬设计的基本原则或基本理念，在薪酬管理过程中具有影响薪酬管理者行为的深层次导向作用，所以薪酬管理者在把握薪酬

① 〔英〕索普、霍曼：《企业薪酬体系设计与实施》，姜红玲等译，电子工业出版社，2003，第 21 页。

② 〔美〕德斯勒：《人力资源管理》，刘昕译，中国人民大学出版社，1999，第 410 页。

③ 李新建：《企业薪酬管理》，南开大学出版社，2003，第 104~105 页。

设计基本原则上的偏差，将对薪酬管理的科学性产生广泛的消极影响。薪酬设计的利害相等原则，可以被看作是薪酬设计公平原则的派生性原则，按劳分配原则可以被看作是利害相等原则的派生性原则。企业在设计薪酬时考虑的公平性，应具体地表现在以下几个方面：第一，诸要素之间资源配置的公平性；第二，同一等级的人力资源所有者所得的薪酬具有公平性；第三，企业内不同等级的人力资源所有者的薪酬具有公平性。①

杨剑、白云等在《激励导向的薪酬设计》中指出，薪酬管理需要做到相对公平，即外部公平（通过薪金调查）、内部公平（通过工作评价）、个别公平（通过绩效调薪）。本书旨在建立科学的薪酬构架和绩效调薪矩阵，完成以激励为导向的相对公平的薪酬考评作业。②

薪酬咨询专家冉斌在《薪酬设计与管理》中认为，公平是薪酬系统的基础，只有在员工认为薪酬系统是公平的前提下，才可能产生对企业的认同感和满意度，才可能产生薪酬的激励作用。公平原则是制定薪酬系统首要考虑的一个重要原则，因为这既是一个心理原则，也是一个感受原则。③

李严锋、麦凯在《薪酬管理》一书中认为，薪酬管理的一项基本原则是反对平均主义。实践中，一般是将劳动者所提供的劳动分解成劳动质量和劳动数量。劳动质量是以劳动的熟练度、复杂度、繁重度、精确度和责任大小作为衡量的依据；劳动数量则以劳动时间或劳动产量作为衡量依据。在同一劳动时间（产量）里，劳动质量越高，其劳动量就越大；反之就越小。同一劳动质量的劳动，劳动时间（产量）越多，劳动量就越大；反之就越小。复杂劳动的劳动质量和劳动数量大于简单劳动。因此其劳动量也就倍加于简单劳动量。因此，按劳付酬也可以表述为按劳动质量与劳动数量付酬，多劳多得报酬，少劳少得报酬。按劳付酬的分配方式承认劳动差别，要求报酬差别与劳动差别基本相适应。平均主义却不承认劳动差别与报酬差别，人为地否认劳动效率与物质利益的联系，要求个人之间不分劳动能力高低、劳动贡献大小，均应支付同等报酬；企业之间不分

---

① 孙剑平：《薪酬管理——经济学与管理学视觉的耦合分析》，吉林人民出版社，2000，第70页。
② 杨剑、白云、朱晓红、正蓓莉：《激励导向的薪酬设计》，中国纺织出版社，2002，第36页。
③ 冉斌：《薪酬设计与管理》，海天出版社，2002，第22页。

经济效益好坏一律支付同样的劳动报酬水平。结果这样挫伤了劳动者的积极性和上进心，阻碍了经济的发展，所以，必须杜绝平均主义。平均主义的表现形式很多，最常见的是不分工作好坏、贡献大小，一律按员工所任职务（岗位、工种）或技术（业务）等级的薪酬标准支付基本薪酬和平分奖金。再有就是人为地缩小薪酬差别，以我国人口众多需要解决就业问题为借口，一个人的饭（指工作和薪酬）三个人吃（指工作和领薪酬），主张薪酬大体平均略有差别。这两种现象都危害甚大，尤其后者隐患更大，必须杜绝。当然也不能因为反对各式各样的平均主义，而忽视分配不公或扩大差别。它同样是违背按劳分配原则，不是真正地按劳付酬。①

王长城在《薪酬构架原理与技术》一书中认为，根据行为科学理论，人们总是不断地以自己为组织付出的代价，从组织得到的报酬来与他人相比较。如果他得到的报酬，包括物质方面的薪酬、津贴、奖金、福利等，以及精神方面的社会地位、受人尊重的程度等，与他自己付出的代价，包括他支出的体力、脑力、为学习和成长付出的费用（潜在劳动）及产出（物化劳动）相比低于他人，就会产生一系列消极行为，如怠工、辞职、攻击他人等。因此薪酬分配一定要全面考虑员工的绩效、能力及劳动强度、责任等因素，考虑外部竞争性、内部一致性要求。②

陈思明在《现代薪酬管理学》中认为，效率与公平是人类社会追求的美好理想，是经济理论研究与经济活动实践的核心，也是薪酬分配的终极目标。然而，效率与公平又是相互矛盾、相互统一、互为因果的。事实上，没有效率就不会有真正的公平，而分配不公又必然严重阻碍效率提高。按劳分配是社会主义个人收入分配的基本原则，在工资分配中贯彻按劳分配，要求以劳动作为支付报酬的基本依据，多劳多得，少劳少得，不劳不得。在社会主义市场经济中，作为分配依据的劳动，只能是符合社会必要劳动时间规定并通过交换实现其价值的有效劳动。根据行为科学理论，雇员会对自己为组织的付出与从组织所得的报酬同他人做比较，若比较后雇员认为自己受到了不公平的待遇，就会采取怠工、辞职等消极行

---

① 李严锋、麦凯：《薪酬管理》，东北财经大学出版社，2002，第140页。
② 王长城：《薪酬构架原理与技术》，中国经济出版社，2003，第19页。

为，给组织带来不良后果。所以，组织在薪酬管理中必须把公平性作为基本宗旨和原则，坚持按劳分配，依据员工付出的有效劳动给予合理报酬；坚持同工同酬，同样的岗位、同样的劳动消耗应获同样的工资报酬，不允许存在性别、民族、种族、出身、年龄的歧视。行业、企业之间同工不同酬的现象在现阶段是无法消除的，但政府应采取必要的宏观调控手段，缩小不合理的收入分配差距。

张丽华、王蕴在《薪酬管理》一书中认为，薪酬管理对于任何一个企业来说都是一个比较棘手的问题，这主要是因为企业的薪酬要想实现对员工的激励功能，达到实现企业目标的最终目的，必须保证薪酬管理体系的公平性、有效性和合法性。所谓公平性是指员工对于企业薪酬管理体系以及管理过程的公平性、公正性的看法或感知，这种公平性涉及员工与企业外部劳动力市场薪酬状况、与企业内部不同职位上的人以及类似岗位上的人的薪酬水平之间的对比结果。[①]

陈全明在《薪酬管理》一书中认为，公平性是薪酬管理要达到的首要目标。"干一天公平的工作得一天公平的薪酬"，已成为老生常谈。在公平的研究方面，许多理论都有如下看法：首先，都认为雇员的公平感表现在他们的工作贡献与回报是平等的；其次，都认为雇员是在将自己的投入（技能、教育、努力等）和结果（薪酬、晋升、工作地位等）与同事的投入和结果比较后，才决定所得到的回报——薪酬是否公平；最后，每种理解都认为，感到自己处在不公平情境中的雇员将会做出各种反应，力求减少不公平。为此，在薪酬管理中，应力求达到公平。[②]

赵志泉在《薪酬管理》一书中认为，公平性是指员工对组织薪酬管理系统、管理过程、管理结果公正性的看法。因此，这里的公平既强调薪酬决策结果的公平，也强调薪酬决策程序的公平。根据美国心理学家亚当斯（J. Adams）的公平理论，报酬的公平比报酬的数量和种类更能激发员工的工作动机与行为。薪酬公平涉及员工对自己劳动所得的绝对值（实际收入）的看法，还涉及员工对其收入相对值（自己收入与他人收入的

---

① 张丽华、王蕴：《薪酬管理》，科学出版社，2009，第 12 页。
② 陈全明：《薪酬管理》，海天出版社，2002，第 17 页。

比例）的看法。因此，这里的薪酬公平包括三个维度：①个人公平，即员工的薪酬水平与其能力、绩效匹配；②内部公平，即员工企业内部相同岗位的薪酬基本保持一致；③外部公平，即支付给员工的薪酬水平应与本地区、本行业或劳动力市场上从事等同或相似工作的其他组织的薪酬水平保持一致。公平性是薪酬制度的基础。为实现薪酬公平目标，企业可以通过薪酬调查、岗位评价、绩效评价等方法，保证薪酬与能力的匹配、同岗同酬和薪酬水平的外部公平。[①]

金延平在《薪酬管理》一书中认为，薪酬差别，是指不同劳动者之间的薪酬在数量上的差异。随着社会专业化分工的深入，不同劳动者工资也开始发生变化，特别是当专业化分工使生产力大大提高之后，劳动力带来的边际收益已经超过了最低生活标准，工资开始变得有所差别，这种差别具体反映在：①不同个人特征劳动者之间的薪酬水平不同，如不同年龄的劳动者之间薪酬不同、不同性别的劳动者之间薪酬不同、不同学历的劳动者之间薪酬不同等；②不同工作性质的劳动者之间薪酬水平不同，如体力与脑力劳动者之间的薪酬不同、机关与企业的劳动者薪酬不同等；③不同群体的劳动者之间的薪酬水平不同，如不同企业的劳动者之间薪酬水平不同、不同行业的劳动者之间薪酬水平不同、不同地区的劳动者之间薪酬水平不同等。为解释上述各种工资差别现象，薪酬差别理论应运而生。薪酬差别理论主要包括职业薪酬差别理论、经济租金理论、人力资本差别理论。这三种代表性的理论分别从不同的角度，论述了劳动者之间产生薪酬差别的原因。[②]

石伟在《薪酬管理》一书中认为，影响薪酬决策的战略性因素主要包括：内部一致性、外部竞争性、激励性与管理的可行性。内部一致性（又称内部公平性），主要是指员工会比较自己所获得的薪酬是否合适。他们会将自己的薪酬与同一组织中从事相同工作的其他员工、从事不同工作的其他员工进行对比。如果他认为相对于组织中的其他工作以及其他员工，自己的工作获得了公平的报酬，他就会感到内部一致性。内部一致性

① 赵志泉：《薪酬管理》，河南大学出版社，2012，第8页。
② 金延平：《薪酬管理》，东北财经大学出版社，2008，第32页。

强调的重点是根据各种工作对组织整体目标实现的相对贡献大小来支付报酬。所谓外部竞争性是指本组织薪酬水平与其他组织薪酬水平相比较时更具竞争力。企业要想获得有竞争力的优秀人才，必须要制订出一套对人才有吸引力并在行业中具有竞争力的薪酬系统。激励性主要是强调员工的报酬应与业绩挂钩，组织根据绩效水平的高低来调整员工薪酬，区分从事相同工作具有相同能力但绩效考核有差异的不同员工的报酬水平，充分体现激励性。激励性主要是通过绩效考核体现，并依据考核结果来确定激励方案的实现。①

文跃然在《薪酬管理原理》一书中认为，公平不是绝对、单一的平等，即结果公平，而是具有丰富意义、与绩效挂钩的公平，即过程（机会）公平。首先，公平是企业之间的薪酬公平，又称外部公平；其次，公平是企业内员工之间的薪酬公平，又称内部公平；最后，公平是同种工作岗位上的薪酬公平，即个人公平。由于不同员工的绩效、技能、资历等存在差异，在此原则下，同种工作岗位上的不同员工，所获得的公平的报酬在数量上是有差异的。内部公平是和激励原则相对应的。每个人的能力不同，对企业的贡献也不同。如果贡献大者和贡献小者得到的报酬一样，这种绝对的公平就是实质上的不公平。因此，激励原则就是指根据员工的能力和贡献大小，根据企业内部各类、各级职务的不同，企业的薪酬标准也要适当地拉开距离，防止"大锅饭"之类的绝对平均化，充分利用薪酬的激励效果，调动员工的工作积极性。②

韩国元、刘小畅在《中小企业人力资源组织与管理》一书中认为，公平是企业报酬制度的基础。通常，员工认为薪酬制度是公平的时候才会产生满意感，报酬制度才能起到激励作用。因此，公平是决定工资率最重要的因素，这里提出两种类型的公平：外部公平和内部公平。所谓外部公平，就是指企业的薪酬标准或工资水平同其他公司相比要有竞争力，否则难以吸引和留住人才。所谓内部公平，是指与组织内部其他人员相比，应让每位员工感到自己在付出劳动和获得报酬的关系上是合理的。薪酬政策

---

① 石伟：《薪酬管理》，对外经济贸易大学出版社，2009，第 8 页。

② 文跃然：《薪酬管理原理》，复旦大学出版社，2013，第 248 页。

不仅要考虑到薪酬水平的外部竞争力和薪酬结构的内部一致性，还要研究在一个组织内部承担相同工作或拥有相同技能水平的员工之间的薪酬关系问题。[①]

周斌、汪勤在《薪酬管理：理论、实务、案例》一书中认为，在同一企业中从事相同工作的员工进行薪酬公平性的相互比较时，还会将薪酬与个人的绩效、技能、能力、资历等个人特征联系起来，以考察这些因素引起的薪酬差异是否存在以及是否合理。尤其是绩效薪酬的差异问题，在绩效优秀、绩效一般以及绩效不良的员工之间应当有一个合理的薪酬差距。如果贡献大者与贡献小者得到的报酬一样或相差不大，看似是公平的，但实质上是不公平的。一般而言，劳动成果最能反映员工的劳动情况，一些民营企业在薪酬分配上注重结果而不注重过程，是有一定道理的。员工薪酬的一部分应该与公司、部门或个人绩效结合起来，充分体现绩效文化，但在一些高科技企业，能力大小有时是决定薪酬差距更重要的个人因素。[②]

综上所述，几乎每一本薪酬管理学图书都强调公平性是建立薪酬制度的基石，但是这些图书主要把薪酬公平性视为一种原则，或者通过案例归纳出其重要性，个别图书用很少的字数提及薪酬差异管理理论但并没有进行论述，在管理学领域至今仍缺乏专门探讨薪酬差异管理原理的专著。

（三）学术界对薪酬差异问题的争议

如前文综述所示，虽然在管理学界缺乏研究薪酬差异理论的专著，但是存在众多阐述或涉及薪酬差异理论的学术论文。这些论文研究薪酬时使用的相关理论有20多种，至今仍不能对薪酬差异的许多核心问题达成一致观点，争议很大。

有的文献认为，薪酬水平越高，薪酬对雇员的激励程度越大，但另有文献认为，随着薪酬水平的增长，雇员有降低努力程度的趋势（Akerlof，1984）；有的文献认为增加薪酬差距能提高雇员的努力水平和公司绩效

[①] 韩国元、刘小畅：《中小企业人力资源组织与管理》，哈尔滨工程大学出版社，2015，第131页。

[②] 周斌、汪勤：《薪酬管理：理论、实务、案例》，清华大学出版社，2014，第15页。

（Lazear，Rosen，1981；Rosen，1986；Lazear，2000），但另有文献指出，公司的高绩效需要高协调，增加薪酬差距不利于协调工作（Andrew D. Henderson，James W. Fredrickson，2002）；有的文献认为在小群体中，成员间的相互作用对团队薪酬计划的实施效果具有重要的积极作用（Nalbantian，Schotter，2001），但另有文献提出，同伴监督存在效率损失；有的文献通过实证分析发现，高层管理者的薪酬与企业业绩有相关性（Garen，1994；Murphy，1998；Ya Ting，2003；堪新民、刘善敏，2003），但另一些文献研究证实，高层管理者的薪酬与企业业绩的相关性很小，很少有证据显示其报酬的有效性（Pfeffer，1998）。

产生争议的一个重要原因是，相关论文在讨论薪酬差异问题时，往往是基于某种学科理论体系。但是，薪酬差异管理具有复杂性，基于某种学科理论假设之上的薪酬理论，无法对薪酬差异做出切合实际的解释。

薪酬管理的复杂性是由人和管理情景的复杂性决定的。

管理过程中的人具有复杂性。参加组织的人怀着不同的需要，不同的经理对股票所有权和股票优先权等激励性薪酬做出的反应是不同的（Wm. Gerard Sanders，2001）。参加组织的人对风险的偏好不同，薪酬的差距对其的激励程度也不一样（Lazear and Rosen，1981；Rosen，1986；Lazear，2000）。同一个人的主导需要也会随着时间、地点和环境的不断变化而变化，组织的类型、组织的文化会直接影响到雇员对内部公平性、外部竞争性、薪酬等级、可变薪酬等的看法。由于人具有复杂性，薪酬设计并非是一种简单的工作。

已有的实证研究证明，在不同的情景中，薪酬产生的效果不一样。其效果有：①员工薪酬的效果。在所有者控制的公司，员工薪酬水平的变化与公司财务绩效相关，但是，在管理者控制的公司，两者不相关（Steve Werner，Henry L. Tost，Luis，2005）；当个体的作业有较强的独立性，工资的离散水平与绩效正相关，当个人的作业是相互依赖的时候，薪酬分布应该集中（Jason D. Shaw，Nina Gupta，John E. Delery，2002）。②经理薪酬的效果。只有在监控灵敏的公司，因收购而发生的公司收入与CEO的薪酬变化成相关性（Perer Wright，Mark Kroll，Detelin Elenkov，2002）；如果银行经理的决策自由度较高，经理薪酬与银行业绩有较高的相关度

（MicheL L. Magnan，SyLylvie St-Onge，1997）。③薪酬形式的效果。可变薪酬计划的成功依赖于多种因素（Brown，2002）；在处于战略防御地位的公司，现金红利分配计划能产生较好的绩效。相反，在处于战略开拓地位的公司，股票激励计划能实现较好的绩效（Nandini Rajagopalan，1997）；在技术变迁速度很快或是技术外溢速度很快时，计件薪酬可能失去激励作用（Carmichael，Macleod，2000）。不同的公司处于不同的情境中，使薪酬问题具有复杂性。

对薪酬差异的设计，一方面应该与人的特性相匹配，另一方面应该与企业情景相匹配。某些学科理论往往假定了人的特性是固定的、企业的情景是一致的，只研究薪酬内部的局部问题或几个要素之间的关系，所得出的结论不可能完全一致，其理论结论对具体实践缺乏指导意义，无法消除争议。

三　对研究方法的讨论

（一）研究范式

美国著名哲学家、科学史学家托马斯·库恩（Thomas Kahn）提出"范式"的概念。虽然库恩没有给出有关什么是"范式"的统一的表述，但是一般认为，"范式"被理解为每一种科学在某一定时间内具有的一个固定的、自身不再被问题化，亦即不再受到质疑的基本看法。每个学科内的每一解释，甚至每一研究总是在一个"范式"指导下的解释与研究，更准确一点说，"没有范式就没有科学，因为范式是理论化的坐标或者罗盘。以此坐标为地基，才有可能将某一研究范围归类与规范化"。更进一步说，"范式"的意义是，"范式决定了我们的着眼点，决定着哪些问题是允许被提出的，同时决定着如何回答所提出的具体问题以及解决这类问题的方法与手段"[①]。

如表 1 所示，这是一种借鉴社会学家博勒尔和摩根（Burrell，

---

① 汉斯·波塞尔：《科学：科学是什么》（中译本），李文潮译，上海人民出版社，2004，第 118 页。

Morgan）1979 年的分类方法而对管理研究范式和具体方法进行的分类。管理学研究范式被分为激进的结构主义、职能主义、诠释型和激进人道主义四种，涵盖了 12 种具体的研究方法。

表1　基于 Burrell 和 Morgan（1979）社会学范式分类的管理研究方法论

范式类型	范式解释	具体研究方法	管理应用举例
激进的结构主义 （radical structualist）	也被称为规范范式。从结构整体认识事物，以客观、规范和概括为特征，获取新知识，追求"应然"问题。	归纳法 （inductive approach）	赫兹伯格的双因素理论
		演绎法 （deductive approach）	穆尼分析组织的概念和职能
		常态法 （Meso approach）	X 理论与 Y 理论 A 模式与 J 模式得到 Z 模式
		系统法	巴纳德的社会系统理论
职能主义 （functionalist）	也被称为实证主义范式。认为管理学是一门经验科学，将理论建立在直接观测的基础上，与理论演绎方法对应。	证实主义 （postivist approach）	泰勒的三大实验（搬运铁块、铁砂和煤炭的铲掘实验、金属切削）
		证伪主义 （falsificationist approach）	霍桑实验
诠释型 （interpretive）	也被称为后实证主义范式。通过直觉判断和个人洞察力获取知识的思辨方法，着重个人的主观感受。	经验法或者案例法 （cases approach）	戴尔《伟大的组织者》、德鲁克《公司概念》
		权变法 （contingercy approach）	权变管理学派
		社会学法 （sociological approach）	社会责任
		经济学法 （ecnomic approach）	资源依赖理论、激励理论
激进人道主义 （radical humanist）	将现有各类学科有关人的行为的知识引入到管理问题研究中，形成相应的研究方法。	心理学法 （psychological approach）	人际关系学派、群体行为
		伦理法 （ethical approach）	公司伦理

资料来源：罗珉：《管理理论的新发展》，西南财经大学出版社，2003，第 60~108 页。

本书的研究范式主要是结构主义（规范范式），系统地思考各种理论，对薪酬问题进行演绎推理，通过规范性分析构建理论框架。虽然涉及实证主义，但它只是处于辅助性地位。

（二）研究方法①

影响薪酬的因素是复杂的。企业外部环境因素，如经济周期、技术进步、政治法律、社会文化、劳动力市场供求、阶级矛盾、种族歧视、性别歧视、宗教信仰、教育状况、经济结构等；企业内部因素，如企业战略、公司规模、组织结构、产权关系、治理结构、企业文化、高管团队、绩效、层级位置等，都对薪酬水平和差异产生影响。

由于影响因素复杂，单一的研究方法不可能解决薪酬问题。如前文的综述所示，薪酬研究的相关文献，使用了思辨和实证的方法。在思辨和实证的过程中，往往使用比较、类比、归纳、演绎、分析、综合、直觉等思维方法，使用调查、实验、访谈、实地考察、文献研究等资料收集与分析的方法。综合起来，企业薪酬研究方法存在着"科学的方法"和"非科学的方法"之分，"科学的方法"主要是指"量的研究"，"非科学的方法"主要是指"质的研究"和思辨研究。

1. "量的研究""质的研究"和思辨研究

"量的研究"通常被称为实证研究。"量的研究"从特定假设出发将现象数量化，计算出相关变量之间的关系，以检验研究者关于该事物的某些理论假设，由此得出科学的、客观的研究结果的研究方法。

"量的研究"坚持哲学上的实证主义范式，特别强调人类可感知的客观事实在认识世界中的重要作用，认为一切来源于客观事实又可还原于客观事实，只有通过观察（感觉）获得的知识才是可信赖的，单纯通过思辨进行抽象的推理不能得到可靠的结论。

最典型的"量的研究"过程是大样本统计分析。一般的步骤是：依据提出的问题，确立研究目标，探讨追踪相关研究成果获得的理论和观

---

① 相似的观点参考徐全军、孙明华《企业竞争力研究方法论》，《天津社会科学》2011 年第 1 期。

点，运用已有的概念、理论、定理、模型等提出与研究问题直接相关的待检假设，进行研究标度设计和调查方案设计，决定抽样方法和样本容量，数据实地采集，数据整理，运用数理统计方法和工具进行数据分析，假设检验，做出研究结论，指出应用条件，并提出有待进一步研究的问题。"量的研究"有一套完备的操作技术，包括抽样方法（如随机抽样、分层抽样、系统抽样、整群抽样）、资料收集方法（如问卷法、实验法）、数字统计方法（如描述性统计、推断性统计）等。

"质的研究"又被称为"扎根理论"。质的研究是直接从实际观察入手，从原始资料中归纳出经验概括，然后上升到理论的一种研究方法。它的宗旨是在经验基础上建立理论，研究者在研究开始前一般没有理论假设。

质的研究与定性研究不是同一个概念。"定性研究"基本没有系统收集和分析原始资料的要求，而"质的研究"却十分强调研究者在自然情境中与被研究者互动，在原始资料的基础上建构研究的结果或理论。"定性研究"包括所有非定量的研究，而"质的研究"不包括纯粹的哲学思辨、个人见解和逻辑推理。

"质的研究"与"量的研究"有一定的共同之处：两者都强调研究中的经验主义成分；尽管收集的资料类型以及分析资料和利用资料的方法有所不同，但是都必须有深入、细致、系统的调查资料作为基础，从研究者自己收集的资料中寻找意义解释或理论的根据。两者也都试图建立一系列规范的程序、过程和分析资料的方法，最大可能地量化，试图使人用同样的方法可以得出同样的结论，使方法科学化，使研究可以沿着特定的路径发展。它们最大的区别在于：一是样本量不同，量的研究使用大样本，而质的研究使用小样本；二是研究路线不同，量的研究主要是自上而下，由理论推知假设，然后验证它们，而质的研究是自下而上，观察事情状况，通过归纳建立理论。

"质的研究"的主要思路是：在系统收集资料的基础上，寻找反映现象的核心概念，然后通过这些概念之间的联系建构理论。具体过程通常由如下步骤组成：①研究者将自己投入到实地发生的各种事情之中，扩大自己对研究问题的理解，并寻找本土概念；②在研究现场收集需要的资料，对资料进行"深描"；③对资料进行细致的编码，将资料归到尽可能多的概念类属下面，然后将编码过的资料在相同和不同的概念类属中进行比较，为每一个概念类属找到其属性；④对有关概念类属与它们的属性进行整合，同时对这些概念类属进行比较，考虑它们之间的关系；⑤勾勒出初步呈现的理论，确定该理论的内涵和外延，将这个初步的理论返回到原始资料进行验证，同时不断地优化现有理论，使之变得更加精细；⑥对理论进行陈述，将所掌握的资料、概念、类属的特性以及概念类属之间的关系一层层地描述出来，最后的理论建构可以作为对研究问题的回答；⑦说明资料收集和分析所运用的程序，使其他人原则上遵循同样的程序可以得到相同的结论。

在"质的研究"的整个过程中要不断运用比较的原则，从收集到第一份资料开始，研究者就进行比较以刺激思考，并能全面、简明扼要地抓住研究现象的主要特质。借助比较，资料得以整理，发现数据之间的秩序、看到各种现象之间的关系。"质的研究"的具体方法有实验法、实地调查研究法、案例分析法、档案分析法、历史分析法等。最常用的是前三种。

思辨研究是依赖个人的主观想象和思维能力进行推理、分析、判断问题的方法，是规范性研究的一种（规范性研究还包含"质的研究"的一些内容）。

思辨的方法与科学的方法是相对的。思辨的方法是基于头脑中的主观想象来认识事物的本质，而科学的方法是基于现存的客观事实认识事物的本质。思辨的方法不强调客观和实证性，所得结论不必建立在直接观测和经验基础之上，研究者往往无法清晰表达研究过程和步骤，研究结论缺乏数据资料支持。

思辨的方法又分为直觉性思辨、演绎性思辨和归纳性思辨。直觉性思辨是依靠研究者的直觉或"理解"对研究对象做出判断，直接给出问题的答案。演绎性思辨是从已有的理论推理出新的理论命题。归纳性思辨是对他人的研究成果进行分析、归纳、总结，再加上个人观点，形成研究结论。

2. 三种研究方法之间的关系

上述的三种研究方法都存在着优点和局限性，使用一种方法不可能解决所有问题，一种方法不能被另一种方法完全替代。

"量的研究"有成熟的范式、明确的研究过程、共同的步骤和标准，所使用的工具都是给定的，研究过程中避免价值判断，以事实为依据，回答"如何"（how）和"是什么"（why），或者说"实然"的问题；研究的是"是非命题"，而不回答"应然"的问题，不去研究价值命题。由于实证研究不涉及价值判断问题，主观性相对较弱，更为精确、科学，所以，对于实证性命题，人们一般比较容易达成共识，采用实证方法进行研究获取的成果易于被接受。因此，为人们交流提供了平台，能够评价一项研究的研究程度、问题和不足，其他人使用相同的数据和方法也可以得出相同的结论。为科学研究提供了一条可以逐步走向深入的道路。

但是，"量的研究"依赖于大样本数据。由于抽取的样本比较大，研究人员只能对事物的一些比较表层的、可以量化的部分进行测量，无法追踪事件发生的过程，只可能研究这些样本的一些共性，而不可能对这些共性下面的个性特征或深层因素进行有效的挖掘。量的研究是从已有的理论出发提出假设然后使用数据验证假设，研究的是特定的几个变量之间的关系，因此"量的研究"主要是发展已有的理论，难以创建新的理论体系。"量的研究"的思维模式，适用于对影响薪酬的要素分析。这种方法虽然已经成为主流的研究方法，但也存在局限。除了数据问题外，由于假定其他变量不变，一次研究可能无法解决某个管理问题，在对策研究中有局限性。

"质的研究"不是从已有的理论出发进行研究，而是使用小样本的个案，在微观层面对社会现象进行深入、细致的描述和分析，在研究主体和研究客体互动的过程中，从纷繁的信息中发现潜在的规律，通过归纳的手段自下而上地建立理论。因此，在面对复杂问题的时候，在已有的理论难以解释现有问题的时候，在现有理论不充分或进入新的研究领域的时候，在对不熟悉的现象进行探索性研究的时候，在为某个特定组织解决深层问题的时候，进行"质的研究"是必要的。

"质的研究"是研究薪酬管理的主要方法之一，这是由薪酬管理研究的任务决定的。薪酬管理研究的主要任务是解决"怎么做"，不能假设某几个变量不变，只使用逻辑演绎推理的方法分析几个变量的关系，必须综合思考在特定情景中所有要素的所有可能的状态并给出令人满意的管理方案。

但是，"质的研究"在科学性方面弱于"量的研究"。"质的研究"的程序、资料整理和分析的方法不能像"量的研究"那样客观，不能像"量的研究"那样对研究结果的效度和信度进行工具性的、准确的测量。

思辨研究的优势是概念逻辑严密，是进行理论构思、理论概括的较好的方法，对复杂的、概括性高的、难以操作的抽象问题的研究通常是通过思辨研究完成的。思辨研究是发现问题的主要途径，是实证研究问题产生的源泉。在一个真正的创新过程中，往往存在数字逻辑推理的断层，这时，科学的方法要让位于思辨的方法。

思辨的方法在薪酬研究中的作用主要表现在以下三个方面。

第一，发现问题阶段。科学的方法希望规范研究过程，但只能规范研究工作中的一部分或大部分过程，而不能囊括所有环节。发现和提出问题以至形成假设，都依赖于思辨，科学的方法无法概括出规范的、人人皆可遵循的思辨程序。

第二，跨学科研究。由于影响薪酬的因素极其复杂，因此需要综合多种学科的理论来进行研究。当把其他学科理论引入到薪酬研究领域时，往往使用两种方法，一种是使用其他学科的理论分析薪酬命题，另一种是综合其他学科理论，归纳出新的薪酬管理理论。这两种方法都与思辨研究相关。

第三，对薪酬管理的许多领域，至今无法用科学的方法研究。从宏观的角度研究工资可以把人抽象为经济人或社会人，但从微观的角度研究薪酬，企业成员则是个性人，是生活在现实中有各自价值观念、偏好和感情的人。当遇到与企业成员的道德、需求、行为等相关的价值命题时，则难以用科学方法去处理，它只存在"应不应该"的问题，只能使用思辨的方法处理。

但是，思辨研究过多地依靠研究者个人的想象力和直觉理解力，研究的过程具有较大的随意性、习惯性和自发性，思辨结果具有歧义性和不可检验性，难以形成众人的共识。思辨研究往往忙于构建理论体系而忽视对现实生活的关注，造成理论与实际相脱离。

　　本书综合多种学科知识，对薪酬差异的概念、命题和理论框架进行阐述，为建立一种理论体系服务，采用的主要方法是思辨研究，虽然使用了"质的研究"（案例研究）和"量的研究"，但这些方法都处于附属地位，为思辨研究服务。

第二篇
多学科薪酬理论观点与逻辑的比较

第二章　经济学对薪酬的解释

一　经济学对薪酬的主要观点

（一）传统经济学对薪酬的研究

在经济学中，薪酬理论多以工资理论的面目出现。早期工资问题研究的重点，是对工资决定因素的研究。在其后，对工资问题的研究分别有了两个方向：一是对宏观经济运行中工资问题的研究，如凯恩斯经济理论、分享经济理论、效率工资理论等；二是对微观经济运行中的工资问题的研究，如人力资本理论、家庭劳动力供给理论、补偿性工资差别理论、交易成本理论、代理理论等。

20 世纪以前的经济学著作，涉及了有关工资决定机制理论。虽然这些论述尚未形成完整的理论体系，但是为以后的研究奠定了基础。亚当·斯密被认为是第一个对薪酬进行分析的学者。其在《国民财富的性质和原因的研究》一书中指出，对劳动的需求和生活必需品、便利品的价格支配着劳动的货币价格。之后，威康·配第提出了生存费用理论，认为工资最终将收敛于劳动者及其家庭所必需的最低生活费用水平上。1830 年，约翰·斯图亚特·穆勒提出了工资基金理论，认为劳动者工资的水平取决于工资基金总额和劳动者的人数。马克思的工资理论认为，工资水平的波动是以劳动力价值为基础的，劳动力的价值是由生产、发展、维持和延续劳动力所必需的生活资料的价值决定的。19 世纪末，约翰·克拉克提出了边际生产力工资理论，认为雇主雇佣的最后那个劳动者所增加的产出，应该等于付给该劳动者的工资。马歇尔在其名著《经济学原理》一书中，建立了供求均衡工资论，认为工资是劳动的需求价格和供给价格相均衡的价格。需求价格是由劳动的边际生产力决定的，供给价格取决于闲暇的效用和劳动力的再生产成本。20 世纪初，庇古在其《福利经济学》中，认为劳资双方赖以达成协议的工资上下限，与雇主对员工的需求弹性以及雇工对工作的需求弹性，均呈相反方向运动。制度学派认为，许多制度性的要素，如内部劳动力市场、工会和政府，以及许多社会性的要素，如社会地位、歧视、市场细化、劳动力市场分割等，对工资水平有重要的作用。总之，20 世纪前后，经济学界认为工资水平决定于生存费用、工资基金、劳动的边际生产力、劳动的供给和需求、工会的谈判能力、制度等要素。

在马歇尔之后，经济学家对工资理论的贡献，主要表现在对一些宏观经济问题进行研究的理论成果中。非自愿失业理论、分享工资理论和效率工资理论，是其中影响比较大的理论。凯恩斯认为，在市场经济中可能出现非自愿失业，即由于总需求不足所造成的失业。20 世纪 80 年代初，马丁·威茨曼出版《分享经济》一书，首先将市场经济分成工资经济和分享经济。所谓工资经济，就是传统的由劳动力市场供求决定工资的市场经济体制；而分享经济是把劳动者的工资与某种能够恰当反映企业经营状况的指数相联系的制度。斯蒂格利茨于 1976 年在《牛津经济评论》杂志上发表了题为《效率工资假说、剩余劳动力和欠发达国家的收入分配》一文，正式提出效率工资理论。效率工资理论假设劳动者的生产效率随企业支付的工资水平的波动而变动。效率工资理论的核心内容，是确定工资如何与劳动者的能力和努力程度发生联系，如何影响生产效率。

从宏观经济上可以讲工资总水平，但现实经济中，并不存在工资的一般性价格。萨缪尔森认为，一旦取消人们之间和职业之间毫无差异这一不合乎事实的假设，在完全竞争的劳动市场就可以看到相当大的工资差别。由于职业之间负效用的不同，而形成的补偿性的差别，构成了工资差别的一部分，但是，各级别的劳动之间的质的差异，很可能是造成工资差别的最重要的原因。斯蒂格利茨认为，工资差别可能与职业性质的差别、个人之间在生产率上的差别、劳动者不具有关于市场中可供选择的工作机会的完全信息有关，有时完全是由于对人种或性别采取不同态度造成的。舒尔茨和贝克尔开创的人力资本理论，在解释工资差别方面有重要作用，许多发达国家的统计资料显示，工资率与劳动者所受教育的年限成正比。

总之，经济学理论试图解释工资的决定因素，揭示宏观经济运行中的工资规律，并关注企业层面的工资决策理论。

（二）目前经济学对微观薪酬的主要观点[①]

目前，经济学主要是基于委托代理理论、博弈论和人力资本理论，揭示各种薪酬的激励作用、薪酬存在的合理性和激励的扭曲等问题，解释薪酬的种类、薪酬的形式、薪酬的产出和人力资本对薪酬的作用。

1. 薪酬的种类

委托代理理论认为，当雇主与雇员之间信息不对称时，雇主无法直接根据雇员的能力或是努力水平支付薪酬，薪酬分配决策的依据应该是雇主能否有效推测雇员能力和努力程度。雇主根据产出支付薪酬，有利于解决信息不对称带来的效率损失。

（1）基于绝对产出的薪酬

在理论上，该种薪酬具有一定的合理性。为保证行为决策的准确性，决策的权力应掌握在拥有决策所需相关信息的人手中。相对于委托人，代理人掌握更多的业务信息。因此，如果委托人容易测量代理人的绝对产出，对代理人实施高力度的基于个体绝对产出薪酬的激励，能给代理人更多的行为决策权（Holmstrom，Milgrom，1979）。

但是，若考虑动态因素，则该种薪酬存在棘轮效应。如果代理人在第一期行为中隐瞒自己所能达到的最高产出水平，委托人难以测量代理人努力水平，那么该种薪酬就不是最优选项（Trond，Caute，2000）。

近年来，部分文献关注该种薪酬的激励扭曲问题。导致激励扭曲的主要原因是对个体产出的测量指标的设计。潘飞等人研究发现，我国上市公司

---

① 参考徐全军、贾晓丽《微观薪酬决策理论研究综述》，《天津大学学报》（社会科学版）2009 年第 5 期。

高级管理人员业绩评价指标的确定过程过于简单，往往不考虑高级管理人员操纵会计指标的可能性，并出现高级管理人员给自己制定报酬的现象。

（2）基于相对产出的薪酬

当测量个体绝对产出的成本很高时，可采用基于相对产出的薪酬。该种薪酬的理论基础是锦标制度理论。研究该种薪酬的文献有很多，主要讨论三个方面的问题：锦标制度的有效性、锦标制度的激励、锦标制度的负面影响。

有的文献认为可以用锦标制度分析等级组织中的晋升制度（Rosen，1979）。有的文献认为只有当雇员们面临共同风险时锦标制度才有效（Holmstrom，1982b）。有的文献认为当雇员数量足够多时，即使不能观测共同的风险，雇员的排名仍是测量雇员努力水平的准确信号（Green，Stokey，1983）。

大部分文献从薪酬等级和差距的角度来分析锦标制度的激励效应。有的文献指出，随着雇员数量增加，高层雇员的报酬差距往往大于低层雇员的报酬差距（Keeffe，Viscusi，Zeckhauser，1984）。CEO薪酬与其他管理人员的薪酬差距，与管理团队的总人数显著相关（Martin J. Conyon，Simon I. Peck and Graham V. Sadler，2001）。高层级职位间的薪酬差距越大，对高层级雇员的激励越强（Main，1993；Eriksson，1999）。林浚清等人认为，我国上市公司应适当提高薪酬差距以维持足够的锦标赛激励能量。

该种薪酬的负面作用得到部分文献的关注。有的文献指出，公司的高绩效需要高协调，高协调需要小的工资差距，锦标制度不利于协调工作（Andrew D. Henderson，James W. Fredrickson，2002）。有的文献认为，锦标制度不是帕累托最优，当相对产出难以被公正评价时，锦标制度就为诋毁、串谋、搞裙带关系等行为创造了条件。当雇员的努力成本函数满足一定条件时，增加薪酬差距会增加诋毁行为（Lazear，1989）。当一个雇员的生产能力上升后，可能会遭受更多的攻击。因此，在很多情况下，越有生产能力的人越不可能得到晋升（Kong pin Chen，2003）。通过串谋，雇员可以降低平均绝对产出，但是不会改变相对产出的排名。对串谋的防范机制的研究，是近几年设计锦标制度机制中的一个重点问题。

（3）基于团队产出的薪酬

在团队生产中，当个体的产出难以从总体产出中分解出来时，可设计基于团队产出的薪酬。目前，研究该种薪酬的理论基础主要是委托代理理论和博弈论，研究的问题主要是团队薪酬的激励性、应用条件和局限性。

在小群体中，成员间的相互作用对团队薪酬计划的实施效果具有重要积极的作用（Nalbantian，Schotter，2001）。在小公司中实施群体薪酬计划，如果该计划具有长期性，则具有较高的激励强度（Todd R. Zenger C. R. Marshall，2000）。

有效的团队薪酬必须具备三个条件：一是团队某个成员的努力水平肯定影响其他成员的福利；二是团队某个成员的选择受到其他成员的影响（Kandal，Lazear，1992）；三是团队具有长期潜在的合作收益，这种收益将激励着团队成员之间采取合作的态度（Yeon Koo-Che，Seung-Weon Yoo，2001）。

但有的文献提出，团队同伴监督存在潜在的负面作用。同伴监督给员工带来成本，与此相关的成本最终由委托人承担（Barron，Gjerde，1997）。雷宏振等人认为，只有通过建立一种知识性合约，使团队成员共享知识并参与收益分享，才可以进行有效地自我激励。

2. 薪酬形式

经济学研究的薪酬形式主要有计件薪酬、可变薪酬和延期薪酬。计件薪酬与直接产出相联系，可变薪酬往往与团队最终产出相联系，延期薪酬是把目前的产出与未来的薪酬相联系。

对计件薪酬的研究源于委托代理理论中的经典模型。尽管许多文献认为计件薪酬对雇员有较好的激励作用，但有的文献认为它存在效率的损失。有的文献通过数据检验证明，在特定的企业中，计时薪酬制改为计件薪酬制，生产率会有较大幅度的提高（Lazear，2000b）。当存在不完全竞争的熟练雇员市场时，在多期的计件薪酬中，如果企业做出保证第二期计件薪酬率不变的承诺，则计件薪酬具有有效的激励作用（Kanemoto，Macleod，1992）。然而，在技术变迁速度很快或是技术外溢速度很快时，产品市场上的竞争压力会导致企业难以承诺固定的计件薪酬率（Carmichael，Macleod，2000）。

对可变薪酬的研究集中在分析其激励的有效性。一些文献证明，应用利润分享制报酬的公司比其他公司具有更高的生产率（Conyon M. J，Freeman R. B，2001），员工持股计划可以使公司的销售额增长（Kruse，Blasi，2002）。但是，另一些文献证明，利润分享制对股权、就业、投资或企业绩效等变量没有任何影响（Blanchflower，Oswald，1986，1987，1988）。利润分享制并不像人们想象的那样能提高劳动生产率。可变薪酬计划的成功依赖多种因素（Brown，2002）。股票所有权和股票优先权等激励性薪酬有风险特征，并且不同的经理对它们做出的反应不同（Wm. Gerard Sanders，2001）。职工的优先认股权期限受到公司战略意图的重要影响（Yoshio Yanadori，Janet H. Marler，2006）。因此，围绕可变薪酬激励有效性的实证研究远未结束，还不能得到一个确定性的结论。

延期薪酬是这样一种薪酬制度：在员工年轻的时候，公司支付的薪酬低于员工的贡献，而在员工年老的时候，公司支付的薪酬超过员工的贡献。采用延期薪酬制度，可以减少人才流失，同时，减少组织对员工的监督成本（Gunderson，2001）。很显然，延期薪酬只有在保证能按时兑现的情况下才是可行的。在信息不对称、监督成本高、离职对企业来说成本高的情况下，此种薪酬制度是较合理的。

3. 薪酬的产出

研究薪酬对企业产出的文献，主要是以委托代理理论为基础，分析高层管理者薪酬结构、薪酬水平与企业业绩的相关性。

一部分文献通过实证分析发现，高层管理者的薪酬与企业业绩有相关性（Garen，1994；Murphy，1998；Ya Ting，2003；堪新民、刘善敏，2003）。另一部分文献研究证实发现，高层管理者的薪酬与企业业绩的相关性很小（Tosi，1990）。只有5%的CEO薪酬可用绩效因素来解释。魏刚发现中国上市公司与高级管理层薪酬相关性非常弱。Jensen和Murphy（1990）检验了美国430家企业CEO的报酬对绩效的敏感度，发现其相关度很小。Steven N. Kaplan（1994）发现，日本高管人员报酬对企业绩效的敏感度同样较低。李增泉（2002）研究发现，高管薪酬与企业业绩不相关。权力是高管薪酬的一个决定因素，未来的薪酬研究应关注此问题（Heneman，2002）。

4. 人力资本对薪酬的作用

基于人力资本理论对企业内部薪酬的研究，已被纳入到管理学中，多数文献用人力资本理论解释薪酬管理层次的问题。

国外的理论研究和实证分析都表明，CEO 人力资本变量和薪酬有较为显著的关系。Waston 等发现 CEO 的年龄、教育和技术资格解释大部分薪酬的横截面差异。决定 CEO 薪酬的基准因素主要有年龄、任期、人力资本的特性和动机；权变因素主要有权力、自由度和身份（徐鑫，2004）。对于国际化经营的公司，CEO 的人力资本是公司经营好坏的关键因素，有国际化工作经验的 CEO 拥有有价值的、稀缺的、无法模仿的人力资本，这种人力资本和其他组织资源的组合形成企业竞争优势的来源（Mason A. Carpenter，2001）。CEO 的内部继任者和外部继任者有着人力资本上的差异，相对于内部继任者，外部继任者的人力资本特征与工资有更密切的联系（Dawn Harris，Constance Helfat，1997）。

总之，工资水平与产出、锦标制度、薪酬形式、个体的努力程度、人力资本等因素有关。其中，工资差距对努力程度影响的论文都以锦标理论作为理论基础。微观经济学未来的薪酬理论的发展方向，主要是研究如何使薪酬具有最佳的激励效力。

二 论经济学薪酬的理论逻辑

（一）经济学的薪酬理论逻辑分析[①]

经济学理论研究薪酬的出发点有三个重要的假设：人是同质的、人是理性的自利人、工作是令人厌恶的。基于这三个假设的薪酬制度被称为经济人薪酬。

1. 人是理性的自利人

从古典经济学到现代经济学，对工资问题的研究已相当系统。综观所有工资理论，可以发现，这些理论的基本前提是：接受工资的主体是

① 相似的观点参见徐全军《论薪酬设计中的逻辑性》，《天津社会科学》2008 年第 3 期。

理性的经济人。这种经济人有一个完整且内在一致的偏好体系，这是主流经济学能够建立一个演绎逻辑体系的基础。经济学中的人是一个独立的市场主体，这个市场主体为了达到个人效用最大化而进行自主决策。尽管现在有越来越多的经济学家认识到这一假设与经济生活的实际相去甚远，但经济学要维系其现有的精确知识形式，还不能放弃"经济人"这一基本假设。

2. 人是同质的

对个人异质因素的关注，基本不存在于经济学的经验性研究中（Kaufman，1999）。经济学家并不把人力资源作为一种特别的资源，甚至可以把人力资源与资本、土地等资源放在一起，只用几个代码来标示它们。

3. 工作是令人厌恶的

经济学理论往往对构建一个无须依赖于个人特征的组织架构感兴趣（Brickley，1997）。经济学理论尽管在理论上可以将工作本身因素包括在个人的效用函数中，但在实践中，几乎不考虑这些因素，倾向于仅将金钱视为激励因素，而工作本身是令人厌恶的。

根据以上三个假设，经济学理论推定，委托人与代理人的目标是不相容的，他们之间没有合作的观念，代理人寻求机会进行偷懒。代理人对委托人的贡献主要取决于代理人的努力程度。为了防止代理人的偷懒行为，委托人需要对代理人进行严密的监督，并使用货币化的报酬进行激励。因此，薪酬设计的原则是防止代理人偷懒，保证对代理人监督的有效性。

如果代理人在工作过程的努力程度能被严密监控，那么计时工资制度是最佳的选择（Holmstrom，Milgrom，1991）。在委托人与代理人之间信息不对称的情况下，对努力程度的测量是薪酬设计的关键环节，能够反映努力程度的信号是薪酬设计的依据，这种信号一般是指产出。

根据信息的对称程度，经济学进一步推断出以下三种薪酬设计依据。

（1）如果能准确地测量个人的绝对产出，那么可依据个人的绝对产出进行薪酬设计。在理论上，基于个人绝对产出的薪酬具有一定的合理性。决策的权力应被掌握在拥有决策所需相关信息的人手中。相对于委托人，代理人掌握更多的业务信息。因此，委托人对代理人实施高力度的、基于个体绝对产出的薪酬激励，而不干涉代理人的决策过程，能提高代理人决策的准确性（Holmstrom，Milgrom，1979）。

（2）如果度量个人绝对产出的成本很高，而容易比较个人间的产出，那么可依据个人间的相对产出进行薪酬设计。锦标制度被广泛地用来研究基于相对产出的薪酬制度。锦标制度是首先把从事同种工作的雇员按照特定的指标进行排名，然后根据排名支付薪酬。

（3）在团队生产中，如果个体的产出难以从总体产出中分解出来，而容易测量团队产出时，那么可依据团队产出设计团队薪酬制度。

根据团队产出设计出的薪酬制度，一般表现为计件薪酬制度、可变薪酬制度和延期薪酬制度等几种形式。计件薪酬与工作直接产出相联系。可变薪酬与最终产出相联系。一种重要的可变薪酬制度就是利润分享制。如果把目前的产出与未来的薪酬相联系，就是延期薪酬。

综上所述，经济人薪酬假设人是经济人、工作没有激励性。由于存在偷懒行为，必须测量代理人的努力程度。当委托人与代理人之间信息不对称，则其产出成为薪酬设计的依据。由于不同的情境下测量产出难易程度不一样，个人绝对产出、相对产出和团队产出被灵活地运用到薪酬设计中。经济人薪酬主要采用计件薪酬、可变薪酬和延期薪酬等形式。

（二）经济学的薪酬理论逻辑的局限性

经济学理论认为，由于委托人和代理人之间信息不对称，委托人依据产出设计薪酬。但是，如上文所述，一些文献研究证实，薪酬与产出的相关性很小（Tosi，1990；Jensen，Murphy，1990；Kaplan，Steven N.，1994）。出现这种情况的一个重要原因是，在现实中，许多公司并不按照经济人薪酬设计逻辑进行薪酬设计。

经济人薪酬设计的依据是产出。但是，在实践中存在着产出测量失真的难题。现实中很难观测给定某一努力水平究竟获得多大的产出。有的上市公司高级管理人员业绩评价指标的确定过程过于简单，并出现高级管理人员给自己制定报酬的现象。在这种情况下，难以运用经济人薪酬设计逻辑进行薪酬设计。

委托代理理论基于一个假设，就是委托人与代理人之间不存在信任。不信任的存在反过来又助长了潜在机会主义行为的发生，这种行为难以通过监督来杜绝。如果代理人在第一期行为中就隐瞒自己所能达到的最高产出水平，那么委托人就难以通过产出来测量代理人努力水平；如果多个代理人通过串谋降低平均绝对产出，而不降低相对产出的排名，那么相对产出薪酬就失去测量努力水平的效用；如果团队成员之间互相诋毁，那么团队产出薪酬就会失去对个体的激励作用。这些问题是经济人薪酬设计逻辑本身所固有的缺陷。

委托代理理论假设人是同质的经济人，不仅个人的能力和心理个性特征是同质的，而且核心价值观也没有差异。在理论上简单地把人性假设为自利性，假设人没有内在的多元性的道德的驱动力；认为人追求的终极目标是个人利益最大化，并且个人利益可被货币指标衡量。因此，经济人薪酬设计逻辑注重揭示外在薪酬问题，不能揭示内在薪酬问题，更无法揭示同种产业的企业之间薪酬制度有较大差异的原因。

在现实中，人不是同质的，人的需求是多样性的，同一个人在不同的情景下理性程度不一样。除了金钱外，人还关注工作带来的其他东西。委托人和代理人的目标并非完全统一，但也不是完全分离的。如果研究者仅仅观察货币化薪酬与劳动者产出的关系，而不去理解劳动者的认知过程，那么就无法解释为什么薪酬的激励性有时奏效，有时则全无效果。

经济学忽视了企业文化对薪酬设计的重要作用。文化对人的道德和价值观发生作用，进而影响人的认知过程。美、日两国文化的差异，造成了两国公司薪酬制度的差异。不同的国家或公司薪酬制度不同的一个重要原因就是它们的文化不同。若忽视文化的差异，任何组织移植薪酬制度，都难以形成运转良好的薪酬体系。

综上所述，经济学家在对薪酬问题进行分析时具有较高层次的抽象性。为了维系其严密的逻辑性，他们通过假设，过滤掉了众多的变量，尤其把人假设成一种可用某个变量刻画的资源，不承认人的复杂性，在此基础上设计出来的薪酬制度与现实并不相适应。

经济学的薪酬理论研究的基本出发点，不是为了解决组织薪酬设计的操作问题，而重在进行薪酬界定的一般理论分析，旨在解释"是什么"，对管理决策起到一种判断基准和思维框架的基础作用，其主要功能是为"管理决策提供一个标准的经济学视角"，而不是给出一套解决问题的具体操作化方案。

经济学揭示了外在薪酬差异形成的原因，为薪酬制度设计提供了理论基础和分析框架。

第三章
心理学的薪酬观点

一 心理学理论对薪酬分配的启示

（一）传统心理学理论对薪酬分配的启示

心理学研究薪酬问题，主要从人的需求和认知过程出发，研究激励的内容和过程等问题。心理学激励理论包括内容性激励理论、过程性激励理论和强化理论（卢盛忠，1993）。内容性激励理论包括马斯洛需求层次理论、阿德弗的"ERG"理论、麦格里格的成就激励理论、赫茨伯格双因素理论等；过程性激励理论包括期望理论、公平理论等；斯纳金的强化理论侧重研究行为结果对行为的作用。

1. 内容性激励理论

需求层次理论是美国心理学家马斯洛首创的一种理论，他提出了需求的五个层次：生理需求、安全需求、社交需求、尊重需求以及自我实现需求。五个层次的需求发展顺序是由低级到高级的，在较低级的需求得到了适当满足后，就会出现较高级的需求。一种需求一旦被满足，便无法再起到激励作用，于是又出现另一种有待满足的需求。在不同的时期，会有起主导作用的优势需求。

之后，阿德弗的"ERG"理论认为，人的需要分为生存需要、相互关系需要、成长发展需要。这三种需要不是与生俱来的，可以通过后天培养，且三者之间存在多样化的关系。阿德弗比马斯洛更强调个体差异。

麦格里格的成就激励理论认为，人除了生理需要以外，还有友谊、权力和成就等需要，丰富了马斯洛对自我实现需要的描述。

赫茨伯格的双因素理论，把能引起员工工作满意的因素称为激励因素，把引起员工工作不满意的因素称作保健因素。激励因素包括成就感、责任感、晋升、个人发展的可能性等，这些因素的改善可以对员工产生强大而持久的激励作用。保健因素包括工资、工作条件、人际关系、公司政策等，这些因素的改善可以预防或消除员工的不满情绪，但不能直接起到提高绩效的作用。

内容性激励理论有一个共同的暗示：货币形式的外在薪酬并非工作激励的唯一决定因素。人不仅是自然的人，需要各种物质利益的满足，同时还是社会的人，需要各种精神利益的满足。企业在用货币薪酬保证员工的物质需求得到满足后，也要注意满足员工更高层次的精神需求。现实中，从许多流行于企业的薪酬模式中可以看到这种理论的影子，如灵活的报酬方案（让员工从一系列报酬和福利中进行挑选）、总报酬方案等。

2. 过程性激励理论

公平理论、期望理论较少关注需求的状态，而较多地关注雇员与雇主之间的人际关系。

公平理论是由美国心理学家斯达西·亚当斯（J. S. Adams）于1965年根据认识失调论提出的。公平理论揭示，个人不仅关心自己经过努力所获得的报酬的绝对数量，而且也关心自己的报酬和其他人报酬的关系。人们通过比较自己与他人的报酬而得到的心理平衡感，与他的行为积极性之间存在密切的关系。如果员工感觉到自己的"收入"（包括金钱、工作安排以及获得的赏识等）与自己的"投入"（包括受教育程度、工作努力程度、用于工作的时间和精力、其他无形损耗等）不相称，就会产生不公平感。不公平感会导致员工采取心理和行为上的手段，以求重建公平。这种理论有力地支持了薪酬设计和管理的"内部公平"原理和"外部公平"原理。

弗隆的期望理论认为，促成人们某种行为的动机强度取决于效价、期望值和媒介知觉三者的乘积。效价是指组织的奖励满足个人目标或需要的程度，以及这些潜在的奖励对个人的吸引力；期望值是个体认为通过一定的努力会带来一定绩效的可能性；媒介知觉是个体相信一定水平的绩效会带来所希望的奖励结果的程度。根据这一理论，绩效工资计划可能在以下情况下不具有激励作用：①个人相信自己无论付出多大程度的努力，都不会改善其绩效；②个人不相信更高的绩效水平将得到充足的薪酬回报；③个人对工资所赋予的效价期望较低。期望理论给予企业薪酬设计者重要的启示是：只有发掘员工最偏爱的诱因，并据此确立合理的、可兑现的薪酬结构，个体的绩效才会大大提高。[①]

3. 强化理论

斯金纳的强化理论认为，人具有学习能力，通过改变其所处的环境，可以保持和加强积极的行为，或减少、消除消极的行为，或把消极的行为转化为积极的行为。通过"正强化"措施，即对正确的行为及时加以肯定和奖励，可以激励该行为继续，而"负强化"措施则可以使不希望的行为结束。根据强化理论，绩效是支付报酬的条件。如果员工的绩效高，则会得到更多的奖金。如果员工觉察出这个关系，他就会争取良好的绩效，因为他知道自己的努力会得到回报。从这个意义上说，员工的行为是结果的函数。

综上所述，心理学理论基于"社会人""自我实现人"的假设，认为物质薪酬只是影响个人行为的因素之一，关注个人的需求、认知过程和价值观的差异，才能使薪酬起到激励的作用。

（二）目前心理学理论关于薪酬的主要观点

目前，心理学理论对薪酬的研究主要表现在三个方面：激励理论研究、能力薪酬研究、薪酬的公平性研究。

职业利益假说、心理契约理论、管家理论和组织支持感理论等学说，是近年心理学领域研究的主要薪酬激励理论。

职业利益假说是在研究公司 CEO 薪酬中提出的。这种理论认为，职业利益可被看作是人们在当期对远期薪酬的一种期望（如晋升、声望等）

---

① 曾湘泉：《薪酬：宏观、微观与趋势》，中国人民大学出版社，2006，第539页。

（Holmstrom，1982）。按照这种理论，CEO 年轻时，职业利益的激励效用是最优的；当他们接近退休时则更偏爱于与业绩关联的薪酬契约激励。由此可得出结论，CEO 的外在薪酬的激励效果和年龄成较明显的正向关系。

心理契约的概念是在 20 世纪 60 年代被提出来的，它指的是组织与雇员事先约定好的、内隐的、没说出来的各自对对方怀有的各种期望（Levinson，1962）。该理论认为，建立心理契约有一个前提条件，就是组织与雇员之间存在信任。根据这种理论，内在的薪酬对雇员的激励效果最好，外在的薪酬激励通过内在的薪酬激励起作用。

管家理论对薪酬理论的主要贡献在于它对人的行为的假设。这种理论认为，在一定的情境中，经理认为有利于组织的集体主义行为比个人主义的自利行为对他有更高的效用，即使他的利益和委托人的利益不一致，他也将重视与委托人的合作而不是背离（James H. Davis，F. David Schoorman，Lex Donaldson，1997）。在这种情境中，雇主对雇员付出的外在薪酬将相对少于在其他情景中所付出的。

组织支持感理论强调了内在薪酬的重要性。这种理论认为，公平、上级支持、组织奖赏、适宜的工作条件能使雇员产生组织支持感，组织支持感使雇员保持良好的工作状态（积极的工作态度、较高的工作满意度）（Linda Rhoades，Robert Eisenberger，2002）。

心理学对能力薪酬的研究，逐渐与人力资本理论对薪酬的研究结合在一起，已有文献主要关注雇员的人力资本和心理特征，及其价值在生产过程中的转移。部分文献关注了一般员工的人力资本薪酬。岳昌君等人通过实证分析证明，高校毕业生的起薪水平决定于他的个人内在因素。徐颖等人讨论了企业人力资本个体的定价模型。在基于素质的薪酬体系中，员工自身的素质，诸如动机、个性特征、技能、自我形象、社会角色和知识体系等，是能带来杰出绩效的潜在特征，职责、必备的学历、经验、知识和技能水平等成为支付薪酬的依据。

在心理学领域，不少研究从薪酬的公平性角度来分析薪酬的效应问题。Gerhart et al（1996）认为，一个薪酬计划能否继续执行在很大程度上取决于员工是否认为此计划是公平的，包括程序公平和分配公平。研究薪酬公平的另一重要课题是工资保密问题。工资保密是一个有争议的问题。工资保密产生了成本和收益。一个重要的收益是维护了内在薪酬，隐藏了工资差异，避免了冲突，创建了一个和谐的工作环境（Adrienne Colella，Ramonal L. Paetzold，Asghar Zardkoohi，Michael J. Esson，2007）。

综上所述，心理学认为薪酬的水平取决于心理特征和能力等因素，不同的员工具有不同的心理特征，应采取不同的薪酬制度。

二　论心理学思考薪酬分配的理论逻辑

（一）心理学研究薪酬的逻辑[①]

心理学对薪酬设计研究的出发点是三个重要的假设：人是异质的、人是非完全理性的、工作本身具有激励性。以这些假设为基础的薪酬成为社会人薪酬。

1. 人是异质的

社会人的异质性表现在心理特征和人的能力两个方面。心理学认为人有多层次的需求，不同的人需求有差异性，同一个人在不同的情境下需求也有差异性。货币化的报酬并非是人需求的全部，也不是激励的决定因素（Maslow，1943；Herzberg，1987；Deci，1975；Deci，Ryan，1985）。除了需求有差异性，人的价值观、人格等也不相同，不同的心理特征适合于不同的工作。对于能力的异质，应用心理学主要关注人的认知能力的差异。心理学发现个体之间存在一般智力水平的差异，这种智力水平与工作的绩效具有正相关关系（Schmidt，Hunter，1998）。与心理学相关的学习假说理论认为，雇员的工作技能决定了他的大部分生产率。起初，这种工作技能可能不被发现，但随着时间的推移便会表现出来。

2. 人是非完全理性的

心理学中的管家理论、心理契约理论、组织承诺理论说明了人既非完全自利又非完全理性。这些理论认为，在一定的情境中，代理人将重视与委托人合作而不是背离，组织与雇员之间存在着信任，代理人会基于个人

---

① 参见徐全军《论薪酬设计中的逻辑性》，《天津社会科学》2008 年第 3 期。

与组织间相同的价值观和亲和愿望而依附于该组织。

3. 工作本身具有激励性

心理学的激励理论赋予工作本身的激励以重要地位。激励因素主要存在于工作的本身（Herzberg，1987；Kahn，1993）。与关注金钱绝对价值的经济学家相反，心理学家认为金钱数额是工作成就的信号，表明了个人的绩效与其他人相比处于何种地位（Frank，1985）。

根据以上假设，心理学理论推定：代理人对委托人的贡献取决于代理人的心理个性和能力；委托人与代理人之间存在合作的观念，他们的目标是可以相容的；使用金钱激励不是薪酬设计的核心内容，严密的监督对代理人的认知过程起有限的激励作用。

因此，心理学理论推定，为了发挥和发展代理人的能力，鼓励代理人努力工作，委托人需要设计一种制度，使用货币化和非货币化两种薪酬对代理人进行激励。薪酬设计的原则便是通过对代理人心理过程的激励发挥与发展代理人的能力。

代理人的心理和能力具有内隐性，对代理人的心理和能力特征的测度是社会人薪酬设计的关键环节，反映心理个性和能力特征的信号成为制定社会人薪酬的依据。

关于心理个性，Maslow 对人的需求进行了分类，Herzberg 对激励因素进行了分析。心理学对心理个性的另一关注点是人格问题。外向性格通常有助于团体成员互动以改善绩效，但到达一定水平之后，可能会阻碍对任务的关注（Barry，Stewart，1997）。有责任心的个人有很强的成就意愿，更喜欢内在报酬（Costa，McCrae，1992）。集体主义者赞成努力追求小组利益，而不考虑这些努力对个人的短期影响（Wagner，1995）。为识别人格差异对薪酬的影响，心理学研究者设计出了识别员工对外部报酬与内在报酬的相对偏好的量表（Amabile，Hill，Hennessey，Tighe，1994）。

能力往往不是度量出的，而是推知出的。心理学文献探讨了认知和其他能力的测度盘和一般能力测试表等工具。在实践中，常使用学历、职称、经历、工龄、年龄等作为衡量能力的参考性指标。

根据能力和心理特征设计出的薪酬制度，一般表现为能力薪酬制度和完整薪酬制度等形式。能力薪酬是 Procter 和 Gamble 于 1960 年首次提出的，之后许多文献用此理论分析公司 CEO 的薪酬。完整薪酬制度把组织文化氛围、对工作的满意度和成就感等心理收入、个人晋升和培训发展机会等都纳入薪酬设计的内容。

综上所述，社会人薪酬假设人是异质的、非理性的、工作本身具有激励性。薪酬对代理人的激励功能作用于代理人的认知过程中，金钱不是唯一的激励因素，大量的激励因素存在于工作的本身。薪酬的设计不但要设计货币薪酬，而且要设计工作本身。代理人对委托人的贡献取决于代理人的心理个性和能力，能力信号和个性信号是社会人薪酬设计的依据。根据能力信号设计能力薪酬，根据个性信号设计内在薪酬。

（二）心理学薪酬理论逻辑的局限性

心理学文献倾向于围绕着与金钱无关的实践讨论激励问题，倾向于将金钱视为低阶的激励因素（Maslow，1943），甚至完全不把金钱视为激励因素（Herzberg，1987）。但是，许多理论和证据都指出，金钱是非常重要的激励因素。研究表明，金钱激励和非金钱激励实质上是两类相互独立的激励手段（Amabile，Hill，Hennessey，Tighe，1994），使用外部奖励手段通常不会减弱内在激励。因此，社会人薪酬设计逻辑对某些薪酬问题的解释会受到相反证据的质疑。

心理学文献主要是分析个人层次的薪酬现象，对个人认知过程中的激励感兴趣，往往假定组织绩效就是个人效应的加总（Schneider，Smith，Sipe，2000）。虽然对个人层次的研究结论可能为研究较高层次的问题提供线索，但无法假定解释微观层次现象的理论就可以直接解释组织层次上的类似现象（Bryk，Raudenbush，1992；Klein，Dansereau，Hall，1994；Ostroff，1993；Rousseau，1985）。心理学未能解释一些薪酬的现实问题，如多种社会规范和准则对薪酬的影响、人才流动壁垒对薪酬的作用、许多组织的薪酬附着于职位而非个人等。社会人薪酬设计逻辑不能对所有薪酬问题做出圆满的回答。

社会人薪酬设计的依据是能力特征和心理特征，但是，能力具有模糊性，心理过程具有隐蔽性，难以对它们进行计量。能力的定义、能力与薪酬的关系等在实施中存在很多差异。以能力为基础的薪酬体系尚处于发展初期（Cira，Benjamin，1998）。一个复杂的心理学理论并非能简单明了地应用于实际。社会人薪酬设计逻辑在实践应用中还存在大量的艺术性。

综上所述，心理学薪酬理论强调了人的复杂性，心理学对薪酬的研究是基于人而非基于经济。心理学理论并不揭示外在薪酬差异的形成原因，而集中揭示内在薪酬差异对人的激励作用。它与经济学的薪酬理论相结合，更能对薪酬分配问题做出合理的解释。

第四章
管理学对薪酬的解释

一　薪酬制度与薪酬理论

（一）管理学发展中的薪酬制度

薪酬管理理论是随着管理实践的发展而不断发展的。薪酬管理理论散见于各种管理学理论之中，从工业革命早期工厂制度带来的冲击开始，发展到今天网络经济对管理变革的全面渗透，指导企业薪酬管理实践的薪酬理论也在不断发展。

在前工业时代，管理问题还没有上升到理论的阶段，计件薪酬是最主要的薪酬制度。劳动密集型的工厂，主要是用个体工资激励的方式，劳动报酬与个人表现紧密相关。部分企业也采用团体计件计划，但由于衡量劳动者表现的标准是以历史形成的平均工时为基础，团队计件薪酬大都没有效率。为了充分发挥工资的激励作用，少数管理学者提出了利润分享计划作为固定工资的补充，部分工资与利润联系、设立建议奖金等。应该说，在工厂制度逐步成熟的过程中，企业主已经意识到薪酬在管理中的地位和作用。

在科学管理时代，"以高工资提高生产力，降低产品单位成本"的思想得到了发展。1895 年，泰罗（Frederick W. Taylor）针对劳动者的"偷懒"提出了差别计件工资制度，通过对工时进行观察和分析以确定工资标准，使达不到标准的劳动者只能获得很低的工资，同时付给确实达到标准的劳动者以较高的报酬。在此基础上，甘特发明了"完成任务发给奖金"的制度，劳动者如能在规定时间或在少于规定时间内完成任务，他们除了可得到规定内的报酬外，还能按该时间的百分比获得额外的报酬。一个劳动者达到标准，工长就可以得到一笔奖金；如果所有的劳动者都达到标准，工长还会得到额外的奖金。1938 年，约瑟夫·F. 斯坎伦针对团体激励提出薪酬计划，强调的是合作而不是竞争，任何一个人的建议都能使大家得到好处。不对提出建议的个人付给报酬，在整个工厂或整个公司范围内付给报酬，鼓励工会与管理当局进行协作以降低成本和分享利润。

行为科学阶段，人际关系学派认为，工作中的人对自己工资颇感兴趣，但这不是他们关心的主要问题。有时候，他们更关心的是他们的工资能否确切地反映他们所做的不同工作的相对重要性。詹姆斯·F. 林肯认为，激励人们的主要因素不是金钱、安全，而是对他们技能的承认。林肯试图使职工的能力得到最大限度的发挥，然后按照他们对公司做出的贡献发放奖金。怀延·威廉斯最先提出工资权益理论。他认为，从劳动者的角度看，工资是相对的，也就是说，重要的并不在于一个人所得到的绝对工资，而在于他所得到的相对工资。20 世纪 60 年代，埃利奥特·雅克（1951）与约翰·斯泰西·亚当斯等人（1953）的公平激励理论发展了这种观点，即工资分配的公正是社会比较的结果。

传统薪酬管理思想关注的基本点是一般员工的工作效率，支付薪酬是为了降低员工的偷懒程度。到了 20 世纪 70 年代，职工可以拥有公司所有权的思想逐步为许多企业所接受。特别在委托代理理论提出后，经济学和管理学界将这种思路用于解决管理者报酬问题，提出把经理人报酬与企业业绩捆绑在一起，使经理分担部分经营风险，并努力提高企业的经营业绩，从而使委托人（企业所有者）和代理人（企业经理）的目标趋于一致。这样，经理人报酬中与股票价值相联系的长期报酬比重就越来越高。90 年代以后，管理界开始关心薪酬如何与新出现的管理变革，如柔性化、团队管理、流程再造等情况相适应，这使得股票期权和职工持股制度被推广得更为普遍。除此之外，学者还从完整薪酬含义出发，提出相对柔性的新型薪酬制度。[①]

总之，薪酬管理理论是在薪酬管理的实践中发展出来的，并为实践服务。

（二）管理学理论对薪酬的研究

管理学除了研究各种薪酬因素的关系外（如第一章的综述），目前，管理学理论还关注三个领域的薪酬问题：薪酬制度与管理的匹配问题、薪酬制度的设计过程和方法问题、薪酬分配的公平性问题。

1. 薪酬与管理的匹配是管理学关注的主要问题

管理学注重企业管理中战略理论、组织理论与薪酬管理之间的关系，通过各类实证研究，探讨公司的战略选择、多元化发展、外包式协作以及人力资源管理政策与实践等与工资、奖金、工资差距、工资体系的匹配。同时，其他公司特征，比如员工所有权、公司规模、人力资本、利润、信息化、薪酬支付能力、公司变革等与薪酬制度的匹配也成为薪酬管理研究的热点。

Brown（2002）提出，成功的奖金和激励计划并不是作为孤立的薪酬管理引进，而是要与组织的战略相匹配，以达到商业目的；成功的薪酬制度必须与组织结构相匹配，包括组织的垂直结构和水平结构。Gomez-Mejia、Balkin（1992）把战略分为防御战略（Defender）和前瞻性战略（Prospector）两类，提出实施防御战略的企业倾向于采用规则（Algorithmic）工资战略，而实施前瞻性战略的企业则倾向于采用试验性（Experiential）工资战略，这两类工资战略的特点有着不同的内涵。Doran（1994）提出了四种薪酬文化模式，这四种薪酬文化模式包括：职能模式、程序模式、以时间为基础的模式和网络模式。Miceli、Heneman（2000）提出了可变薪酬设计模型，企业要根据组织环境和组织特征，确定组织的薪酬战略和薪酬计划特征。Zingheim、Schuster（1995）分析了能力工资和变动工资如何与企业的战略有机结合。Charles（1990）通过比较业绩与报酬准确联系所获得的收益与监督成本，来确定企业选择哪种

---

① 何燕珍：《企业薪酬管理发展脉络考察》，《外国经济与管理》2002 年第 24 卷 11 期。

薪酬体系。他研究的薪酬方案主要是计件工资、计时工资和激励工资等，结果发现规模大的组织较少运用计件工资，以女性为主的单位更可能采用计件工资，内容丰富的工作与范围窄、常规的工作相比，较少运用激励工资。Heneman 等（2001）提出，因为最有效的薪酬制度必须与组织的商业战略、组织结构和组织文化相一致，因此企业需要创建自己独特的薪酬制度以驱动公司取得的业绩高于同行业平均水平。

著名的薪酬管理专家米尔科维奇教授和史蒂夫曾发表了题为"从工资到薪酬——变化的一百年"的学术文章。文章回顾了美国一百年来的薪酬制度变迁，并总结出了对未来的薪酬决策产生影响的四点经验：①最终寻求适合于组织的薪酬战略：不同组织的薪酬制度是不同的，即便在同一个组织内部，现在的薪酬制度也不同于过去和未来的薪酬制度。②洞悉环境的变化：提高对相关环境变化的洞察力，将有助于确定薪酬制度所需的变革。③支持、鼓励注重实效的试验：反复试验推动薪酬制度变迁。④持续学习有关薪酬的知识。[①] 这四点经验的核心思想是薪酬制度必须与企业管理相匹配。

2. 薪酬设计过程和方法是管理学研究的热点命题

工作分析和工作评价是薪酬制度设计的基础工作，因此，有关工作特征、工作职责、工作要求、工作资历、工作设计等因素对薪酬的影响，一直是学术界关心的问题。在当前组织中的知识员工不断增多的新形势下，如何通过工作设计使工作内容丰富化，对任职者具有挑战性和适度的弹性，以及在此基础上设计出合理的薪酬制度，以明确责权利关系，提高员工工作的动力和兴趣，已经成为薪酬研究中不可回避的重要内容。

由于团队在组织中发挥着越来越大的作用，除个人激励外，企业还面临着凝聚团队的重任。一般来说，高素质人才都有较强的个性和独立的价值观，因此，在企业中，如何更新理念和采用新的管理方式，将各种不同个性的人才团结在一起，形成团队合力，给薪酬管理制度的设计带来了新的课题。团队的规模、效率以及管理的参与度都将影响到团队激励计划。如何结合团队激励的要求和特点设计有效的薪酬体系，是当前国际学术界

---

① 曾湘泉：《薪酬：宏观、微观与趋势》，中国人民大学出版社，2006，第46页。

讨论的热点命题。

员工的个人特征无疑是影响薪酬的重要因素，其能力和知识是决定其适应工作与否的潜在绩效指标，国外学者甚至已经开始探讨包括身高、体重、精神疾病、工伤等因素对薪酬产生的影响问题。[①] 对个人特征的研究，是薪酬制度设计中的一个重要问题。

3. 薪酬分配公平和员工的反应是管理学关注的重要问题

管理学注重研究员工对金钱含义的理解和对薪酬的心理反应。表现在两个方面：一方面是研究个人特征、态度、行为等变量对金钱含义的理解的影响；另一方面是研究薪酬水平、薪酬构成与员工满意度、工作绩效、离职率等变量之间的关系，分析员工对薪酬的心理反应。

薪酬的分配公平和程序公平是学术界研究的热点命题，主要研究探讨公平与员工绩效、工作满意、离职意向等后果变量之间的关系；程序公平和结果公平之间的关系；程序公平与薪酬计划被理解程度的关系；程序公平与薪酬的有效性、员工绩效、工作满意度的关系；程序公平与组织信任之间的关系。[②]

总之，管理学关注薪酬管理实践，对薪酬制度的设计感兴趣。

二　论管理学薪酬理论的逻辑

（一）　管理学研究薪酬的视角

管理学研究薪酬时，不是理论导向，而是问题导向。

管理学的核心任务是为解决企业运行中可能出现的各类问题设计出具体的决策方案。管理学必须根据管理问题直接为管理者提供可操作的决策工具，针对问题回答"怎么办"。

由于管理情景复杂，管理学分析问题时，没有像经济学那样进行一些抽象的假设，更多的是直接面对现实。在管理学中，人被认为是复杂的个

---

① 曾湘泉：《薪酬：宏观、微观与趋势》，中国人民大学出版社，2006，第552页。
② 曾湘泉：《薪酬：宏观、微观与趋势》，中国人民大学出版社，2006，第552页。

体，每个人因文化背景不同而具有较大的差异性，基本接近现实的人性。

为了解决复杂性情景中的复杂问题，任何有利的知识，无论其属于什么学科，都可以被吸收、借鉴到管理学中。管理学家在研究人力资源管理时，不仅较多地运用经济学、心理学知识，还较多地运用社会学、文化学等方面的知识。

管理学研究人力资源的基本目标，是为了解决组织（主要是微观组织）具体的、日常的人力资源管理问题。尽管管理学家也研究人力资源管理的基本理论问题，但他们研究的是具体的、日常的人力资源管理中的一些规律性问题。当然，管理学家也讨论一些较为抽象的问题，但此时，管理学家就进入了与其他学科（比如经济学）共同的研究领域。

管理学薪酬理论研究的出发点，主要是解决薪酬设计的具体操作问题。虽然管理学也注意到人力资源投入与产出的效率问题，但其基本的归结点还是企业薪酬的具体设计，研究具体的日常薪酬管理中的一些规律性问题。

管理学家也极为关注人力资源交易市场——劳动力市场的行情，但一般不会把市场上每一位员工的薪酬界定问题作为自己工作的基本指向。主要关注的是由下面几个因素决定的每一位员工在某一具体时刻较为具体的薪酬：①制约每一位员工在某一具体时刻薪酬的企业外部因素，如物价水平、竞争性企业的薪酬水平、中央或地方政府的薪酬政策等；②具体的企业在某一具体时刻的具体情况，如企业的利润水平、企业的发展潜力、企业对各层次人力资源的需求强度等；③某一位员工在具体时刻的具体情况，如员工受教育的程度、员工所受教育与企业工作的耦合度、员工的工作灵感、员工的奉献精神、员工的努力程度、员工在特定时期的工作业绩等。

（二）薪酬是一种激励工具[1]

管理学家视野中的薪酬，是一种多维度激励员工的杠杆。在管理学家看来，必须通过员工在某一特定时刻实实在在的工作与具体薪酬之间紧密联系，使每一位员工的潜力得到较为充分地发挥。

---

[1]　徐全军：《特定情景中的薪酬激励机制》，《中国社会科学报》2015 年 4 月 29 号。

虽然经济学也讨论薪酬的激励作用，但只是从投入产出的角度检验薪酬形式和水平的激励效果，把薪酬的激励机制视为一个"黑箱"。管理学为剖析这一"黑箱"，把员工心理、薪酬内容、制度设计、企业情境等纳入研究内容。

管理学认为，人的需求不但有差异而且是变动的，人是非完全理性的，设计薪酬时必须考虑员工的个性特征。虽然它也与经济学一样重视货币薪酬，但管理学认为货币不是唯一的激励因素，要使用货币化和非货币化两种薪酬对员工进行激励。

把非货币薪酬纳入薪酬内容是管理学区别于经济学的显著特征。20世纪 90 年代初，Troprnan 提出应该把发展机会、心理收入、生活质量和个人因素等作为薪酬内容来思考，之后，管理学不再将目光局限于货币薪酬。到 21 世纪初，美国薪酬协会提出总报酬模型，将赞誉和赏识、工作与生活的平衡、组织文化、职业生涯发展、工作环境等五大要素作为模型的重要组成部分。

薪酬公平性被认为是薪酬制度设计的基石。不但要重视结果的公平，更要重视程序的公平。薪酬结果公平性对激励的影响、程序公平和结果公平之间的关系、程序公平与薪酬计划被理解的程度、程序公平与组织信任的关系等问题都被研究。

（三）情境因素影响薪酬的激励性

管理学讨论的员工的薪酬，不是人力资源的供求双方在劳动者进入企业的那一瞬间确定的某一劳动者个体的市场薪酬，管理学更关注特定劳动者退出劳动力市场而进入企业后，随着时间的推移，由企业外部环境、企业条件和特定员工个体条件等决定的薪酬。管理学研究的重点是：特定企业在特定情境中薪酬体系的设计；特定企业随着时间推移薪酬体系怎样发生具体的变化；特定企业中特定员工基本薪酬的界定；特定企业中某一特定员工动态薪酬的界定。管理学家视野中的薪酬，是具体的、动态的薪酬。

管理学认为，在一种情景中激励效果最优的薪酬制度在另一种情景中并不一定最优，设计薪酬制度时不能像经济学那样，通过假设过滤掉众多的变量，忽略特定情境。必须研究情境的差异，明确在不同情境中人们对薪酬认知的差异。

情境是影响薪酬激励性的关键因素，大量的文献从文化因素、公司特征、团队特征、个人特征等方面对此进行讨论。

管理学认为，一个国家、地区或企业的文化，尤其是与此相关的活动惯例、价值观、信仰和道德准则等，影响了社会对薪酬的认知和员工对薪酬的态度，也影响到了管理层设计薪酬制度的过程。

公司的规模、治理形态、所有权结构、薪酬透明度、利益相关者等因素都对薪酬产生影响。研究证明，小公司和大公司在薪酬激励方面有显著的差别；管家和代理人的行为差异随着公司规模的增长而减小；在混合治理结构中，薪酬激励程度与管理者的权利和公司治理力度相关；所有权结构不但影响高层管理者的薪酬，而且影响所有雇员的薪酬；薪酬激励失灵的程度受到薪酬透明度的影响；利益相关者的主动行为对CEO薪酬激励程度有正向作用。

团队民主、团队人数、成员的相似性、工作的独立性等都会影响薪酬的激励性。团队的人数、管理者的参与度是影响激励强度的重要因素，团队目标对薪酬激励性有重要影响，如果有规范的个人激励制度并且工作具有独立性，团队成员薪酬的离散度与激励水平成正比。

员工的个人特征无疑是影响薪酬的重要因素，管理学者已经探讨知识结构、心理特征、性别、身高、体重、精神疾病、工伤等因素对薪酬激励效果的影响。

（四）使用多种指标衡量薪酬的激励效果

产出是经济学衡量薪酬合理性的主要指标，这一指标也被管理学所采用。

但是，管理学认为，由于产出水平受到除努力之外的众多因素的影响、团队的工作成绩很难被准确地分解到每个人的身上、在提高产出水平的同时可能存在外部的不经济性、使用目前的产出难以衡量未来的优势，因此产出不能是衡量薪酬激励性的唯一指标。众多管理学者使用非产出指标进行讨论。

　　管理学认为，薪酬制度必须与企业战略相匹配，是否有助于实现企业战略，是衡量薪酬激励效果的基本标准。围绕薪酬与企业战略的关系，有关学者研究了企业的战略目标、长期投资、公司风险、多元化、公司并购、公司成长、战略联盟等问题。

　　培育能力是企业获得长期竞争优势、赢得未来的关键，薪酬制度是否有助于企业能力的发展，是评价薪酬激励性的另一个标准。团队合作性是影响企业能力发展的一个因素，高管团队内部薪酬差异既影响到团队的合作又影响到锦标激励强度，但在这两者之间存在平衡点。企业创新行为无疑是提高企业能力的途径。

　　综上所述，管理学着眼于薪酬的微观运行机制，揭示如何操作，重视薪酬的个性，研究的中心是特定情境中的薪酬激励机制。

第三篇
薪酬差异理论分析

第五章
外在薪酬差异的形成

一　外在薪酬解析

（一）外在薪酬的内容

对于外在薪酬的内容，已经有很多的专家学者进行了研究，大多数的学者都赞成将其分为基本工资、奖金和福利三大部分（见表1）。

基本工资（Base Compensation），指员工因完成工作而得到的工资。基本工资的确定可以是基于职位的，也可以是基于技能、知识和能力的。按照功能的不同可分为岗位工资、技能工资、效益工资、年功序列工资等。基本工资在相对较长的一段时期内都是比较固定的，一般具有高差异性。

奖金是指具有激励作用的可变薪酬，既包括年度奖金、收益或利润分享计划等短期激励薪酬，也包括员工持股计划或股权激励计划等长期激励薪酬。奖金一般具有高差异性和低刚性，以达到其激励员工的效果。

福利是不同于根据员工的工作时间计算薪酬的薪酬形式，一般来说，可以分为两种：法定福利和企业福利。法定福利是根据国家政策而支付的福利，这种福利具有强制性和保障性，例如养老保险、失业保险、医疗保险、工伤保险、生育保险和住房公积金等。而企业福利则是根据企业自身情况而支付的福利项目，极具个性化。近年来，企业福利在企业的薪酬激励中得到越来越广泛的应用。福利一般具有低差异性和高刚性。

表 1 外在薪酬的内容、功能及特征[①]

薪酬构成	功能	决定因素	变动性	特点
基本工资	保障 体现岗位价值	职位价值、能力、资历	较小	稳定性 保障性
奖金	对员工良好业绩的回报	个人、团体和组织的绩效	较大	激励性 持续性
福利	提高员工满意度 避免企业年资负债	就业与否、法律	较小	针对员工满意度 保障性

（二）外在薪酬的结构

虽然大多数学者把外在薪酬划分为基本工资、奖金和福利三类，但这不足以解释外在薪酬差异特征，根据外在薪酬的形成和功能可把外在薪酬分为三类：等级性的外在薪酬、业绩性的外在薪酬、福利性的外在薪酬（见图 1）。

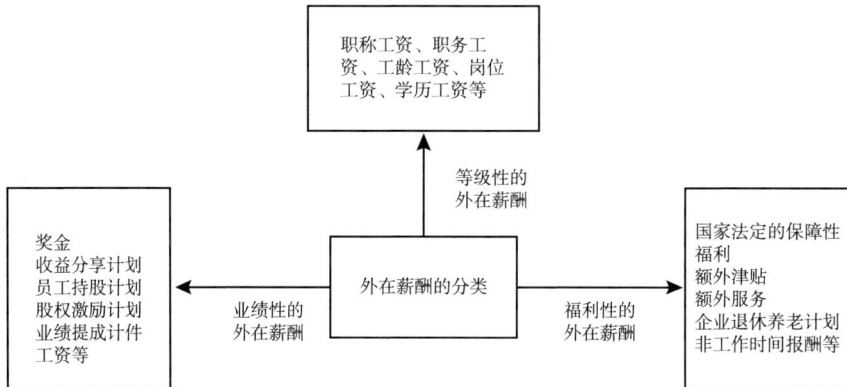

图 1 外在薪酬的结构

等级性的外在薪酬包括职称工资、职务工资、工龄工资、岗位工资、学历工资等。该类薪酬具有严格的等级制度和晋升制度，员工工资与其所在的等级相关，而与其绝对绩效不相关，该类薪酬具有刚性，一般只能上升难以下降。

---

① 文跃然：《薪酬管理原理》，复旦大学出版社，2004。

业绩性的外在薪酬包括奖金、收益分享计划、员工持股计划、股权激励计划、业绩提成、计件工资等。该类薪酬与员工的绝对产出相关，变动较大，并且差异较大。

福利性的外在薪酬包括国家法定的保障性福利、额外津贴、额外服务、企业退休养老计划、非工作时间报酬等。该类薪酬具有普遍性、平等性，与员工的绝对绩效无关，与员工所处的等级弱相关，变动较小，差异较小。

三类薪酬对员工所起的激励作用是不同的。福利性的外在薪酬一般对员工起保健的作用，没有激励的作用。业绩性的外在薪酬对员工起短期的激励作用。等级性的外在薪酬对员工起长期的激励作用。如前文所述，在信息不对称的情况下，如果绝对产出可以被明确界定，那么就可以设计绝对产出薪酬；如果绝对产出不可被明确界定，那么只能设计相对产出薪酬。绝对产出薪酬就是业绩性的外在薪酬，相对产出薪酬就是等级性的外在薪酬。

（三）外在薪酬差异存在的理论基础

外在薪酬的理论基础主要是经济学。

经济学理论主要解释了外在薪酬差异存在的原因，虽然也涉及外在薪酬差异的激励性问题，但由于经济学假设人是同质的，忽视了人的心理过程，只能从宏观层面论述一般理论。

概括性地比较各种经济学理论，可以看出，一部分经济学理论主要解释企业外部劳动力市场中的薪酬差异，另一部分经济学理论主要解释企业内部劳动力市场中的薪酬差异（见图2）。

生存费用理论、劳动价值理论、工资基金理论、非自愿失业理论以及制度经济学理论侧重于解释社会一般薪酬差异。生存费用理论从宏观层面解释了最低薪酬水平，根据该理论，不同地区的薪酬差异取决于地区之间生活费用的差异。劳动价值理论进一步把维持生产关系、进行劳动力再生产的费用加入到制约薪酬水平的因素中，认为维护与发展不同劳动力的费用是不同的，这决定了不同的劳动力之间应该有薪酬差异。工资基金理论是从经济运行的整体来看待整个社会的薪酬水平，把薪酬与其他的经济变量联系起来，认为不同的国家或地区的经济水平不同、工资基金的存量不

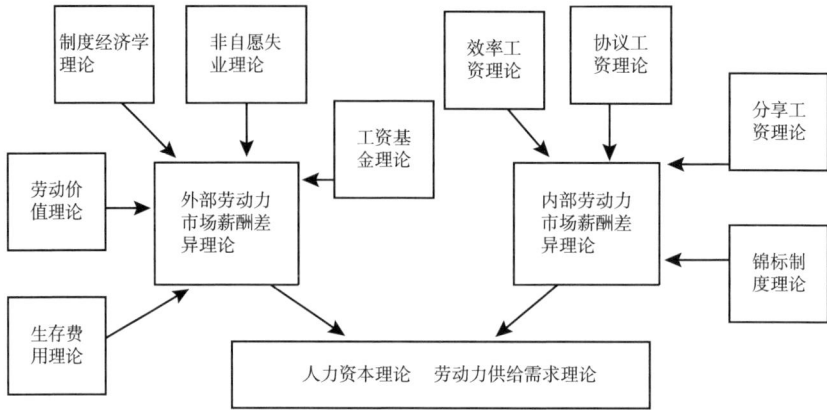

图 2　经济学理论对薪酬差异的解释

同、劳动力数量不同，导致了薪酬水平的差异。非自愿失业理论把经济周期波动与薪酬水平联系起来，认为总需求不足能够引起整个社会平均薪酬水平的下降。制度经济学理论把社会性因素和政治性因素看作是制约薪酬差异的重要因素。总之，这些理论着眼于整个社会的薪酬问题，并没有深入讨论企业内部薪酬问题。

效率工资理论、协议工资理论、分享工资理论虽然也是从社会层面思考薪酬问题，但却把视点聚集在企业内部关系上，能够对企业内部薪酬差异做出一定程度的解释。锦标制度理论是经济学中解释企业内部薪酬差异最重要、贡献最大的理论。

效率工资理论着眼于薪酬水平与企业效率的关系，利用数据探讨劳动生产率如何随工资水平波动，认为高水平的工资能带来较高的劳动效率。协议工资理论把组织政治纳入薪酬确定的过程，认为薪酬差异受到劳动关系的影响，该理论对管理实践有重要的指导意义。分享工资理论的提出仍然是从社会层面出发，但它研究了薪酬的激励问题以及劳资的合作问题，对薪酬管理实践有借鉴意义。锦标制度理论对企业实践中的一些重大问题做出了深刻的解释，涉及企业内部的人际关系、用人机制等，解释了普遍存在的等级薪酬差异的激励机制。总之，这些理论把视点深入企业内部，对薪酬管理实践有重要的指导作用。

经济学中还有两种极其重要的理论，分别是人力资本理论和劳动力供给需求理论。这两种理论不但解释了外部劳动力市场薪酬差异的形成，而且解释了内部劳动力市场薪酬差异的形成机制。其中，人力资本理论已经成为管理学理论的重要组成部分。

下文分别以人力资本理论和劳动力供给需求理论来论述外在薪酬差异。

二　人力资本与薪酬差异

（一）人力资本的市场定价

按照经济学理论，在有效市场下，人力资本价值通过价格体现，价格在围绕价值变化的过程中受到市场供求关系影响。基于人力资本的薪酬水平一方面由人力资本的价值决定，另一方面又受到人力资本市场因素的影响。

马克思的工资理论认为，"劳动报酬忽而提高，忽而降低，是以供求关系为转移的，以购买劳动的资本家和出卖劳动的工人之间的竞争情形为转移的"。[①] 按照马克思的理论，在工资水平的形成过程中，存在这三种竞争：卖主之间的竞争、买主之间的竞争、买主和卖主之间的竞争。买主和卖主竞争的优劣势，取决于劳动力的供求状况。劳动力供求关系的改变，将引起工资水平的上涨或下跌。

因此，工资的差异与人力资本的供给和需求有关。从供给方面看，影响薪酬差异的因素是人力资本的再生产费用；从需求方面看，影响薪酬差异的因素有人力资本产出、绩效以及企业的经营状况等。

1. 人力资本供给因素对薪酬差异的影响

人力资本的再生产是需要维护费用的，具体来说，包括以下几个方面的内容：①维持人力资本所有者生活所需要的费用；②维持人力资本所有者家属生活所需要的费用；③人力资本所有者为人力资本再生产所投入的教育、培训、迁移、医疗、卫生保健等费用；④人力资本所有者进行人力

---

① 〔英〕纳索·威廉·西尼尔：《政治经济学大纲》，蔡受百译，商务印书馆，1977，第260页。

资本投资的机会成本。

在完全竞争劳动力市场中，工人的劳动力价格，是工人同购买他的劳动力的人协议的结果。由于有大量可以挑选的工人，购买者可以优先选用讨价最低的工人。当人力资本供给大于需求，工人与工人之间的竞争结果，必然使工人的工资被限制在维持他和他的家庭人力资本再生产所需要的费用水平。因此，社会最低工资水平主要取决于劳动者维持其自身与其家庭所需的食物、生活必需品和享用品的价格以及接受教育的费用。

斯密在《国富论》中指出，对于任何一个从事需要特殊技能的职业的人来说，他必须花费许多劳动和时间来获得相应的教育，他所从事工作的收入必须高于普通人的工资水平，以补偿他的全部教育成本①。马歇尔则更明确地指出，所有资本中最有价值的是对人本身的投资。他把对人的投资看作学校教育和家庭培养的总投资，他认为父母对孩子抚养的早期教育方面的投资具有经济价值和经济效应②。明塞尔从人的后天质量差别及其变化入手研究，他认为，工人收入的增长与个人收入分配差别缩小的根本原因是人们受教育水平的普遍提高，是人力资本投资的结果。贝克尔对人力资本与个人收入分配的研究表明：人力资本投资水平或人力资本存量水平与个人收入水平正相关。

在新知识和技术出现的早期，新知识和技术并不一定能被人们关注和重视。通过早期实践者不断地反复使用下，新知识和技术才慢慢被采用，并逐步被推广，其价值才不断被认识提升。然而，一段时期后，由于更新的知识和技术又将产生，原有的知识和技术被取代。知识、技术价值的变化规律，需要员工不断地对人力资本进行维护，才能为企业提供有效的人力资本。

一般来说，人力资本不仅包括人的知识、技术，还包括人的健康。人力资本的存量水平除了与员工的学历和工作经验有关外，还与人的身体状况和年龄有关。就个体而言，随着年龄的增长，人的健康、精力及体力都

---

① 〔英〕亚当·斯密：《国民财富的性质和原因的研究（上）》，郭大力、王亚南译，商务印书馆，1972，第91页。

② 〔英〕马歇尔：《经济学原理（下）》，陈良璧译，商务印书馆，2005，第229页。

有一个由弱到强，再由强到弱的变化过程。受此作用，人力资本存量由少到多，逐步增加，到一定年龄后达到顶峰，然后再逐渐下降，最后耗竭殆尽。员工的工资会随着年龄、经验和教育水平而变动，企业内部不同的年龄、资历、学历的员工的薪酬存在差异。

2. 人力资本的需求对薪酬差异的影响

影响人力资本需求的主要因素是人力资本对企业产生的绩效。

历史绩效是影响薪酬水平的基本因素。员工的历史绩效是一个综合指标，它是对员工的资源配置能力、协作能力、学习能力、适应能力、专业能力的一种综合反映，它与人力资本之间的关系最为明显，最容易被人们所接受，也比较容易观测，操作性与可验证性较强。

企业人力资本的薪酬水平最终应以能带来的未来经济利益为准，因此在尊重过去业绩的基础上，同时考虑其他因素。一种有效的方法是通过股权激励或者股票期权激励。通过股份期权，可以将人力资本所有者的过去、现在尤其是将来的贡献比率与动态的、具有过程衡量特征的期权进行合理的组合，从而对人力资本未来可能具有的价值大小进行相应的确定与衡量，在一定程度上减少了由于人力资本价值的未来不确定性而导致的风险成本。

知识和能力至少可以被分为三个层次：一般的、专门的、特殊的。一般的知识和能力可以通过基础教育、一般培训甚至经验积累而具备；而专门的知识和能力需要通过正规的教育、专门的培训才能获得；特殊的知识和能力不仅需要特殊教育与培训，而且需要有独特的个人天赋，包括心理素质、冒险意识、处世能力等。

从总体上说，普通劳动者、高素质劳动者、技术人员和企业家的知识和能力处于不同的层次中。普通劳动者具备的是一般的知识和能力；技术人员具备的是专门的知识和能力；企业家具备的是特殊的知识和能力。这样，可以把人力资本划分为普通劳动者人力资本、技术人员人力资本、经营者人力资本或企业家人力资本等类型。不同层次的人力资本对企业的效用具有很大差异，企业支付的薪酬水平也有差异。

总之，人力资本市场的竞争是形成工资差别的重要原因。在劳动者处于相同外部环境和市场机会的条件下，劳动者之间存在劳动效率差异，高效率者应该获取高工资，低效率者只能得到低回报。正是由于竞争，使得低素质劳动者进行更多的人力资本投资，进行各种非正式培训，更加勤奋和努力。

（二）非市场因素影响人力资本价格

制度学派的工资理论认为，工资的差异，并不是简单地由供给和需求双方的力量共同决定，工资水平的决定受到许多制度性的因素和社会性的因素影响，如内部劳动力市场、工会、政府、社会地位、歧视、市场细化等。

1. 制度性因素

（1）制度性市场细分

制度性因素可以将整个劳动力市场分割为许多大小不同的市场。企业的人事管理政策、劳工合同以及政府立法等，可以界定什么人有资格参与某类工作的竞争、什么人在某类工作中最受欢迎，以及哪类企业应该介入哪类市场等。

能说明组织在细化劳动力市场过程中发挥作用的例证，是劳动力市场内部化概念。企业通常实施从内部提拔干部的政策，而不是从企业外部聘任，此类按年工序列所形成的内部竞争机制将竞争的范围完全限定在企业内部，从而使劳动力市场内部化。

除受企业人事管理政策影响外，劳动力市场的细化也是工会和政府有关政策相互作用的必然结果。工会合同通常包含比较详细的年工序列条款，规定哪些人或哪些群体有资格对空职工作进行申请。例如在有工会组织的地方，某些行业或职业的大门通常是只向工会成员开放。此外，政府旨在保护劳工的有关立法，如限制妇女和童工从事某类工作，最低工资保护制度等，也为市场细化及市场进入和退出设置了一些法律性的障碍。市场分割必然导致薪酬的不均。

（2）制度性市场垄断

制度性因素会造成劳动力供求障碍并在决定工资方面起制约作用，形成垄断性工资差别。引起垄断性工资差别的制度性因素包括：工会的作用，如行业工会、产业工会对该行业或产业的劳动力供给的控制；行政权力与行政管理；经济体制等。

在竞争性的劳动力市场上，单个劳动者对现行工资水平完全没有影响。但是，工会介入以后，会以罢工为筹码来要求提高工资水平。全体工人罢工可以使企业长期歇业，可能蒙受一定经济损失，对企业的工资水平（乃至报酬形式）产生了强大的影响力。更甚的是，这种影响有时与劳动力市场的供求状态无关，是以一种独立的外在力量作用于劳动力市场内部的。

在现实经济生活中，有些企业居于寡头垄断地位或受政府调控政策的影响，市场竞争的力度较弱，因而，这些企业在制定工资政策时可以脱离市场供求状态。

政府对工资水平也有着广泛的影响，如规定最低工资水平、制定承建政府项目的工资水平、公务员的法定工资增长、政府对某些特殊职业提供优惠条件和职业津贴等。

城乡之间、特种行业与一般行业之间、沿海与内陆之间都存在着行政管理、经济体制方面的障碍，存在制度性垄断工资差别。

2. 社会性要素

社会性要素指社会群体以及社会规范，包括偏好、文化、歧视和习俗等。在一些条件下，社会性要素是独立于市场供求要素之外来对工资水平进行影响的；在另一些条件下，它是通过市场要素影响劳动力供给的。

（1）偏好对工资的影响

在有些劳动力市场上，某些人的偏好随年龄、文化、民族、群体以及时间的变化而呈现比较规则的变化。人们在选择职业时，不仅关注工资收入水平高低，也关注工作与偏好的匹配。

在世界各国劳动力市场上，妇女就业范围有不断扩大的趋势。发生这种现象的原因，除了非经济方面外，如男女平等、妇女解放运动等，重要的是适合女性的工作市场规模趋于扩大，如小学教师、文秘、医院等。由于受偏好的影响，人们选择的工作会存在较大的工资差别。

（2）文化对工资的影响

文化背景不同使各个种族、集团对就业的取舍态度存在很大差异。

这些差异分别表现在，对风险的承受能力和创业精神的弘扬、职业选择、对教育重要程度的价值判断、精神与物质（货币收入）需求倾向等方面。从世界范围来看，犹太人、日本人、德国人、华人等，总体经济发展取得了很大成功，人均以及每个家庭的收入水平也不低。从国内来看，最典型的例子是温州人，他们精于计算、善于经营、吃苦耐劳、擅长群体内部分工合作，在经济建设中，已经充分显示出他们的文化特征和其所带来的成绩。

（3）歧视对工资的影响

歧视指对特定人群在录用方面有明显的倾向，或者是特定人群完成了与他人同样的工作，但不能享受与他人同样的工资、福利和职务晋升等方面的待遇，即同工不同酬。

歧视又分为直接歧视和间接歧视两种。直接歧视即以明确的理由（一般违反法律规定）来区别对待不同的劳动群体（如雇主明言拒绝雇用女性、有色人种等）或付给低工资；间接歧视在表面上保持中立，但其规定或行为却导致了对某些群体的不平等对待。

由歧视所造成的工资差别主要体现在如下几个方面：①性别歧视。即男女同工不同酬。②年龄歧视。完成同样劳动量的员工由于年龄大小不同而获得差异的工资。③种族歧视。即因为种族的差异而受到不同的工资待遇。④地区歧视。在中国，目前城乡劳动者之间还不同程度地存在着歧视性收入差距。⑤身份歧视。如中国在计划经济体制下将企业员工划分为干部和员工而造成的工资收入差距。

（4）习俗对工资的影响

习俗对工资尤其是对各个群体间的工资差别具有十分重要的影响。这种工资差别往往是由人们对某种工作所持态度或所形成的社会地位印象而形成的，如军官比士兵工资高，管理者比职员工资高，艺术家比工人工资高，大学教授比中小学教师工资高等。习俗实际上是人们对某种工资差别的认同。

综上所述，在市场竞争中形成的工资差异，与人力资本有密切的关系。但是，由非市场因素形成的工资差异，与人力资本关系并不紧密。

三 内部市场与薪酬差异

内部劳动力市场，是由企业内部相对稳定的劳动者所组成的市场，这些稳定的劳动者一般是指进入企业之后与企业签订了正式劳动合同的员工，在具体分析时，也会涉及临时性或没有正式身份的员工。

较系统的内部劳动力市场思想，最早出现于 20 世纪 40 年代末和 50 年代初。美国劳动经济学家 R. A. Lester （1948） 和理论经济学家 L. G. Reynolds（1951），在研究工资级差与劳动力市场结构的关系时指出，传统新古典经济学的工资和厂商理论，无法解释劳动力市场中的工资问题和企业内部劳动力市场的结构特征。系统的内部劳动力市场理论形成于 20 世纪 70 年代初，代表人物是美国经济学家 P. B. Doeringer 和 M. J. Piore。他们在 1971 年发表《内部劳动力市场与人力政策》一书，第一次提出并较系统地阐述了内部劳动力市场的概念、起源和基本特征等一系列重要问题，认为工资决定和人力资源配置等活动，都是在企业内部，通过一系列管理规则和习惯、惯例来调节的，与外部劳动力市场的运行规则并不相同，通过实证研究，他们认为约有 80% 的劳动力是通过内部劳动力市场来调节的。从此以后，内部劳动力市场理论得到较广泛认可。20 世纪 70 年代以后，其他一些经济学家也开始研究内部劳动力市场理论。G. S. Becker、M. Daily、C. Azariadis、J . Salop、Williamson 等人都做出了贡献。

该理论认为，员工进入企业内部后，就处于内部劳动力市场中，内部劳动力市场与外部劳动力市场的运行规则并不相同。内部劳动力市场有一个相对独立的劳动就业体系和制度安排，工资决定和人力资源配置等活动，都是在企业内部，通过一系列管理制度和习惯、惯例来调节的，包括内部劳动力市场分割、等级制度、锦标激励、长期雇佣合约、内部职务晋升、报酬后置、年功序列工资等。这些制度，从本质上说都是为积累企业专用性人力资本而设计的，使雇员免受外部劳动力市场波动的影响，防止个人的机会主义行为倾向，将那些愿意在企业长期工作的雇员筛选出来，降低交易成本，从而达到提高生产效率的目的。

实证研究表明，在西方市场经济国家，企业内部劳动力的职业稳定性较高，内部劳动力市场是配置劳动力资源的主要途径。内部劳动力市场配置劳动力机制对薪酬差异的形成具有重要的作用。实证研究证明，约有80%的劳动力是通过内部劳动力市场来调节的。

（一）内部劳动力市场分割与薪酬差异

在企业内部，通常又分为两个层次的劳动力市场：一级市场和二级市场。

具有较好的教育背景、职业经历和特殊能力的员工组成了一级市场，具有专用性特殊人力资本和带有"自然垄断"的员工组成的市场也属于一级市场的范围。在这一层次的市场上，员工一般从事专业技术和管理工作，薪酬可能长期高于其他员工工资。

较少专业技能、职业培训和职业经验的员工组成了二级市场，他们一般是企业中无技术专长、未签订正式合同的临时工和短工。他们工作较不稳定，员工流动性大，薪酬水平较低。

有的学者把一级市场中的员工和二级市场中的员工区分为正式员工和非正式员工。正式员工包括三种人员：一是与企业签订了正式劳动合同的人员；二是在西方国家加入了工会组织的人员；三是在中国国有企业中有正式编制的人员。正式员工的工资远远高于非正式员工的工资。

为什么正式员工和非正式员工的薪酬出现差异呢？为解释这一问题，林德贝克（A. Lindbeck）和斯诺尔（J. Snower）两位经济学家在20世纪80年代提出了"内部人—外部人模型"（insider-outsider model）。在"内部人—外部人"模型中，正式员工被称为"内部人"，非正式员工被称为"外部人"。

内部人薪酬高于外部人薪酬的第一个原因，是内部人在薪酬决定过程中有着很强的讨价还价能力。

因为企业日常工作是团队协作关系，内部人之间容易结成利益相关的共同体，企业做出解雇内部人和雇佣外部人的决策会引起内部人的强烈不满，内部人会团结起来采取一些联合行动抵制外部人，甚至不惜以降低劳动效率的方式来发泄不满，阻止企业雇佣外部人。内部人也可能采取联合行动来降低外部人的劳动效率或使其业绩无法达到企业原有的预期,一方面使雇主支付给外部人的薪酬远低于内部人水平,另一方面外部人也可能因此降低努力程度而导致两种人群不同的劳动生产率和不同的工资率。由于内部人对外部人的敌视态度会引起一系列后果,企业雇主雇佣外部人时往往十分慎重,在同等资历和学历水平条件下,可能对外部人提供低于内部人的薪酬。

企业内部的工会力量,增进了内部人对薪酬的讨价还价能力。美国劳动经济学家罗纳德·G. 伊兰伯格(R. G. Ehrenberg)等认为,工会是一种集体组织,其基本目标是改善会员的货币和非货币的就业条件。[①] 经过一百多年的发展,在西方市场经济国家,工会已享有在政府和雇主面前代表工人的法律地位,工会常代表加入工会的内部人与雇主就有关劳动条件、劳动时间、雇佣合约及薪酬水平等进行谈判,此时它是不考虑外部人的利益的。在内部劳动力市场上,内部人特定的职业技能和人力资本的专用性,会增强工会的谈判能力,同时,企业内的规则和程序对管理层行政权力的范围和特征有着清楚的界定,也有利于工会组织加强其在员工雇佣与解聘、工资水平、福利待遇与构成等方面的讨价还价能力。

内部人薪酬高于外部人薪酬的第二个原因,是企业雇佣外部人替代已经就业的内部人时存在着成本。

一是解雇内部人成本。解雇内部人,应根据原拟的劳动合同条款做出相应补偿,如一次性支付若干月份的工资作为解雇的补偿金。从企业管理者的角度看,如果不是由于员工有重大过错而被解雇,企业的声誉会在劳动力市场上遭受损害。如果被解雇的员工流动到竞争对手那里,企业的商业秘密、技术标准、操作技巧和有效管理的"内部信息"可能会流失。

二是雇佣外部人成本。首先,企业存在招聘、面试、测评与选择等录用成本。其次,企业存在培训成本。内部人在职位上已经积累了职业技能和知识,通过干中学、培训等已经形成了人力资本尤其是专用性人力资本,新招聘的外部人要达到内部人的技术程度、专用性人力资本,需要付

---

① 罗纳德·G. 伊兰伯格、罗伯特·S. 史密斯:《现代劳动经济学》,潘功胜译,中国劳动出版社,1991,第420页。

出大量的成本。最后，雇佣外部人，企业可能面临外部人不可预测的道德风险。

解雇内部人成本和雇佣外部人成本之和称为替换成本。内部人的薪酬比外部人高，两者的差额应小于或等于替换成本。外部人的工资水平取决于上述替换成本，替换成本越高，外部人进入企业后所获得的工资水平越低。

总之，内部人比外部人拥有更多的专用性人力资本，利用已经就业的优势，可以在与雇主讨价还价时拥有较强的地位，进而影响企业对外部人的薪酬决策，使内部人的薪酬高于外部人的薪酬。

（二）企业内部工作等级制度与薪酬差异

内部劳动力市场理论认为，企业中存在着一些工作的等级制度（Hierarchies of Jobs）（见图3），每一个等级系列，都围绕着一种特定的技能、一个共同的职能或者一项工作来设计。

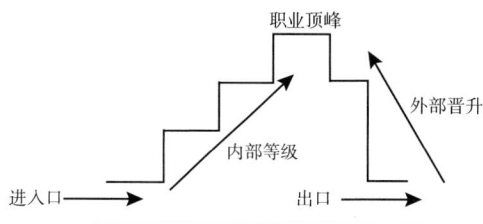

图3　企业内部工作等级

企业根据技术难易程度和工作重要程度，将企业的工作职位分为不同的等级。在这个等级系列中，员工按照资历长短、能力大小、业绩优劣逐级晋升，并根据各人特长和能力安排到恰当的位置。新成员进入企业后的位置，一般是在这个等级制度（工作阶梯）的最底层，然后再逐级晋升。在外部环境变化迅速且需要专门技能以适应环境变化的情况下，部分稀缺的专业性员工，往往不是从进入口进入最基层，而是"乘飞机空降"直接进入企业的中高层。对那些能力相对较弱而资历较深的员工则晋升到相对不重要的岗位或安排其他非领导职位，这样既保证了员工的有序晋升，也保证了员工在企业工作年限的延长而使得其报酬得以增长，维护了良好的团队合作关系。

处于"进入口"的员工工资水平，受到外部劳动力市场供求状况和要素价格水平的影响。从"进入口"进入后，员工的工资水平，并不完全取决于古典的边际收入等于边际成本学说，也不完全取决于个人或团队生产力水平的高低，而是取决于他在工作阶梯中所处的位置。

在内部劳动力市场中，员工改善自己的地位、待遇和工资水平的重要途径是晋升。新雇佣的普通员工一般从工作阶梯的底部做起，然后一步步晋升，较高层次职位如果出现空缺，一般由下一层次员工的晋升来补充或调配，企业将视每个员工的表现决定是否晋升或晋升到哪一级，不同的岗位被赋予不同的职责、不同的重要性、不同的薪酬待遇。

薪酬等级制度实际上是一种持续的长期竞争激励手段，可以鼓励企业员工的长期性行为。货币奖酬往往以短期业绩评价为基础，这种短期激励有可能驱动员工更注意自己的短期利益而忽视企业的长期利益；晋升则需要以长期业绩和团队成员认同为基础，有利于鼓励企业员工的行为符合企业的长远利益。

为了提高岗（职）位薪酬的有效性，企业内部劳动力市场中一般会建立起相应的工作评估（Job Evaluation）体系，根据不同岗位的劳动条件、工作强度和技能要求等因素来确定岗位在工作阶梯中的位置并在收入中体现出来。

总之，在内部劳动力市场中存在工作等级，是产生薪酬差异的重要原因之一。

（三）锦标激励与薪酬差异

在内部劳动力市场中，虽然劳动力的定价和配置是通过一系列的行政性规则和程序来管理的，但是，内部劳动力市场并不排斥竞争，只不过是采取相对温和的锦标竞赛形式。

锦标理论是由 Lazear 与 Rosen（1981）所提出的。锦标制度认为，企业内部存在着薪酬的等级制度，内部成员在锦标制竞争中得到晋升，等级制间的薪酬差额是对竞争胜出者的奖励。成员在竞争中获胜的关键因素不是他的绝对绩效，而是他在竞争者中的绩效排名。因此，获胜者并不一定具有高的生产力，获胜者和失败者的生产力可能相差无几。锦标制度的效用在于诱使所有的成员以最大的努力工作。

在内部劳动力市场中，按相对绩效决定晋升，表现相对较好的员工获得更多的晋升工资机会，企业员工之间好似开展一场无形的竞赛。在团队内部存在竞争的同时，团队之间也存在竞争。表现优异、业绩突出的团队将获得更多的资源控制权，其团队负责人获得的资源控制权将大大增加，晋升工资的可能性也大得多。

锦标竞赛是通过薪酬的差距来调节激励的程度的。

锦标制度认为，拉大相对收入差距，可增强竞争，进而增强激励的功效。锦标竞赛奉行的是相对绩效原则，它只需要有关成员与其他成员相比较而言更好或更差的信息，而不必测量他们工作的绝对数量和质量，在奖项设置数量给定的情况下，总是让相对绩效最优秀的人获得更高的奖金，并且奖金差距越大，员工之间的竞争激励越激烈。

为了保障锦标制度对员工激励的有效性，在内部劳动力市场上，在工作阶梯中，层次越高的职位收入也越高，且越往高层其差距越大。在每个人的一生中，都有许多追求的阶梯，这些阶梯对维持个人继续努力的热情起着十分重要的作用。但当一个人到达了很高的职位后，就没有多少要攀登的阶梯了，如果高阶梯的激励力度不够强，那些已经取得很高职位的人，就会满足已经取得的成就，丧失竞争意识。提高较高阶梯层次的激励力度，会有效地延长更高职位竞争者的工作阶梯，使其感到后面还有很长的路要走。因此，在工作阶梯中，越往高层，相邻职位间的薪酬差距越应增大，对处于高层次阶梯的员工实行较强激励和高额奖励。

通过调整职位级别中的薪酬差距，锦标制度的激励可能会接近社会最优的激励。在锦标制度中，对员工个人而言，职业生涯是一个渐进的晋升过程，他最终会在某个阶梯上停下来，在这样的晋升博弈中，员工会根据自己的能力和需求，理性地决定是否继续竞争以追求晋升。在晋升的任何阶段，竞争的胜利者不仅会获得相应的补偿，而且面临在更高层次上的竞争，并可获得更多未来收益（如认股权），这种未来收益与员工今后职业发展密切相关，这对于处于上升期或有晋升希望的员工更为重要。

（四）报酬后置与薪酬差异

报酬后置指的是，在长期雇佣的隐性协议或默契形式（非正式合约）的条件下，雇主为了维系长期雇佣合约，而采取的事先对雇员承诺较高报酬，然后在其职业生涯中陆续支付的一种制度安排。具体来说，一个员工在一个企业中，终生报酬的变化轨迹，将表现为一条正斜率的曲线，并且它比雇员本人的边际生产力曲线更陡峭。假定员工全部职业生涯在同一企业工作，可将其劳动贡献或工作业绩分为两个阶段（劳动经济学常以 45 岁为分界线），在第一阶段，员工对企业的边际贡献随着资历的增长而增加，但员工所得低于其边际贡献；在第二阶段，员工对企业的边际贡献随着资历的增长而减少，但员工所得高于其边际贡献。

内部劳动力市场实行这一报酬制度的主要原因，在于维系雇佣关系的稳定性，因而它也被称为"金手铐"。这种制度，大大增加了职工中途退出企业的成本，客观上鼓励员工，尤其是企业所需员工，长期在企业工作，是一种有利于长期雇佣的制度安排。

报酬后置制度还有独特的激励作用。在内部劳动力市场中，锦标制度激励的对象仅限于能力、业绩突出者，而对竞争失败者没有激励作用。而报酬后置制度的设计却针对全体员工，有利于鼓动全体员工长期努力地工作，尤其是对锦标竞争中失败者的激励。报酬后置的激励作用还在于把员工利益与企业未来的发展联系在一起，未来能否偿还或偿还多少，取决于企业未来的业绩，取决于个人的共同努力，也取决于团队合作的成效。

报酬后置制度产生了薪酬的差异。一方面，员工的产出不一定与薪酬水平成正比，同样的产出，资历不同的员工的薪酬具有差异性；另一方面，可能存在退休人员的薪酬远远高于在岗人员的薪酬。

在现实中的许多市场经济国家，存在着年功薪酬制度。日本二战后，著名的大企业实行年功序列等级薪酬制度，被视为创造了持续的高效率和促成日本经济奇迹的重要原因之一。

综上所述，内部劳动力市场理论为解释企业内部的薪酬差异提供了强有力的工具。内部劳动力市场的分割产生了内部人和外部人的薪酬差异，等级制度产生了内部人之间的薪酬差异，锦标激励机制增大了相邻职位之间的薪酬差距，报酬后置制度产生了年功序列工资的差异。

第六章
内在薪酬差异的激励

一 内在薪酬解析

（一）内在薪酬的内容

内在薪酬是员工从工作过程本身所获得的利益。

内在薪酬的内容通常被分为几个部分：与工作相关的内容、与组织相关的内容、与企业文化相关的内容以及与员工情感相关的内容等。与工作相关的内容包括工作内容和兴趣、工作目标和挑战性、培训机会、工作条件和环境、弹性的工作时间等；与组织相关的内容包括参与决策、授权和工作自主、职业生涯规划及晋升发展等；与企业文化相关的内容包括团队合作、鼓励创新、持续学习等；与员工情感相关的内容包括沟通、关心、榜样以及荣誉感等。

工作内容和兴趣，就是组织交与员工的工作内容与个人兴趣相吻合，员工具有开展工作的内在驱动力。工作目标和挑战性就是组织交与员工的工作具有适当难度，满足员工追求创造和成功的需求。培训机会是组织为员工提供学习的机会，以满足员工追求上进、事业进一步成功的需求。工作条件与环境是指办公硬件条件以及上下级、同事间关系融洽、和睦、愉快的工作氛围。弹性的工作时间是指组织允许员工灵活安排自己的工作时间。

参与决策是指员工可以把自己的专业知识运用到公司决策中，发挥一定的主人翁作用。授权和工作自主是指允许员工自主制定他们认为最好的工作方法，可以使员工在一定程度内自由发挥才能。晋升发展是对员工的工作成绩以及能力做出的职务上的肯定。

团队合作是指员工所在的团队能够帮助其完成工作、完善自我，有利于其自身的成长。鼓励创新是指企业允许员工有反对意见和冒险精神，对员工的尝试失败抱有宽容的态度。持续学习是指组织提供给员工一个学习的环境，促使员工不断学习。

沟通是指企业上下级以及员工之间有良好的沟通渠道和沟通环境，信息畅通。关心是指员工从企业中得到有关的情感享受。榜样是指组织为员工树立的学习楷模，给员工以精神动力。荣誉感就是员工实现组织目标和个人成功之后组织给予的肯定、表扬、鼓励以及荣誉称号等。

有的学者把内在薪酬的内容划分为直接内在薪酬与间接内在薪酬（见图1）。直接内在薪酬，是指富有意义的工作本身所带来的好处，具体包括：工作富有挑战性；工作具有趣味性；工作带来个人成长和发展的机会；能够参与决策管理而具有权力感、责任感和成就感；具有令人鼓舞的团队精神和氛围等。间接内在薪酬，主要是指优越便利的工作条件带来的好处，例如宽松的工作环境、满意的办公设施和设备、弹性的工作时间、便利的交通通信条件、体面的头衔、较高的社会地位以及和谐的人际关系等。[①]

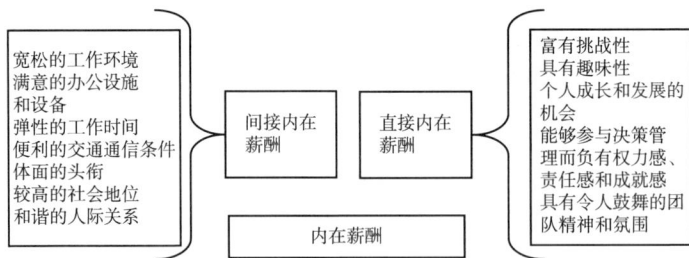

图 1　内在薪酬的内容

① 保罗·F. 布勒（Paul F. Buller）、兰德尔·S. 斯库勒（Randall S. Schuler）：《组织变革中的人力资源管理案例》，刘洪敏等译，人民邮电出版社，2004，第 139 页。

（二）　内在薪酬结构

虽然上文比较全面地描述了内在薪酬内容，并逐渐为人们所认识，但是，这样划分结构，不利于对内在薪酬进行深入分析和应用，也不利于解释它们的激励作用，不利于和前文所述的外在薪酬差异相联系。所以，按照内在薪酬可被差异化的特点，把内在薪酬分为等级性的内在薪酬、业绩性的内在薪酬、福利性的内在薪酬见图2。

为使内在薪酬成为激励员工的手段，企业需要设计内在薪酬差异。一些内在薪酬必须平等地被赋予所有员工，而另一些内在薪酬只被给予特定的员工，并且不同的员工被给予的数量或程度有差异。

福利性的内在薪酬是与情感相关的薪酬，包括友谊、尊重、团结、互助、沟通、正义、关怀等，这类薪酬使员工感受到融洽、和睦、愉快的工作氛围。它们对员工起保健作用，不起激励作用，必须为所有的员工平等享有。差异化的福利性的内在薪酬将降低其他类薪酬对员工的激励作用。

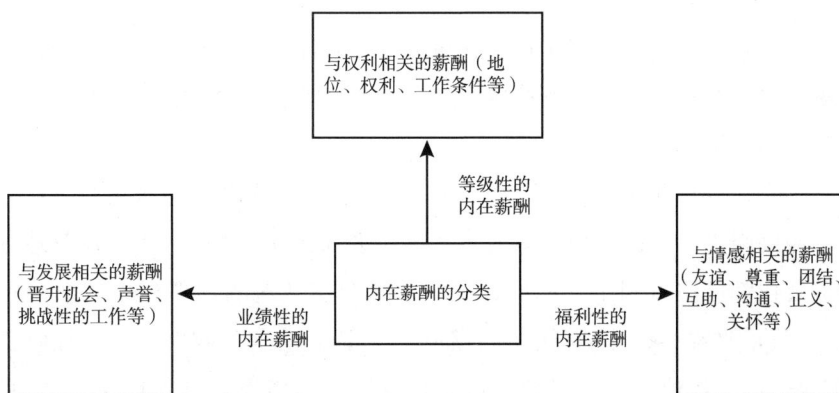

图2　内在薪酬分类

业绩性的内在薪酬是与发展相关的薪酬，只被给予业绩突出的员工，有较大的差异性。

这类内在薪酬主要包括：①声誉。对业绩突出的员工给予某种称号、进行公开的表扬鼓励、颁发各种证书、提供一些参加公众活动的机会。②晋升机会。把业绩作为职务或职称晋升的必要条件。为业绩突出者提供各种锻炼的机会，包括在职锻炼、参观、与外界或上层员工交流、离职学习、接触新的环境和新的知识、岗位轮换等。③挑战性的工作。让业绩突出者对工作自我设计、独立操作、自我评价、接触顾客、使用新的方法和工具。

等级性的内在薪酬是与权利相关的薪酬，员工薪酬与其在企业内部等级中的位置有关，具有较大的差异性。等级性的内在薪酬主要包括：①权利。不同级别员工的管理权及决策权、组织权、指挥权、控制权、财务权、人事权及其他特权等有较大的差异。②地位。不同级别员工的头衔、出席名次和座位、社交的圈子、名片、服装、徽章、服饰等有较大差异。③工作条件。不同级别员工的弹性工作时间、秘书、便利交通条件等不同。

外在薪酬差异往往伴随着内在薪酬差异，员工获得奖金一般伴随着好的声誉，货币薪酬晋级一般伴随着企业地位的提高。

（三）内在薪酬的重要性

内在薪酬往往被经济学排除在薪酬框架之外，但是从心理学理论角度来看，内在薪酬，特别是直接内在薪酬，是比外在薪酬更为重要的薪酬变量和激励因子。

其实，内在薪酬对于现代企业员工来说，已成为越来越重要的工作动机和激励因素，这已成为不争的事实，几乎所有有关现代人力资源管理方面的著作都已注意到了。例如，米尔科维奇在《薪酬管理》中就明确指出："货币收益只是总薪酬中的一部分。然而，非货币收益、相关性收益（安全、个人地位、晋升机会、富于挑战性的工作等）也很重要。"沃克（Walker）也在《人力资源战略》中指出："现在，人们的注意力日益转向非物质奖励。正如本书通篇论述的那样，雇员受富有挑战性的工作、个人发展机会和新职责、对成绩的承认、安全感及归属感的激励"。

广义地理解，薪酬的含义是十分丰富的。对于一个人来说，"薪酬"不仅是其收入的主要组成部分，是决定其生活质量和水平的重要因素，更重要的是其（人力资本）价值和社会存在价值的具体体现；对于作为企业员工的个人来说，"薪酬"不仅是对自己劳动成果和工作贡献的认可，是企业对员工人力资本要素贡献的回报，更重要的是反映了企业对待自己的"态度"（即通常人们所说的"待遇"）；对于企业管理者来说，"薪酬"不仅是一种"保健因素"，还是决定员工工作态度、工作方式和工作绩效的重要"激励因素"。因此，凡是员工从企业得到的一切个人收益，包括直接的或间接的、内在的或外在的、货币的或非货币的，都是薪酬变量。①

现代人力资源管理理念必须突破传统的、局限于直接货币薪酬和福利的狭义薪酬观念，将工作本身的收益作为"内在激励因素"统一在薪酬框架之中，在制度框架设计和实际管理操作中使之与传统薪酬项目（作为与"内在薪酬"相对应的"外在薪酬"）相联系、相平衡、相协调，以便更全面、准确地把握员工内外在工作动机和长期行为动态，并对其进行有效激励管理。

二　内在薪酬差异的激励

对内在薪酬的解释主要是由心理学理论完成的（见图 3）。

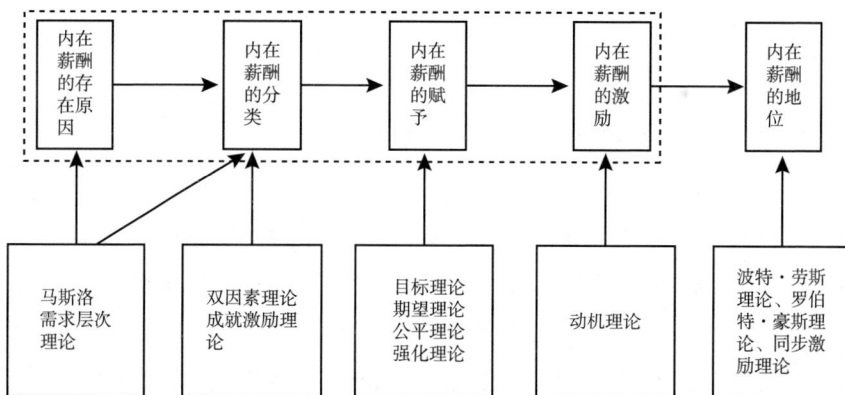

图 3　心理学对内在薪酬的解释

---

① 李宝元：《战略性激励：现代企业人力资源管理精要》，经济科学出版社，2002，第 179 页。

马斯洛需求层次理论解释了内在薪酬存在的原因和分类，双因素理论和成就激励理论进一步按激励的作用对内在薪酬进行了分类，目标理论、期望理论、公平理论、强化理论强调了内在薪酬赋予的标准和过程，动机理论剖析了内在薪酬对人激励的心理过程，波特·劳斯理论、罗伯特·豪斯理论、同步激励理论讨论了内在薪酬和外在薪酬在对人的激励过程中的相互作用和各自的地位。

（一）内在薪酬过程

1. 内在薪酬的分类

马斯洛认为人类的需要主要有五种：生理的需求、安全的需求、亲和的需求、尊重的需求、自我实现的需求，这些需求由低至高依次排成一个阶层。按照马斯洛的理论，第一层次的需求和第二层次的需求可通过货币薪酬满足，其余三层次的需求需要通过非货币薪酬满足。因此，根据这种理论，内在薪酬应被分为三类：与亲和相关的内在薪酬、与尊重相关的内在薪酬、与自我实现相关的内在薪酬。

与马斯洛的理论相似，戴维·麦克利兰的成就需要理论认为内在薪酬应分为三类：满足与别人建立友善且亲近的人际关系欲望的薪酬、满足在某种标准下追求成就感的欲望的薪酬、满足促使别人顺从自己意志的欲望的薪酬，并且各种薪酬对不同的人效用不同。

弗雷德里克·赫茨伯格的双因素理论，把上述三种内在薪酬分为两类：保健性的内在薪酬和激励性的内在薪酬。按照这种理论，与情感相关的内在薪酬（友谊、尊重、沟通、关心、公平等）属于保健性的内在薪酬，它只会导致员工不满意，不会对员工产生激励。而与权利相关的薪酬（地位、决策权、责任、身份、工作条件等），以及与发展相关的内在薪酬（晋升机会、声誉、培训、工作的挑战性等），属于激励性的内在薪酬，这类内在薪酬是激励员工的来源。

2. 内在薪酬的赋予

对如何赋予员工内在薪酬，目标设置理论、期望理论和强化理论等做出了解释。

目标设置理论认为，目标是人们行为的最终目的，是人们预先规定的、合乎自己需要的"诱因"，是激励人们有形的、可以测量的成功标准。达到目标是种强有力的激励，是完成工作的最直接的动机，也是提高激励水平的重要过程。成长、成就和责任感的需要都通过目标的达成来满足。根据这种理论，赋予内在薪酬应该根据不同的相对稳定的标准，根据业绩标准赋予内在薪酬能激励员工的业绩行为，而设计终身的晋升标准，并依此赋予内在薪酬，能对员工具有长期的激励作用。

期望理论进一步认为，目标对员工的效用越大，实现目标可能性越大，目标所引发的对员工的激励力量就越大。反过来，若效价与期望概率任何一项为零，则激发力量也就为零。根据这种理论及个人需要设立激励目标，其效价对个人需求来说是高的，但不能太高，应根据人们所处的不同需求阶段、能力和环境而定，内在薪酬的赋予应根据员工的能力逐步增加并留有余地。

强化理论研究通过不断改变环境的刺激因素来达到增强、减弱或消除某种行为的过程。其认为，强化有正强化和负强化之分，正强化和负强化都是加强行为的过程，也就是说，它们都会增加这种行为在将来出现的可能性。根据这种理论，内在薪酬的赋予要根据具体的行为特征选择恰当的时机。

3. 内在薪酬差异的激励

内在薪酬差异激励的心理过程是：需要引起动机—动机支配行为—行为指向目标，这个激发行为动机的模式包括四个因素：需要、动机、行为、目标（见图4）。

需要 ▶ 动机 ▶ 行为 ▶ 目标 ▶ 新需要

图4　内在薪酬差异激励的心理过程

关于需要，前文已经叙述。动机（motivation）是指引起个体活动，维持已引起的活动，并促使该活动朝向某一目标进行的内在作用。动机是行为的原因，个体某种行为活动所持续的时间有时长久有时短暂，一般依是否达到目的使动机获得满足而定。动机与需要是相互联系的。需要产生动机，有多少需要就有多少动机。离开需要，人的行为就失去内在的驱动力。

这种"目标—导向"行为总是围绕着满足需求的欲望进行的，一种没有得到满足的需求是调动积极性的起点，是引起一系列导向行为的初始动机。这一活动导致个人采取某种行为以满足需求来解除或减轻其紧张程度。可见，激励过程是以未能得到满足的需求开始，以需求得到满足而告终。

人们总是具有不同强度的自我需要、愿望与期望。例如，有人追求丰衣足食，有人需要权力地位，有人渴望进取，有人期望能力提升，所有这些都会成为他的动机，受到这些内驱力的驱使，他会朝这一目标导向行驶，当需求得到满足后，新的需求将会反馈到下一循环过程中去。因此，按照员工的内在需求和企业目标，设计一系列的内在薪酬差异，能促使员工产生并保持工作动机，为满足不断增长的各种内在需求而努力工作。

（二）内在薪酬的激励地位

1. 波特和劳勒对薪酬的激励过程的解释

波特和劳勒是在期望理论的基础上，设计了综合激励模型，把内在薪酬和外在薪酬整合在一起，解释薪酬的激励过程（见图5）。

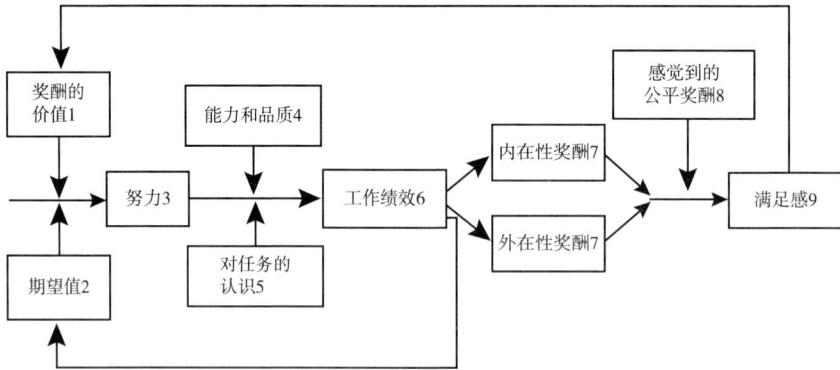

图5　综合激励模型

在这个模型中，有三个地方涉及了内在薪酬。第一个地方是员工对奖酬价值的判断。模型认为，有的员工看重业绩性的内在薪酬，有的员工看重福利性的内在薪酬，还有的员工看重等级性的内在薪酬。每个员工会期望从工作中得到数量不等的各种奖酬——同事们的友谊、晋升、因功绩而加薪、成就感等。第二个地方是员工实际得到的薪酬。在这个模型里，薪酬变量被精确地划分为外在性奖酬和内在性奖酬两项。外在性奖酬是组织授予的，包括诸如上下级关系、工作条件、薪酬、地位、职务保障，以及额外福利等一些与工作有关的奖酬。外在性奖酬就是赫茨伯格所说的保健因素。内在性奖酬则是受个人自身所控制的，包括成就感、因工作出色而感到的自我欣赏、工作本身、责任和个人成长等，内在性奖酬也就是赫茨伯格所说的激励因素。内在性和外在性两类奖酬都是员工希望得到的。然而，研究表明，内在性奖酬会比外在性奖酬产生更高的工作满足感。内在性奖酬可以由组织通过工作的重新设计来提高。如果工作设计能提供足够的多样性、反馈、自主权和挑战性，使员工觉得他们工作出色，那么，他们就会体验到内在性的奖酬，要是工作设计不当，没能具备这些特点，那么优良绩效与内在性奖酬之间就没有关系了。所以，绩效与内在性奖酬之间的关系是取决于工作设计。第三个地方是对薪酬公平性的判断。人们觉得一定水平的绩效所应得到的奖酬的数量，就是他所感觉到的公平奖酬。满足感只是部分决定于实际要得到的奖酬，同时它还决定于员工认为组织对一定水平的绩效应该付给的奖酬；奖酬与自认为应得报酬之间的比较决定了一个人的满足感，而满足感又对效价产生影响。

该模型认为众多因素共同构成了激励过程。激励程度决定了努力程度，加上员工的能力、品质和对任务的认识，产生绩效。其中，内在薪酬对激励起决定性作用。

2. 罗伯特·豪斯理论的解释

罗伯特·豪斯（Robert House）提出了激励综合模式，企图通过一个模式把内在薪酬、外在薪酬激励因素都归纳进去。其代表性的公式是：

$$M = \underbrace{V_{it} + E_{ia}V_{ia}}_{\text{内在薪酬激励}} + \underbrace{E_{ia}\sum_{j=1}^{n} E_{ej}V_{ej}}_{\text{外在薪酬激励}}$$

其中，M 代表某项工作任务的激励水平高低，即动力的大小。

V_{it}代表对该项活动本身所提供的内在薪酬效价，它所引起的内在激励与任务完成与否及其结果如何无关，所以不包括期望值大小。

E_{ia}代表对进行该项活动能否达到完成任务的期望值，也就是主观上对完成任务的可能性的估计。进行这种活动时，人们要考虑自己完成任务的能力，以及客观上存在的困难等。

V_{ia}代表完成任务后获得的内在薪酬的效价。

E_{ej}代表人们考虑完成任务后，有多大把握得到相应的外在薪酬，如加薪、提级和表扬。

V_{ej}代表完成任务后获得的外在薪酬的效价。

根据这个模型，可以得出这样的公式：激励力量＝任务内在激励＋任务完成激励＋任务结果激励。公式中把激励力量分为三部分：第一部分纯属内在薪酬激励；第二部分以内在薪酬激励为主，着眼于任务本身的效价及完成任务的重要意义；第三部分以外在薪酬激励为主，研究任务完成后导致结果的可能性与效价。激励力量的三个部分各自发挥自己的作用，相辅相成，但不一定是缺一不可。若全具备，无疑激发的力量就会更大。

根据豪斯的理论，在实际工作中可采用不同策略提高内在薪酬、外在薪酬激励的强度。

（1）提高内在薪酬激励

内在薪酬激励取决于人们对工作本身的内在满足，如对工作的兴趣、爱好、从工作中获得乐趣的满足，以及对工作重要性的认识等。因此，提高内在薪酬激励，可从下述三个因素入手：

第一，提高V_{it}，即增强员工对工作本身的喜爱程度。具体措施包括安排工作要保证专业对口、尽可能符合员工兴趣爱好、实现工作扩大化及丰富化、提高工作的责任性及挑战性等。

第二，提高E_{ia}，即增加员工对完成工作的期望。包括对员工进行技术业务培训、提高员工业务技术水平、增强工作能力；为员工完成任务提供方便、创造条件、克服困难等。

第三，提高V_{ia}，即对完成任务的效价，促使员工追求完成任务的成功感、重要感、责任感、神圣感等愉快的感受。

（2）提高外在薪酬激励

外在薪酬激励取决于人们完成工作后由此带来的满足感，如工资报酬、提职加薪等。可以从三个因素加强外在薪酬的激励：

第一，提高 E_{ia}，即增加员工对完成任务的期望，对外在薪酬激励同样产生影响。

第二，提高 E_{ej}，即外在薪酬期望，指完成任务而获得奖酬的把握。提高 E_{ej} 的措施包括执行按劳分配原则、按劳付酬、公正合理、赢得员工的信任等。

第三，提高 V_{ej}，即外在薪酬效价，工作中应根据每个员工的不同情况，确定外在薪酬的内容，增加员工对外在薪酬的渴望。

按照豪斯的理论，内在薪酬激励与外在薪酬激励同等重要。

综合上述两种理论模型，可以把薪酬的激励用一个公式来描述：激励力量 = $\sum f$（外在薪酬差异激励·内在薪酬差异的激励）。只有外在薪酬与内在薪酬都处于高值时才有最大的激励力量，二个维度中只要有一个维度处于低值时，都不能获得最佳、最大的激励力量。因此，企业在设计薪酬差异时，必须把内在薪酬差异与外在薪酬差异结合起来，对业绩突出的员工在给予外在薪酬激励的同时要给予内在薪酬激励。

（三）外在薪酬差异对内在薪酬激励的作用

由于人的需求是多方面的，拉大货币薪酬的差异，能通过人对物质的需求引发工作的动机，但过大的货币薪酬差异，却能损害人们对尊重和平等的内在追求，如果外在薪酬差异激励大于零而内在薪酬差异激励小于零，那么激励力量为负数。

剥削理论（relative deprivation theory）认为，企业人员会将个人薪酬同组织中较高层次人员的薪酬作比较，如果低层次人员感觉到他们没有得到他们应该得到的薪酬，他们就会有被剥削的感觉，从而会导致负面行为。在内部劳动力市场上，员工是在同一团队中进行协作生产的，过度的竞争有可能破坏合作。大的薪酬差距会增加下属的努力水平，但是他们这样是通过减少合作的努力、增加利己的努力来实现的，同时还会增加从事政治阴谋的可能性。对于执行层来说，政治阴谋指阻止上司获得信息，试图破坏竞争对手的声望和通过施加影响来美化自己的名声，而不是通过改变实质运作来提高产出的行为（Dye，1984；Finkelstein，Hambrick，1988；Milgrom，Roberts，1988）。也可能出现在通过自己的努力来表现自己能力的同时，通过破坏竞争者的工作来显示自己的能力和水平，或通过各种非正常手段来阻止潜在的竞争者的出现。如此竞争会破坏合作以致最终损害企业的利益。Lazear（1989）提出，尽管存在锦标竞赛模型的潜在利益，这一做法对相对绩效的强调也可能产生相应的困难，竞争鼓励人们增加投入的努力，这对于产出具有正面效应……但竞争也会抑制参赛者之间的合作，并导致直接的破坏行为。这些方面的考虑促使Lazear提出建议，即当劳动者有能力影响彼此的产出时，工资差异应该略小些。

虽然内部竞争具有提高效率的功能，但当竞争结果一旦明朗，则失败者只能停留在低层的职位，可能就会失去积极性，即竞争的结果可能会导致一部分人的积极性得以提高，同时另一部分人的积极性反而降低。

对于在职位竞争中晋升无望者如何进行激励也是一个重要的问题。当然，一方面可以对竞争中的胜利者予以奖励性激励，另一方面也可以用负激励方式对一部分竞争失败者进行惩罚，如对偷懒行为的惩罚，对绩效不理想者降低激励力度，对声誉不佳的员工予以惩戒，甚至对部分不思进取者予以辞退，通过一系列措施来维持企业内部劳动力市场向上竞争的局面。

三　薪酬公平性对激励的影响

（一）公平性理论

公平性理论是亚当斯（J. S. Adams）提出的。亚当斯是美国北卡罗来纳州立大学心理学教授，1965 年，他根据认知失调理论，在《工人关于工资不公平的内心冲突同其生产率的关系》《工资不公平对工作质量的影响》《社会交换中的不公平》等著作中提出了公平理论。该理论是在社会比较中探讨个人所做的贡献与所得到的报酬之间的合理性、公平性及其对员工行为积极性影响的一种理论。

员工对公平性的要求来源于他的需求，根据不同的参照系和参照变量得出的公平性结果不同，公平性分许多种类，下文将进行阐述。

1. 公平性理论的基本观点

公平性理论指出，公平感是人们的一种基本需要。人不仅有生理平衡的需要，也有心理平衡的需要。当一个人做出了成绩并取得报酬以后，他不仅关心自己所得报酬的绝对值，更关心自己所得报酬的相对值。他要进行种种比较来确定自己所获报酬的合理性与公平性，比较的结果将直接影响今后的工作积极性。

一般情况下，员工倾向于将自己的报酬与投入之比和他人的报酬与投入之比进行比较，来判断其公平性（如下公式）。通过比较，会出现三种可能的结果。第一，做比较的一方发现两个比值大致相等。第二，做比较的一方发现他人的比值高于自己。第三，做比较的一方发现他人的比值低于自己。根据公平理论，在做比较的一方看来，第二种和第三种结果是不公平的。就第二种结果来看，做比较的一方认为与他人相比，自己获得的太少；就第三种结果来看，做比较的一方认为与他人相比，自己获得的大多。在发生在第二种和第三种情况下，做比较的一方就会出现不舒服的心理状态，称为认知失调。

$$\frac{个人所得报酬}{个人的投入} \lessgtr \frac{（作为比较的）另一个人的报酬}{（作为比较的）另一个人的投入}$$

人们在进行对比时，往往容易产生偏袒自我的倾向，即容易高估自己的投入（能力、业绩、贡献）而低估他人的投入。此外，当结果对自己不利时，人们较容易产生不公平感，而当结果对自己有利而对他人不公平时，可能有人会有一丝的内疚感觉，但一般不会主动消除这种不公平感，而是会想方设法寻找各种理由使之在自己心目中合理化，甚至会采取一些措施来维持这种状况。

公平性理论同社会交换理论十分密切，以至于可将它们看作是一个理论。这两个理论都是以"互惠准则"为基础的，它要求人们应得到相同的回报。社会交换理论有两个基本的条件，第一个条件是，个体倾向于积极参与到能获得最大社会报酬的活动中去。第二个条件是，双方在一定时期内的交换，应以近似平等的方式进行。这种交换方式要求任何一方都能从这种关系中获得大致平等的回报（由有关人士决定平等的程度和回报的事情）。但这只是双方心理上的要求，是一种心理契约，而没有法律约束力。

公平理论是对社会交换理论的扩展，它由于引入了公平比率和投入这两个概念，从而使该理论有了更广泛的应用性。社会交换理论要求交换双方在交换中要获得近似平等的"绝对"利益。而在公平理论中，这种情况就转换成，在一种情境下利益的公平，是在一个人的投入（如努力）与产出（如报偿）的比率，与另一相同地位的人近似相等。[①]

2. 公平理论中的参照系

在公平理论中，人们要将自己的投入产出比率与其他人的相比较，这就会产生一个问题，就是他们选择哪一类人或群体作为比较的参照对象，因为不同的参照对象会产生不同的结果。选择和谁相比很重要，它影响到对公平的感受。如果把自己的生活条件与富翁（或你自己选择的对象）相比，就会感到沮丧，而把自己与那些贫困的人相比，对自己的地位就会产生不同的感受。改变参照群体，或称参照系，可以获得平衡的或不平衡的结果。

对亚当斯公平平等理论的大量研究表明，员工选择的参照系可能有以下几种。

第一，员工自身的纵向比较。是指员工将现在的收获与付出和过去对应比较，只有当现在的收获与付出之比不小于过去时，员工才感受到满意和激励。

第二，企业内横向上的公平。这主要是指同一等级的人力资本所有者所得的薪酬具有公平性。对此，可能有基于两种不同公平观的理解。一种理解是，特定个体人力资本的产出与投入之间的比例关系，与其他个体的相应的比例关系的比值相等。不难发现，在企业中，尽管有些员工对此在理论上的把握不一定准确，但在实际方面的把握倒是相当到位。当他们发

---

① 〔英〕波特·马金（Perter Makin）等：《组织和心理契约：对工作人员的管理》，王新超译，北京大学出版社，2000，第142页。

现从个体来看的人力资本的产出与投入的比值相对较高时，就可能会增加自己的人力资本投入；当他们发现从个体来看的人力资本的产出和投入的比值相对较低，且无望被矫正到较为公平的状态时，就可能减少自己的人力资本投入。另一种理解是，资历大体相等的人力资本所有者，就应该得到大体上相等的薪酬。

第三，企业内纵向上的公平。这主要是指企业内不同等级的人力资本所有者的薪酬具有公平性。对纵向上的公平，人们也有不同的理解。一种理解是，企业内不同等级人力资本所有者在薪酬上的差异，应以特定人力资本个体对企业的相对重要性为依据。另一种理解是，大体上根据人力资本所有者的资历，确定薪酬的差异性。

第四，企业内外部的公平。这里指的是特定企业内人力资本所有者的薪酬，与企业外部相当的人力资本所有者的薪酬具有可比性，包括朋友、邻居及同行等。员工通过口头、报纸、杂志等各种渠道获得了有关工资标准、福利待遇、劳动合同等方面的信息，在此基础上将自己的所得与企业外其他人的所得进行比较。如果特定企业内人力资本所有者的薪酬相对较低，则该企业的人力资本有可能被其他企业或事业单位所吸引，或是该企业的人力资本得不到较好的激励。

3. 公平性理论中的投入和产出

公平如果只建立在"投入的努力"与"得到的回报"相比较的基础上，就会存在一些使所有人都接受但明显不公平的情况。比如，许多一线工人对他们的收入与技术人员的收入存在不平等的情况并无异议。为什么呢？对此问题的回答应考虑交换理论中的投入和产出的问题。

在公平理论中，"投入"概念的内容与经济上的投资意义完全相同，都意味着由于投入了一定的价值，因此就期待回收一定的价值。但公平理论中的投资是很难量化的，人们把什么都可以看作是投入。如表1所示，人们可能把人际关系、年龄、出勤、工作努力、技能水平、工作经验、绩效状况、资历、教育培训、社会地位、技术能力等，都作为公平比较的投入变量。同样，公平理论中的产出也具有多元化，福利、特权、保障、工作意义、晋升、认可、责任感、货币薪酬、地位、安全、发展等都可能成为公平比较的产出，这些产出在管理学上可用完整薪酬的概念来表述。

对于投入的变量，其中有一些是普遍接受的，但另一些则争议较大。在资历上，通常雇佣者和被雇佣者的认识并不一致。这些问题在一般情况下意义不大，但在某些事情上它们的影响很重要。当强迫员工下岗时，工作年头长的员工就会认为，他们为公司付出了较多的精力和忠诚，但没有得到应有的评价和报酬。人们普遍接受的投资变量概念是资格和技能，大多数资格和技能的获得，都需要员工为以后长期的利益放弃短期的报酬。

表 1 公平理论中的投入与产出的种类

投入	产出
年龄	福利
出勤	特权
人际关系	保障
工作努力	工作意义
技能水平	发展
工作经验	晋升
绩效状况	认可
资历	责任感
社会地位	货币薪酬
技术能力	安全
教育培训	地位

4. 薪酬分配的公平的种类

根据薪酬分配的三个环节可把公平分为三类：起点公平性、过程公平性和结果公平性。目前，人们已不再重点讨论分配结果的公平性，而重点研究过程的公平性。过程的公平性关注利益被分配时所使用的方法与程序如何。

从 20 世纪 70 年代中期起，学术界开始重视对程序公正性（Procedural Justice）的研究，发现员工不仅关心结果或分配是否公正，更关心决策程序的公正性，如果员工认为企业决策的程序是公正的，即使决策对自己不利，员工往往也能接受这样的结果。

该理论认为，人们重视程序的公正性，是因为：①人们相信公正的决策程序会带来公正的决策结果；②公正的决策程序体现员工作为企业内部团队成员的价值；③公正的决策程序体现了企业管理当局对员工情感和智力的尊重与赏识。

说明过程公平性作用的一个例子，是格林伯格的研究（Greenberg，1990）①。有一个制造业公司的管理者，要求格林伯格调查一下他们以前制订的一个有关劳动力的决策的效果。这个公司在美国中西部的不同地区有三家制造企业。由于失去了两项大合同，管理上不得不暂时降低工资标准。为了不裁减工人，管理层决定暂时在两个企业中强行削减15%的工资，这主要是为补偿失去订单造成的损失。管理者相当大胆地要格林伯格写了两个有关削减工资的说明，以对工人进行解释。在每次解释时，均由公司总裁在一个周末会议上，将这一说明念给大家听。在其中一个企业中，格林伯格写出了自己认为"合理"的解释，并且说明工资被削减的最充分的理由，就是用图表和数字表示出合同丢掉后，财务上受到的影响，并强调这一影响只会持续十周。他对此深表遗憾，指出这15%的工资削减是针对每一个人，不会有不公平的处理，并安排1个小时的时间用来回答工人们的提问。

在另一个企业中则设想了一个"不合理"的解释。工人只是被告知要被削减工资，时间也是十周。除了说明削减的原因是合同丢掉了，没做任何其他解释。会议只安排了15分钟，没有任何遗憾的表示。

在不同时间里，分别搜集削减工资前十周企业离职人数和偷盗造成的损失数字，以及执行此政策的十周内的这两项数字，和恢复正常工资水平后十周内的这两项数字。

结果发现，在工资没有削减的企业中（因此，也不必开会解释），偷盗带来的损失基本稳定在大约3%的水平上。而给予"合理"解释的企业中，偷盗的损失从工资削减前十周的约3%，上升到执行政策十周内的4.8%，工资恢复后的十周内又恢复到3%。在没有做合理解释的企业中，工资削减的前十周和后十周内，偷盗损失都是3%，而在执行政策的十周内上升到8%。

职工离职率则以另一种更明显的模式表现出来。在"合理"解释的

---

① 〔英〕波特·马金（Perter Makin）等：《组织和心理契约：对工作人员的管理》，王新超译，北京大学出版社，2000，第149页。

企业里，离职的职员人数较稳定，在削减工资前十周有 1 人离职，在执行政策和恢复正常的十周内也都一样，各有 1 人离职。而在"不合理"解释的企业，削减前十周只有 1 人离职，恢复正常后十周内有 2 人离职，而执行政策的十周内竟有 12 人离职（占职工总数的 23%）。

当然，对这一现象可能有多种解释，但更让人易于接受的原因是对职工所做的不同解释。因为在同一公司中没有削减工资的那家企业（控制组）里，偷盗损失和离职率始终保持稳定。

格林伯格的观点是，偷盗的增加和离职率的增加，都是由于员工对分配不公平的感觉造成的。这一解释得到了调查结果的证实。在削减工资期间，给职工发了调查问卷，在给予"合理"解释的企业中，职工对问卷回答的结果，证明比给予"不合理"解释的企业中的职工，不公平感低。这就是过程公平性的问题。

为了解决或缓和员工对内部晋升结果可能出现的不公平感问题，管理层往往可以利用晋升决策中的程序公正性来弥补。程序公正性能有效地减少不正常、不合法的因素对职务晋升的干扰，使选拔人才的质量得到保证；程序公正性还能起到引导员工发展方向，寻找到自己可以遵循的职业生涯目标，减少职业发展过程中的盲目性。内部晋升之后可能会使原有的同事关系变为上下级关系，这种变化容易破坏原有的团队合作精神和原有的和睦的人际关系。程序公正性以及交往中的公正性，有利于从制度和情感上缓和这种紧张的人际关系，也能达到消除或部分消除未能得到晋升的员工的消极影响。

在内部劳动力市场上，职务晋升时的程序公正性一般遵循以下原则：一是公开性原则。在内部出现劳动力需求（晋升）前，管理层通常应向员工公开选拔的标准和程序以及对候选人的资历、能力、学历、技术和业绩等方面的要求。二是客观性原则。即管理层制定标准时应尽量客观、量化，对每位候选人的业绩和能力应进行客观的评价。三是一致性原则。管理层在制定选择程序和规则时对所有符合资格条件的候选人应一视同仁，不存偏袒和私心，并保持规则的连续性。四是双向沟通原则。主要是指内部晋升时员工有相应参与推荐候选人并有发表意见和建议的权利，管理层应该听取员工建议并就有关晋升的标准、程序与结果等有关疑问进行解释。五是结果可辩驳性原则。员工有机会向管理层提出自己对晋升结果和决策程序的疑问和异议，并得到相应的答复，如果晋升决策明显有误，应该有一套予以纠正的机制。

（二）薪酬公平对激励的影响

当人们感到不公平时，就可能采取一系列的行为，这些行为影响到企业的效率。

当自己的报酬高于比较对象，即报酬过度时，有些人心安理得地接受；有些人感到心理不平衡，要求减少报酬或在开始时自动多做些工作，但久而久之，他会重新估计自己的技术和工作情况，终于有一天会觉得自己确实应当得到那么高的待遇，于是工作绩效又回到过去的水平了。此时，他的心理不平衡也就逐渐消失了。

当自己的报酬低于比较对象，即报酬不足时，则会紧张、不满，影响工作积极性。在这种情况下，人们可能会采取以下措施：①怠工。如降低对工作的努力程度，减少工作时间等，这种措施对个人来说很容易实施，可以在短期内获得公平感，长期下去就会变成一种消极的工作习惯。②改变自己的产出。如通过要求增加工资、奖金、福利等报酬达到与比较对象相当的水平，或通过降低工作质量、提高数量等来增加自己的工资，以消除不公平感。③如果做不到或不愿做上述事情，员工可能会采取极端的做法。如离开目前的工作场所，要求调离现在的工作部门或工作地点或干脆辞职。④改变自我认知。即改变自己对报酬与投入的评价，如某人原来认为自己在工作中投入的努力是中等水平，当感到不公平时，可能会改变原有的看法，认为自己比其他任何人工作都努力。⑤改变对他人的认知。如"某人的工作不像我以前认为的那样好"，实际上，认知对象的工作积极性、工作绩效等与原来是一样的，只是自己在主观上改变了看法。⑥改变比较对象。如选择一个条件比自己差的人进行比较，这样可能会产生"比上不足，比下有余"的心理感觉，这是一种相对有效的自我心理安慰的方法。

在理论上，不公平会造成上述的消极影响，实证研究也证实了这一点。萨默斯和亨德里克（Summers，Hendrix，1991）利用复杂的统计分析，对各种投入和自愿离职之间的关系建立了一个模型，研究表明工资公平感对工作满意感和对组织的奉献具有影响。另一些研究揭示了关于不公平的感受所造成的结果。考赫德和莱文（Cowherd，Levine，1992）调查了 102 家公司的产品质量。研究表明，当雇员感到自己所得报酬是公平的时候，会产生生产高质量产品的动机。[①]

公平理论适用于不同层次的员工。如果高层员工感到待遇不公，他也许会通过贬低下属的投入或产出，来实现自身与下属之间的公平。这就有可能造成对下属工作绩效的评价失真，引发包括离职在内的种种现象。

在企业内部劳动力市场运作过程中，内部晋升的公正性，是影响员工公平感的重要因素。晋升结果公平感，来自于员工认为合适的晋升人选是否最后得到了晋升。员工通过对包括自己在内的各位候选人的能力和贡献进行比较，在自己的心目中形成认为合格的候选人，如果最终晋升的结果是自己心目中的候选人，则认为结果是公正的。

企业内部薪酬分配是否公平，关系到职工对企业的信赖程度，关系到企业内凝聚力的大小，关系到企业能否安定发展。在企业中，如无一个作为指令和评价标准的公平原则，以及为之提供合理证明的公平哲学，将是不可思议的。

综上所述，有效的薪酬体系必须满足公平要求。较好的薪酬公平性，可以促使企业产生较好的经济效益，又使该企业有实力更为从容地解决薪酬的公平性问题。

---

① 〔英〕波特·马金（Perter Makin）等：《组织和心理契约：对工作人员的管理》，王新超译，北京大学出版社，2000，第 147 页。

第七章
完整薪酬差异的运用

一 完整薪酬解析

（一） 完整薪酬的内容

完整薪酬又称为全面薪酬、整体薪酬或总报酬。自第一部薪酬教科书《Methods of Industrial Remuneration》（David Sehloss，1892）问世以来，一百多年间，薪酬管理的主题不断变化。但是基本的假设和前提却日益清晰并趋于一致：员工为组织提供生产力和绩效产出，而组织则为员工提供对其有价值的东西作为回报。20 世纪 70 年代以来，相对简单的薪酬与福利计划开始变得复杂起来，报酬要素间的相互关系也开始为薪酬专家们所关注。至 20 世纪 90 年代，面对日益激烈的人才竞争，传统的基于货币和实物报酬组合的模式开始显现出局限性。20 世纪 90 年代初，特罗普曼（Troprnan，1990）提出了完整薪酬概念，他提出应该把基本工资、附加工资、福利工资、工作用品补贴、额外津贴、晋升机会、发展机会、心理收入、生活质量和个人因素等统一起来，作为一个整体来考虑。这是一种将有形薪酬与无形薪酬有机结合的思维框架，它不再将目光局限于以工资和福利为主体的货币薪酬，而是将所有组织能够提供的、对员工有价值的东西统一作为薪酬。

21 世纪初，美国薪酬协会在总结多位薪酬领域专家研讨成果的基础上，提出了一个总报酬模型（见图1），在关注货币薪酬和货币福利的同时，将工作体验（work experience）作为模型框架的重要组成部分。

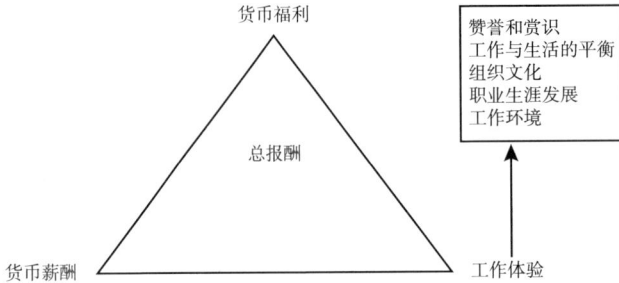

图1　美国薪酬协会的总报酬模型

　　模型中的工作体验包括赞誉和赏识、工作与生活的平衡、组织文化、职业生涯发展、工作环境五大要素。赞誉和赏识，要让员工在工作中得到肯定、认可和赏识，充满成就感；工作与生活的平衡，要考虑员工工作和生活的平衡，例如，提供员工家庭成员计划、财务或健康咨询计划、便利服务以及其他可提高员工生活质量的一切因素；组织文化，倡导多元化和不断创新的企业文化，领导和管理层要与员工充分沟通；职业生涯发展，为员工提供个性化的发展机会，例如，学习和受教育的机会、在职训练的机会、事业提升的机会等；工作环境，提供富于激励的工作环境和办公环境，以及通过工作本身来吸纳、保留并激励员工，让员工始终有一种家的感觉。工作体验的内容就是内在薪酬。

　　2006年，美国薪酬协会重新整理了总报酬模型，在新模型中，考虑了组织战略、人力资源战略和薪酬战略之间的一致性，基于总报酬的薪酬战略被置于组织整体发展战略之中，成为支持组织人力资源战略实现的重要工具。

　　自这一模型提出以来，越来越多的组织开始接受总报酬的概念并将其应用于薪酬管理的实践。美国薪酬协会于2005年9月对其成员进行的一次调查表明，超过90%的回答者在描述组织吸纳、保留和激励员工而使用的薪酬组合时，使用了总报酬。随着知识经济的到来，员工在做出受雇选择时，开始越来越多地关注货币工资和货币福利之外的东西，如可能的培训与职业发展机会、相对灵活的工作安排、良好的工作环境、认可的组织文化等。

（二）完整薪酬结构

基于前两章对外在薪酬和内在薪酬的分析，本书认为，完整薪酬的结构可用图 2 表示。

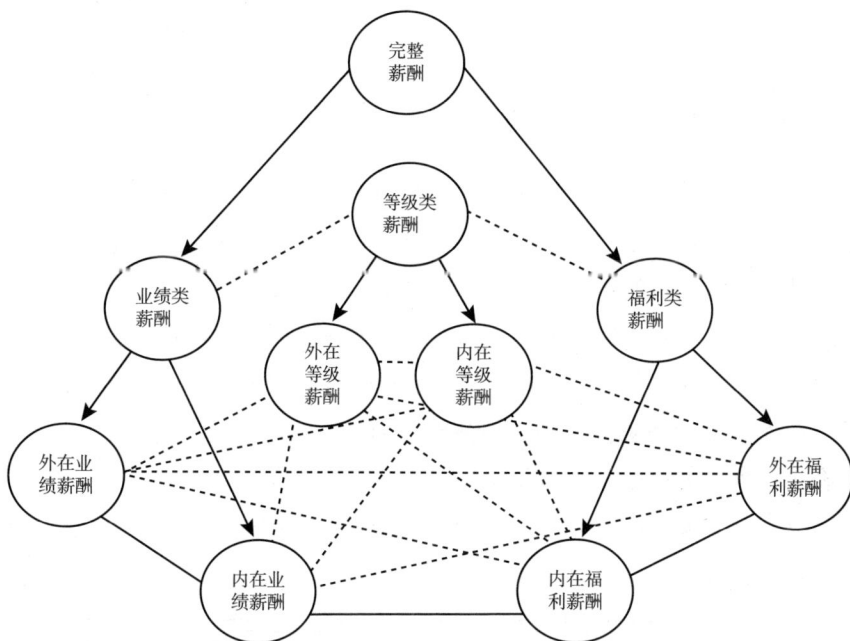

图 2　完整薪酬结构

完整薪酬包含三种薪酬类型：等级类薪酬、业绩类薪酬、福利类薪酬。等级类薪酬包括内在等级性薪酬和外在等级性薪酬；业绩类薪酬包括内在业绩性薪酬和外在业绩性薪酬；福利类薪酬包括内在福利性薪酬和外在福利性薪酬。这三种薪酬类型组成完整薪酬的各类薪酬，互相作用，共同实现薪酬的功能。

完整薪酬中，有的薪酬类型差异较大，有的差异较小，并且各种薪酬的差异根源不同。等级类薪酬的差异来源于企业的锦标制度，表现为职务薪酬的差异、职称薪酬的差异、工龄工资的差异等，由于员工所处的等级不同而享受的外在薪酬和内在薪酬都有差异。业绩类薪酬的差异来源于业绩的不同，部分差异与个人的业绩相关，部分差异与团队的业绩相关，如果企业内部成员的业绩差异较大，那么这种薪酬的差异将较大。某些福利类薪酬虽然可能与等级类薪酬相关，但一般差异不大，其中，福利类内在薪酬，如关心、友谊、沟通等，应该均等地赋予所有员工。

企业不但应该设计外在业绩薪酬差异，而且应设计内在业绩薪酬差异，给予业绩突出者以差异化的声誉、晋升机会、挑战性工作、培训机会等。

（三）完整薪酬与管理学

企业管理学从企业的战略与核心价值观出发，建立薪酬分配的理念，全面考虑各种薪酬形式的个性作用和它们之间的互动性，而不是孤立地去看待某种薪酬形式的作用。管理学从解决企业的实际问题出发，提供具体可操作的方法，并根据企业的具体情景来组合多种薪酬形式，使得薪酬分配成为有力的杠杆，撬动公司往预定的战略目标前进。

1. 管理学研究薪酬差异的功能实现的整个路径

经济学侧重于关注薪酬差异与企业绩效的关系，心理学侧重于关注薪酬差异与员工需求的关系，管理学则系统地思考薪酬差异功能实现的整个过程（见图3）。

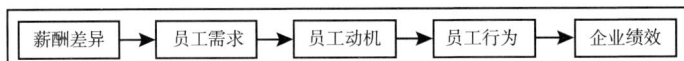

$$\boxed{薪酬差异} \rightarrow \boxed{员工需求} \rightarrow \boxed{员工动机} \rightarrow \boxed{员工行为} \rightarrow \boxed{企业绩效}$$

图3　管理学研究薪酬差异的功能实现的整个路径

管理学运用心理学的理论，从员工的需求特征出发，通过满足员工的需求，以激励员工，实现岗位工作。经济学对人的假设和心理学对人的假设都在特定的情况下发生，管理学认为人具有复杂性。管理学除了关注薪酬对人和物之间关系的影响外，更关注薪酬对人与人之间关系的影响。

管理学把企业精神作为影响薪酬激励的第一因素。管理学认为人的思想、观念、价值观、能力等都是可变的，试图通过企业文化建设，统一员工的思想认识，产生凝聚力。

　　管理学不只是注重通过物质薪酬差异对员工进行激励，而且注重通过比赛、竞争、人际关系、声誉、晋升、关怀、保障、工作的丰富性、参与决策、目标管理、工作挑战性、职业生涯规划、弹性工作时间、发展机会、控制权等内在薪酬对员工进行激励。管理学在研究外在薪酬差异时更注重它所引起的心理感受和心理动机。

　　管理学既注重薪酬差异对个人的激励，也注重薪酬差异对组织整体的激励。管理学不但希望薪酬差异能促进企业短期的绩效，也希望能促进企业长期的绩效，希望能促进企业能力的发展。

　　管理学从多方面对员工绩效进行研究，不只研究有形的绩效，而且研究无形的绩效，如薪酬差异对企业文化的影响、对企业声誉的影响、对企业管理的影响、对企业战略的影响等。管理学衡量薪酬差异的产出水平时，除了使用财务指标外，还使用离职率、出勤率、主动性、合作性等员工行为指标。

2. 管理学研究薪酬差异管理的系统性内容

　　管理学不但研究薪酬差异的内容，而且研究薪酬差异的标准和制定过程。

　　管理学全面地研究薪酬差异的内容。管理学研究薪酬差异包括外在薪酬差异和内在薪酬差异。对于外在薪酬差异，管理学研究货币薪酬在数量上的差异，研究等级性、福利性、业绩性的货币薪酬结构差异。管理学不只是研究企业内部的差异，如团队之间的差异、团队内部的差异，还研究外部市场薪酬水平与企业内部薪酬水平的差异。对于内在薪酬差异，管理学关注发展机会的差异、声誉的差异、工作环境的差异、人际关系的差异、决策权的差异、工作稳定性的差异、满足程度的差异、社会地位的差异等。

　　管理学认为，薪酬差异的标准来源于两个方面的工作。一是岗位的比较，包括与竞争对手的相似岗位比较、上下级岗位职责比较、同级岗位的业绩比较等。二是员工特征的比较，把员工经历的差异、学历的差异、心理的差异、能力的差异、业绩的差异等纳入确定薪酬差异的思考因素。

　　管理学非常注重薪酬差异制度制定过程的研究。确定企业内部薪酬差异的一般步骤或程序包括：制定企业经营战略规划及人力资源规划；规划期内各阶段企业整体薪酬水平的定位；根据工作性质和劳动特点，将企业内部各类岗位和人员进行纵向分层和横向分类；分析判断规划期内不同阶段，企业各类岗位、专业、工种与企业战略目标及核心竞争力的关联程度的差异；根据各种生产要素按贡献参与分配的理论依据，分类确定不同岗位和人员的分配机制、薪酬制度；制定各类岗位的薪酬增长轨迹以及配套薪酬制度措施；实施过程中，视外部环境的变化适时调整薪酬差异；搞好竞聘上岗、技能鉴定、对外招聘等人事制度改革和绩效管理等配套工作。

3. 管理学研究薪酬差异与整个管理系统的相互作用

管理学认为，无论是薪酬差异的内容、标准，还是薪酬差异确定过程，都必须与企业的情景匹配。企业经营的情景是薪酬差异的决定因素，与情景的匹配是薪酬差异功能实现的决定因素，因此，薪酬差异与情境的匹配成为管理学研究的重要问题。

企业情景，指企业面临的内部、外部的环境。内部环境包括企业目标、企业战略、企业财务、企业组织、企业文化、企业运作等，外部环境包括政治、经济、社会、技术、顾客、竞争对手、供应商等。企业情景决定了岗位特征，岗位特征决定了人力资源招聘、甄选、开发、使用、评估和解聘等工作，影响了薪酬差异的内容、薪酬差异的标准、薪酬差异的过程。内在薪酬差异更多地受制于企业文化等企业管理因素，外在薪酬差异更多地受制于企业财务和外部薪酬等因素（见图4）。

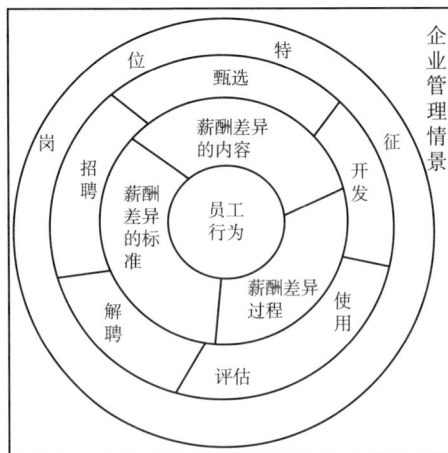

图4 管理学对薪酬差异与整个管理系统相互作用的研究

不同行业、不同文化特性、不同发展阶段的企业应有自身特有的薪酬战略。薪酬分配制度无绝对的好坏之分，关键是如何激发员工的工作热情，使企业的战略目标能有效实施。并且，通过结构化的薪酬体系既能促进企业短期经营目标的实现，又能促进企业持续不断发展。薪酬分配制度会在深层次影响人的行为，它是企业价值的驱使，无疑会影响企业的战略选择、经营决策、产品开发、市场竞争、队伍建设等各个方面。因此，企业在设计薪酬制度前，先要明确本企业战略是什么。薪酬差异的制定、内容、结构等最终要匹配于企业战略。

目前，相关管理学论文研究了薪酬差异与营运、人力资源管理、企业组织、战略、文化等的匹配问题，其中，薪酬差异与企业文化和战略的匹配是最重要的问题，下文将对此进行论述。

二　薪酬差异匹配企业战略管理

从经济学角度来思考企业的薪酬差异问题，倾向于通过市场定价来指导企业的薪酬差异决策；从心理学角度来思考企业薪酬差异问题，倾向于将员工的内在需求作为薪酬差异设计和管理的基本原则；管理学在思考企业薪酬差异问题时，更加关注薪酬差异管理对企业战略目标的支撑。

随着市场竞争的不断加剧和经营环境的日趋复杂，越来越多的企业开始注重通过人力资源管理来培育内部核心能力和获取竞争优势。薪酬管理作为人力资源管理的重要组成部分，是企业吸引人才、引导员工行为，以实现组织战略的一种有效手段。

著名的战略管理大师亨利·明茨伯格认为，人们对战略形成的认识，就如同盲人摸象。每个人都紧紧地抓住战略形成的某一部分，而对认识不到的其余部分一无所知。明茨伯格在总结了战略发展的历程后认为，不同的学者对战略至少有五种定义：战略是一种面向未来的计划（plan）、方向、指南，是通向未来的前进路线、由此及彼的途径；战略是从以往经验中总结出来的一种模式（pattern），即长期行动的一致性；战略是一种定位（position），即特殊产品在特殊市场的定位；战略是一种观念（perspective），即一个组织做事的基本方式的企业理念；战略就是策略

（ploy），即为了击败反对者或竞争者而采用的特定的计谋。① 归结起来，战略是一种在有限的资源约束条件下，组织对获取什么、牺牲什么的一种长期目标的思考和行为的选择，它涉及企业如何与环境适应、采取什么样的战略类型、企业如何成长、如何获取竞争优势等一系列的问题。

米尔科维奇指出，薪酬必须支持企业的经营战略，战略视角的薪酬要关注那些能帮助组织获取和维持竞争优势的薪酬选择。不同的经营战略决定着不同的薪酬战略，企业经营战略与薪酬战略之间的联系越紧密或彼此越适合，企业的效率就越高。成功的薪酬体系可支持公司的经营战略，能承受周围环境中来自社会、竞争以及法律法规等各方面的压力。它的最终目标是使企业获得并保持竞争优势。

薪酬差异与战略的匹配表现为：首先，不同的环境有相应的战略，薪酬差异应该与环境匹配。其次，薪酬差异应该与战略的类型相匹配。再次，薪酬差异应该与企业的发展阶段相适应。最后，薪酬差异应该为企业获取竞争优势服务。

（一）薪酬差异与环境的匹配

企业的环境可以分为一般环境和任务环境，一般环境（general environment）指间接影响组织的经济、政治和人口统计等的环境因素。任务环境（task environment）指通过影响组织的运行和目标达成而直接影响组织的环境因素。任务环境因素包括下列因素：客户、供应商、政府监管、劳动力供应、技术、工会和其他直接影响企业运作的经济特征。与业绩相关的人力资源活动，受其任务环境因素变动的影响，远远大于一般环境因素变动的影响。在设计薪酬的时候，任务环境是关键的环境。

从两个维度，可以将任务环境分为两类：①环境因素的同质性和异质性；②环境因素的相对可变性。根据第一个维度可以把环境分为简单环境和复杂环境，如果企业的客户特征类似、供应商是有限的几个、技术变化慢、有充足的劳动力、工会的影响较小，那么这种环境可被看作是简单的

---

① 亨利·明茨伯格等：《战略历程：纵览战略管理学派》，刘瑞红译，机械工业出版社，2005，第7页。

环境；如果企业有多种不同的客户、有多个多种行业内的供应商、技术变化快、劳动力的供给变化大、工会对企业决策的影响大，那么这种环境可被看作是复杂环境。第二个维度反映了环境的确定性和不确定性，当环境因素变化快，其不确定性增加。简单的环境不确定性较小，而复杂的环境不确定性较大。

理解企业运行的环境因素的确定性和不确定性，是薪酬决策的基础。面对今天激烈的竞争环境，选择有效的薪酬制度前，有必要对企业环境的不确定性进行评估。环境的不确定性程度影响薪酬政策。

处于不确定性较弱的环境中的企业，多采用市场滞后的薪酬水平政策，薪酬一般比市场中薪酬变化慢，多强调资历性的薪酬，不同资历的员工具有薪酬的差异性，多采用一次性支付的薪酬调整政策，多采用现金红利奖励政策，多强调个人间的竞争，多采用内部标准衡量薪酬计划的效应。处于不确定性较强的环境中的企业，多采用市场匹配薪酬标准政策，多强调绩效报酬，多采用分散的工资调整政策，多采用股票红利奖励，多强调员工的团队合作，多采用外部比较衡量薪酬计划的效应。

与企业薪酬政策相适应，企业薪酬的差异与环境的不确定性也有密切的关系。

在不确定性较弱的环境中，企业一般采用机械式的组织，薪酬水平一般比市场水平较低，内部薪酬的差异主要表现在职位的等级薪酬，高层员工的薪酬比一般员工的薪酬不会有很大的差距。

在动荡而不确定的环境中，职位等级薪酬的差异仍然存在，但薪酬最大的差异表现在可变薪酬的差异。在这种环境中，意外无处不在，这要求组织迅速做出反应。企业一般采用有机的组织，允许企业内部各部门和个人，及时地就其独特的任务环境做出反应。在这些情况下，薪酬依赖于决策的质量及这些决策的成功实施，员工的（尤其是决策者的）风险薪酬在总薪酬中占较大的比例，变动工资（如利润分享、激励、分成和期权）占很大一部分，其基本薪酬只占总薪酬的很小一部分。在这种环境中，承担决策风险的员工的薪酬相比一般员工的薪酬有很大的差异。

（二）薪酬差异与战略类型的匹配

波特把通用的竞争战略归纳为成本领先战略、差异化战略和目标集聚战略。竞争战略不同，企业或业务单位所采用的薪酬战略也会有所不同，比如，依靠低成本取胜和依靠差异化取胜的公司在薪酬战略的设计上显然是不同的。中国的企业在目前激烈的国际竞争中之所以能够讲到发展，主要在于成本领先战略，这种成本领先战略的关键在于国内低薪酬的支持。

米尔科维奇认为，对应于不同的经营战略，企业要采取不同的薪酬方案。他把企业的经营战略也分为三类：创新者、成本控制者和关注顾客。米尔科维奇认为创新战略强调冒险，不再过多地重视评价和强调各种技能或职位，而是把重点放在激励工资上，以此鼓励员工大胆创新，缩短从产品设计到顾客购买之间的时间差。成本领先战略以效率为中心，注重控制劳动成本。以顾客为核心的战略将顾客满意度作为员工业绩的评价指标，按顾客满意度来给员工支付报酬。

Gomez-Mejia，Balkin（1992）把战略分为防御性战略（defender）和前瞻性战略（prospector）两类。前瞻性战略对外界环境的变化所带来的机会做出积极反应，极力想让自己在产品和市场中居于领先地位，即使其付出的努力并不一定都能获得高利润。防御性战略力图定位在相对稳定的产品或服务，并维护其地位，致力于提高产品的质量、推行规范服务、降低价格及实施其他吸引客户的手段。在市场中，追随者通常采用防御性战略，开拓者通常采用前瞻性战略。

总之，企业战略大体分为两类：一类是创新性战略，包括差异性战略、前瞻性战略等；另一类是保守性战略，包括成本性战略、防御性战略等。这两类战略采用的薪酬战略是有差异的。前者通常采用试验性（experiential）薪酬战略，而后者通常采用规则（algorithmic）薪酬战略。试验性薪酬战略通常以员工的技能、绩效、团队整体业绩、承担的风险等作为薪酬制定的基础，注重外部的公平性，对业绩进行定量的考核，强调奖金的作用，薪酬的制定比较灵活。规则性薪酬战略，通常以工作、成员资格、个人绩效、公司绩效等作为薪酬制定的基础，强调内部的公平性，对业绩的考核多用定性指标，强调基本工资和福利的作用，强调内在激励，薪酬的制定具有官僚制，并注重工资的保密。这两种薪酬制度中都有薪酬差异，相比较而言，试验性薪酬制度中的薪酬差异更大。

规则性的薪酬制度的目标在于降低劳动力成本或改善产品的质量，强调少用人，多办事。强调采用以工作职位为基础的薪酬，注重薪酬在组织内部的公平性，固定给员工加薪，采用组织内部集中管理的办法。薪酬的差异主要存在于职位的层级制度，但由于强调薪酬注重人工成本，薪酬的差异虽然存在，但差距不会很大。

试验性的战略不再过多地重视评价和衡量各种技能和职位，而是把重点放在激励工资上，以此鼓励员工在新的生产流程中大胆创新，缩短从产品设计到顾客购买产品之间的时间差。企业往往为参与产品开发和市场开拓的员工提供特殊的薪酬组成部分，薪酬中有一部分就是为员工创造、发明和发展活动提供的资金支持，也有一部分可以与新产品的市场份额相关，而不单单与产品的短期收益相关。在企业内部，不但存在薪酬等级制度的薪酬差异，而且激励性薪酬也存在差距。在试验性薪酬战略中，不但薪酬水平比市场水平要高，而且内部的薪酬水平差距较大。

（三）　薪酬差异与企业发展阶段的匹配

美国著名管理学家伊查克·麦迪思提出了企业生命周期理论。他在《企业生命周期》一书中，对企业的生命历程及其面临的问题进行了详细论述，他将企业生命周期划分为三个阶段：成长阶段、发展阶段、衰退阶段。有的学者把企业的生命周期划分为四个阶段或五个阶段。本文分析企业的初创阶段、成长阶段、成熟阶段和衰退阶段的薪酬制度。

企业在初创阶段，规模比较小，市场占有率低，管理比较灵活而非规范，企业内部的组织结构、规章制度和组织战略尚未健全，组织文化没有正式形成，管理上表现出强烈的人治倾向。企业在成长阶段，经营规模不断扩大，管理不断规范化。企业在成熟阶段，组织结构、组织文化和企业内部管理制度已经比较完善。企业在衰退阶段，内部管理僵化、缺乏灵活性，不能对市场变化做出快速反应，企业的销售量、利润和市场占有率大幅下降，人才队伍不稳定，员工的离职率比较高。

企业要根据自身所处的不同的发展阶段的状况及其面临的问题，确定薪酬制度。薪酬制度需要与企业的不同发展阶段相匹配。企业在不同的发展阶段，薪酬差异各有特点。

在初创阶段，企业薪酬政策关注的是易操作性和激励性，表现出非常个人化的随机性报酬。在薪酬评价上以主观性为主，总裁拥有90%的决策权。为减轻财务压力，可变薪酬所占比例较大，采用长期激励的方式来吸引和留住人才，而基本工资水平和福利水平较低。在这期间，薪酬的差异主要表现在激励性薪酬上，固定薪酬的差异很小。

在成长阶段，企业逐步运用较客观的价值评价作为薪酬分配的基础，强调薪酬的外部竞争性，以吸引更多优秀人才满足业务发展的需要。因企业快速发展面临财务压力，可变薪酬所占比例依旧较大，采用长期激励的方式来吸引和留住人才。薪酬策略应该具有较强的激励性，形成一个有魄力的、创业型的领导班子。随着企业规模逐步增大，内部的薪酬差异逐步增加，等级薪酬出现。

在成熟阶段，企业更多地依靠制度和组织体系实施薪酬评定，薪酬策略鼓励新技术开发和市场开拓，保证在留住优秀人才的同时，不断激励他们努力开辟新市场，为企业的发展创造新的天地。在这阶段，企业的基本薪酬处于市场薪酬的平均水平，奖金所占比例较高，企业规模较大，盈利能力较强，企业的薪酬等级多，内部薪酬差异较大。

在衰退阶段，企业最恰当的战略是争取利润并转移目标，转向新的投资点。个人的绩效奖金和长期薪酬意义已经不大，较高的基本工资和较高的福利将是明智的选择，同时适当地将刺激与鼓励措施与成本控制联系在一起。为吸引和留住优秀人才，企业强调薪酬的外部竞争性，但企业内部的薪酬差异不大。

（四）薪酬差异与企业竞争优势

从经济学角度来思考企业的薪酬问题，倾向于通过市场定价来指导企业的薪酬决策，从心理学角度来思考企业薪酬问题，倾向于将员工的内在需求作为薪酬设计和管理的基本原则。管理学在思考企业薪酬问题时，更加关注薪酬管理对企业战略目标的支持，即如何通过薪酬体系来有效地帮助企业获取竞争优势，企业通过什么样的薪酬策略和薪酬管理系统支持企业的竞争优势。美国斯坦福大学教授普费法伊夫（J. Pfefief）在其著作《经理人员获得的竞争优势》中，比较系统描述了提高公司竞争优势的16种人力资源管理实践，其中有5种就是有关薪酬管理实践的。

企业的薪酬差异与竞争优势有重要的关系。

核心人力资源对组织的竞争优势起着特殊的作用。在组织的薪酬体系设计中，针对这些特殊人才，应制定一些特殊的薪酬激励政策。在实际工作中，首先根据战略，确定企业的核心能力和核心人力资源，划分达到企业的关键战略目标所需要的员工的能力，确定企业薪酬激励的重点。其次对企业内部各层各类的人才进行价值排序，确定企业的核心员工与关键员工。最后，给予核心员工和关键员工中工作绩效突出者高薪酬。在薪酬分配上，强调关键职位、核心职位与一般职位的差别。为了吸引更多与企业核心能力有关的优秀人才，要提高这类人才的薪酬水平，支付给他们领先于市场平均水平的薪酬，拉大与一般员工之间的收入差距。

不同层级的员工因承担的战略责任不同，其报酬也存在差异。一般来说，组织中层次越高的人员，其承担的战略责任就越大，薪酬就越高。为实现企业战略，要将薪酬水平与责任大小、风险高低、贡献大小紧密相连。

三　薪酬差异适应企业文化管理

企业文化是指企业中的成员所共有的价值观、信仰和行为模式。其中，价值观是企业文化的核心。在企业经营过程中，主要形成两种价值观：外部价值观和内部价值观。

外部价值观是解决企业与外部环境关系时所形成的价值观，外部价值观包含着企业成员对外部环境的判断，和对应该如何处理本企业与外部环境的关系的共识。

企业的外部价值观的核心问题在于对企业的成功关键因素的判断，它表明了企业在经营中最应该关注的问题、最应该认真对待的信息，同时，外部价值观也确定了什么样的人员在组织中最受重视。企业能兴旺发达，是因为它对自身与环境之间关系的基本认识是正确的，所以，外部价值观对企业的生存是至关重要的。

内部价值观是与人有关的基本假设和信念，包括对人的本质、员工与组织的关系、员工之间的关系三方面的共识。这种内部价值观与外部价值观相比，稳定性更强，对薪酬制度影响更为深远。实际上，每一种薪酬制度都体现着企业对人与人之间、人与组织之间关系的基本假设。

（一）外部价值观与薪酬差异

根据企业外部价值观的不同，大致可以把企业文化划分为四种：职能型文化、流程型文化、时间型文化和网络型文化（Doran，1994）。职能型文化是传统的文化形式。进入 20 世纪后期，随着科技的爆炸式发展、柔性制造的出现以及顾客成为决定市场的力量，新的组织价值观体系开始逐渐流行。新型文化类型主要有流程型文化、时间型文化和网络型文化。在不同的文化中，企业对于成功关键因素的认识不同。由于薪酬政策向对企业成功最为关键的因素倾斜，因而，在不同文化体系中的薪酬具有不同的特征。下面分析这四种文化，并分析相应的薪酬体系和薪酬差异。[1]

1. 职能型文化与薪酬差异

该类型文化所强调的重点是稳定性、可靠性和一致性。企业认为，对企业最重要的工作，是利用现有技术有效地生产出既定的产品。工作组织是等级化直线职能制，组织等级森严，工作被划分为较小的单元，围绕个人工作的专业化而设计职位，决策与执行职能是被截然分开的，员工的专业化分工很细，每个人从事很窄的职能活动。绩效衡量标准是规模、股票回报率和行业声誉。在职能型文化中，成功的员工是那些拥有专业知识、重视纪律、安全、能够自我管理的人。长期可靠的绩效、专业技能的提高或在职能领域内积累的经验，被企业认为是有价值的。

在职能型文化中，薪酬与所在的职位直接挂钩，通过职位评价确定薪酬等级。工龄也是薪酬等级的决定因素。只要干好本职工作就能获得报酬。浮动薪酬比例较小。

在职能型文化中，薪酬的差异主要体现在两个方面。

---

① 石伟：《组织文化》，复旦大学出版社，2004，第 317 页。

一是基本工资的差异。在职能型文化中，薪酬的主要构成元素是基本工资。在基本工资中包含着窄而多的等级。等级薪酬水平，是通过具体的职位评价体系评价各职位，依据每个职位在企业内部价值来确定的。员工基于自身经验的积累或工作技能的提高，而沿着薪酬等级表向上升级。

二是激励薪酬的差异。这种薪酬差异表现在领导层和一般员工之间。在职能型文化的组织中，一般员工的业绩与企业的整体绩效的联系不明显，一般员工很难看到自己的努力给组织成功带来什么程度的收益。一般员工的基本观念很简单：我把我的本职工作做好，我就可能得到晋升，随之而来的是更高的薪水。因此，企业很少对一般员工采用浮动薪酬，但为了达到激励高层职员的目的，企业对高层职员在基本工资之外实施与企业成长和股票价格挂钩的长期激励措施。由于存在对管理层的激励性薪酬，管理层与一般员工有较大的薪酬差异。

随着企业坏境的变化，职能型文化也在发生变化，严格的命令和控制的结构正被重视人和绩效的积极的方法所替代。为了培养员工的参与意识，一些组织开始采用全组织范围内的利润或收益分享制度。但激励薪酬的差异并没有缩小。

2. 流程型文化与薪酬差异

在这种文化中，企业把顾客满意度放在首位。随着市场的扩展和竞争的加剧，企业成员不能只局限于按照生产率和成本效益等内部标准来衡量工作完成情况，企业必须重视质量和顾客。持续提高质量和满足客户需求的有效方法，是通过组织团队来执行工作流程。工作流程是围绕提高质量和实现顾客承诺而设计的。供应商、执行流程的团队和顾客三者在供应链系统中连接在一起。团队尽可能接近顾客，并掌握着计划、执行和控制等管理职能。在流程型文化中，成功的职员是那些重视服务和归属于群体或团队的职员。尽管个人技能仍然是重要的，但是更重要的是发展团队的整体能力，包括团队对顾客的忠诚。

在流程型文化中，确定薪酬的首要标准是质量、顾客满意度和团队业绩，其次才是可靠性、技术，最后是灵活性。顾客在衡量职员绩效方面扮演了重要角色。个人的薪酬与个人的技能相联系，浮动薪酬的比例较大。

在流程型文化中，薪酬的差异除了产生于薪酬等级外，还产生于以下各方面。

团队之间的薪酬差异。在流程型文化的企业中，薪酬的水平以团队的能力为基础。所谓团队的能力是指能带来有效的团队绩效的行为和特征。如果一个团队的绩效提高，团队中每个成员的薪酬都会提高。

浮动薪酬的差异。不只是一般员工和高层员工之间存在激励薪酬的差异，而且一般员工之间也存在激励薪酬的差异。尽管基本工资仍是流程型文化的薪酬结构中的重要部分，但是浮动报酬发挥了更大的作用。在流程型文化中，激励薪酬覆盖团队所有成员。对基层的激励制度，与质量或顾客服务指标紧密挂钩，指标比较具体——准时运送产品、退货率、具体的质量标准或财务指标等；对中层的激励制度，与顾客满意度挂钩；对高层人员的激励制度，不仅与财务绩效指标挂钩，也与非财务指标如质量改进和顾客服务挂钩。由于对不同的成员的考核标准和考核结果不同，成员之间的激励性薪酬存在较大差异。

3. 时间型文化与薪酬差异

"越快越好"是时间型文化的核心观点。时间型文化要求员工对于新的机会十分敏感。其认为成功的关键是有效地开拓潜在的市场机会，然后发展那些市场，柔性和敏捷性是经营成功的首要要素，然后是技术和顾客需求，最后是质量。基本战略是以正确的时间组织正确的人创建项目团队，以开发、生产和销售新的产品和服务，在现有产品市场中占领先地位或在开发新市场方面抢占第一位。以时间型文化为基础的企业，不是用传统的指标，例如资产回报率之类的核算指标，而是用更动态性的指标，如经济价值增值（EVA）或新产品和服务在市场中取得的竞争地位等，来衡量业绩。

靠时间型文化取得经营成功的一个例子是克莱斯勒公司。在 20 世纪 80 年代后期，该公司为了把新款式产品推进市场的时间从五年以上缩短到三年，转变了传统的从造型、设计、零件采购到制造的工作流程，建立了四个跨职能的团队，每个团队负责一个特定的细分市场，各团队在各自的细分市场中负责设计、工程和制造。

在时间型文化为主导文化的企业中，薪酬差异主要来源于员工的能力和绩效的差异。

为使固定成本收益率、柔性和技术灵活性最大化，企业限制管理等级层次数量，更多地运用跨职能项目工作组。项目群体由高技能的专业人员组成，薪酬制度必须奖励个人技术和专长的提高，鼓励员工提高专业化水平，同时又不能把他们局限在某个狭窄的专业领域，并且让员工在接受新的任务或学习新的技能时不怕会影响职位等级或薪酬等级。宽带薪酬就是为适应这种情况而设计出来的。在宽带薪酬制度中，把传统的十几个甚至几十个职位系列划分为五六个职位组，主管和下级常常是处于同一职位组中，淡化了头衔和职位等级。在同一职位组中，不是根据职位而是根据技术水平或胜任能力对员工划分等级。

在时间型文化中，团队之间的薪酬差异依据团队对企业的贡献确定，员工薪酬的升降建立在其所担任角色和对组织或项目的贡献的基础上，不对不同工作和员工的能力进行评价和对比。因此，在时间型文化中，员工之间的薪酬差异，主要来自能力和绩效的差异，而不是职位的差异。

4. 网络型文化与薪酬差异

机会是网络型文化中最有价值的东西。面临着无限商机，企业不再把视野局限于某个产品、某个市场或某个行业，企业不断地寻求新的发展机会，而不顾企业的现有资源。

在网络型文化中，工作的主要特征是联合。整个组织工作以关系为主，而不是以结构为主。企业关注的不是如何设计具体的职务，而是如何把成员组织在一起有效地合作。在这种文化中，成功的个人是那些对自身能力非常自信，而且能够迅速地与他人建立合作关系，具有创造性的个人。

驱动这种组织发展的动力是创新性、灵活性、市场创造力与洞察力。灵活性是网络型文化组织工作成功的首位因素，其次是顾客反应、技术和可靠性。

在网络型文化中，主要团队成员的薪酬与项目的最终成果挂钩，薪酬的制度化程度较弱，薪酬的数额具有足够的吸引力。

在网络型文化中，确定薪酬水平的过程类似于谈判。管理层的绝大部分薪酬是以浮动薪酬的形式支付，与风险投资和项目的成功与否直接联系。专业技术人员，如专家、工艺人员、有经验的技师和熟练技工，他们的基本工资是经过谈判确定的，他们的激励薪酬是根据他们对项目的实际贡献确定的。因此，在这种文化中，员工的薪酬水平直接体现其能力的高低，薪酬差异是巨大的。

对企业文化的四种分类并不是绝对的，许多企业是这四种文化的混合。企业在确定自己的薪酬制度之前必须先对企业文化进行诊断，确定组织文化是属于哪种类型或者哪几种类型的混合，然后才能有针对性地选择与文化相匹配的薪酬措施。

（二）内部价值观与薪酬差异

霍夫斯泰德在对 50 个国家超过 11.6 万名员工进行调查后，提出了划分文化的四个维度：权力距离、个体取向、男性化、不确定性回避倾向。权力距离，指人们之间平等或不平等的程度；个体取向，指强调个人利益或群体利益、个人的成就、集体成员相互的关系的程度，也就是对合作与竞争的看法；男性化，指社会是否强调男人的成就、控制和权力角色，是否认同男人统治社会、女人处于被控制的地位；不确定性回避倾向，指容忍不确定性和模糊情景的程度。下面分析平等与不平等、确定与不确定、合作与竞争的价值观对薪酬差异的影响。①

1. 平等与不平等

"平等"观强调相似大于差异，认为人们的绩效能力在本质上是相近的，如果员工付出同样水平的努力并得到同等的培训和锻炼机会，他们就能够达到同样高水平的绩效。"不平等"观则强调差异，认为员工在能力和技巧方面存在很大的差异，并且遵循正态分布，这种差异即使在获得了各种学习和技能培训的机会之后仍然存在，从而导致绩效差距。

平等的价值观把等级仅视为出于行政管理之便，等级是基于经验和锻炼的多少设定的，而不是基于技能和潜力的重大差别设定的。因此，等级差别不需要用薪酬系统强化，薪酬水平与等级地位的联系很松散。

基于平等的价值观的薪酬计划也能产生一定的薪酬差距。薪酬差距取决于目标的实现程度，这些目标包括费用控制、库存管理、产品质量、生

---

① 石伟：《组织文化》，复旦大学出版社，2004，第 326 页。

产率和员工士气等。如果目标设定能被顺利地执行，企业很欢迎绩效和薪酬的细小差距，并把它视为薪酬制度激励员工的方式。

基于平等的价值观的薪酬计划不欢迎很大的薪酬差距。如果出现很大的薪酬差距，管理者就会认为管理机制出了问题，并且会考虑通过一系列的方式来影响绩效，如培训、改进沟通和职务设计，进而降低薪酬差距。

不平等的价值观认为等级差距是正当的，等级是员工之间固有差异的合理表现，应该通过薪酬反映和强化员工在组织等级次序中的位置，较大的薪酬差距是绩效差距的必然结果。

在不平等价值观的支配下，如果薪酬差距很小，企业管理者就会认为薪酬制度没能捕捉到绩效的差距，并认为在目标设定和绩效评估过程中的工作存在问题。

2. 确定与不确定

持"确定"观的人认为，在组织和员工交易中的高度可预见性能够提高生产效率。"确定"观支持保持高预见性和相互信任的政策。持"不确定"观的人认为，不可预见性有利于使员工保持紧迫感，激励他们奋斗、创新、承担风险，使他们富有求知欲和创造力，"合理的裁员"不仅能够降低人工成本，而且有利于提高员工的积极性。

确定与不确定价值观对薪酬制度设计和实施有重要的影响。遵行确定价值观的企业基于客观的规则确定薪酬，其固定薪酬在总薪酬中占有较高的比例。遵行不确定价值观的企业更多地基于主观评价确定薪酬，主张对员工使用激励性薪酬。

在确定价值观文化中，员工能够（以合理的精确度）预测出他们的行为所能带来的报酬，基本工资在总薪酬中占相对较大的比例，奖金与可实际设计的预算目标挂钩。薪酬差异主要因职位等级而存在，激励性薪酬的差距较小。

在不确定价值观文化中，企业激励员工自己规划如何实现成果并处理不可控因素，并对计划目标的完成负责，企业将高额回报与最终成果直接挂钩，提供足够大的激励薪酬以使得员工成功地处理不确定性。因此，薪酬中包含较大比例的风险收入，薪酬的差异主要表现在激励薪酬中，薪酬差距较大。

3. 合作与竞争

合作与竞争价值观是关于组织内成员之间的相互关系的价值取向。合作价值观把合作看作是将个人力量导向集体目标和行为的最佳途径，竞争价值观则认为通过利己主义的个人竞争或团队竞争，有利于实现组织目标。

合作与竞争价值观对薪酬激励制度设计有重要的影响。以合作价值观为主的企业，在绩效评价中，侧重使用绝对的指标，避免进行人与人、群体与群体的比较，注重维持缓和的人际关系。以竞争价值观为主的企业，在绩效评价中，以相对指标为主，强调优劣排序，强制地确定档次的分布，鼓励输赢比赛，不反对零和竞赛。

在合作价值观中，个人和团队的绩效仍然会单独评估，但是评估结果不是用来在两个对象之间作对比，薪酬的发放可能通过类似利润分享的形式，薪酬的计量主要是以整个企业取得的成果为基础。因此，在合作价值观中，不会产生较大的薪酬差异。

在竞争价值观主导的企业中，员工被鼓励不仅要尽自己的最大努力，而且要超越周围的同事。竞争价值观支配的绩效评估实行优劣排序和强制分布档次，薪酬也因绩效的差异实行高低排序和分档。因此，在竞争价值观中，薪酬的差异较大。

综上所述，管理学对薪酬差异关注的重点，是薪酬差异与企业特征的匹配性。企业处于不同的环境，采取不同的战略，位于不同的发展阶段，采取的薪酬制度是不同的。薪酬制度是价值观的体现，不同的价值观对薪酬差异的认识不一样。企业在制定或改变薪酬制度时，必须考虑薪酬制度与企业战略和企业文化的匹配性。

第四篇
对基本命题的案例分析和实证

第八章
国外企业薪酬案例研究

一 西尔斯、朝圣者公司案例：
薪酬与外部环境①

（一）公司面临环境的变化

西尔斯和朝圣者都是当地具有垄断地位的企业，规模庞大、客户众多、影响力极广，但是，任何一个企业都会面临环境的变化，这种变化往往是在不被察觉的情况下发生的，无论是多么有实力的公司都会因环境的变化而发生经营上的困难。

几十年来，西尔斯公司在美国一直是家喻户晓，人们能够在它的商店或通过它的邮购目录购买到需要的东西。年复一年，公司的市场结构基本没有什么变化，即使到了 20 世纪五六十年代，大量的零售店如雨后春笋般出现，情况也是如此。

成功及其带来的高额回报所产生的问题是，西尔斯公司可能已经忘记了竞争环境的变化，并否认周围压力的积聚，公司的执行官、经理和专家们看不到危机正在等着他们。

---

① 该章的案例材料改编自威尔逊著《薪酬框架：美国 39 家一流企业的薪酬驱动战略和秘密体系》，王红斌等译，华夏出版社，2001。

20 世纪 70 年代早期，零售市场开始发生一些深层次的变化。凯玛特以及一些专卖店在向顾客销售具有可比性的商品，但它们的成本比西尔斯更低，能够针对顾客的特殊需求提供更多的选择范围，或能够提供与大型百货商店相比完全不同性质的服务，它们每一家规模都不大，但是都在发现并极力满足某一特定顾客群的需求。它们为顾客提供优良的服务，从而改变了顾客传统的购买模式。随着越来越多的可选性零售店呈现在客户面前，客户开始改变自己的首选零售店，西尔斯开始面对各种各样的细分型商家的挑战。

西尔斯在此期间并没有停滞不前，它尝试了许多策略试图重回昔日的统治地位。它在价格上展开了竞争，甚至把定价政策修改为"每日公平定价"，以回应顾客对销售价格的不信任。西尔斯在全国各地的商场中开设新的商店，并且关闭那些业绩没有增长的门店。同时，它还引进了许多营销和销售策略，但是最终却发现没有什么策略能够持续有效地改善现状。西尔斯开始受到来自四面八方的冲击，现在要继续保持市场领导地位已经很困难了。西尔斯需要进行一次深入的变革。

和西尔斯公司一样，朝圣者健康护理中心也是一个垄断性企业，也是在发展过程中受到了新进入者的竞争和顾客需求变化的影响。

朝圣者是新英格兰地区最大的医护管理组织，它拥有 130 多万名会员、2 万多名医生和 110 所医院，被认为是全世界一流的医护服务提供组织。但是市场变化带来的挑战仍然是相当可怕的。

在一些地方，一些医院开始进入医护管理服务市场，甚至一些委托管理医疗的雇主成立了自己的医护服务网络，客户也成立了和朝圣者竞争的组织。他们携带巨资陆续进入各个细分市场，竞争的态势变得激烈。成功不再只依赖于服务质量，还依赖于同时满足各个利益相互冲突的支持者的需要，利益方包括患者、委托管理医疗福利的雇主、医生、医护服务提供者和政府代言人。

医护管理公司的已经非常薄利的经营空间受到进一步的侵蚀。他们提高收费率的能力受到了来自竞争对手和委托管理雇主集团的压力的制约。和医护服务相关的各种成本，特别是医院和药房服务成本的上涨速度快于收入的增长。

与此同时，客户进入医护管理服务领域的势头仍然十分强劲。但是，在这些客户群身上发生的医疗成本要高于标准成本。他们喜欢医护管理计划能够在任何情况下向他们提供快捷的医护服务，并且对以"保证物形式"安排的健康保险计划情有独钟。许多人还喜欢对健康和疾病进行积极管理的观念，而不是在医疗服务发生后才支付费用。

西尔斯和朝圣者公司面临的困境都是由新进入的竞争者和顾客需求的变化造成的。西尔斯在经营的过程中受到了专卖店和零售店的威胁，这些小商店以他们的灵活性提供了差异化服务的同时实现了低成本运营，使西尔斯的大商店模式和邮寄模式，在价格上没有优势的同时，在顾客体验方面处于劣势，顾客具备了更多的选择余地和谈价能力。朝圣者开拓了一个新的市场，具备了广阔的发展空间，但没有形成足够的市场壁垒，导致其他企业的进入，结果朝圣者的供应商和客户变成它的竞争者。随着竞争企业数量增多，收费能力受到对手和雇主制约的同时，医院成本、药房成本、药品成本上涨很快，企业的利润空间大大减少。更重要的是，作为一个医疗服务的市场，客户的需求发生更深刻的变化，医疗服务的差异化，也对朝圣者构成很大的威胁。

朝圣者与西尔斯相比，受到威胁的因素更多，西尔斯的威胁主要来自竞争对手，这些对手原来不存在或者与西尔斯没关联。朝圣者受到的威胁不但来自新进入的竞争者，而且还有原来的供应商、原来的协作商、原来的客户，他们直接变成了竞争者，并且客户的需求也发生了根本的变化，整个市场格局发生了巨大变化。西尔斯可以通过改进服务提高竞争优势，朝圣者则可能必须通过行业间的合纵连横。

（二）组织变革

环境发生了变化，企业内部的管理必须随之变化。为应对环境的威胁，西尔斯和朝圣者公司采取了一系列措施。不同的是，西尔斯进行的是内部组织的变革，朝圣者进行的是外部网络的变革。

1992年，西尔斯剥离了23亿美元的资产，包括西尔斯在20世纪80年代购买的金融和房地产公司，停止了具有101年寿命的邮寄目录业务，关闭了100多家商店，辞退了成千上万名员工，聘请亚瑟·玛尔迪内担任新主席和首席执行官。

1993 年 4 月，西尔斯公司的首席执行官带领 50 多个执行官员远离公司召开了一次会议，检讨公司的经营状况并布置新的行动计划。会议的结果是清晰地形成了实现公司变革的愿景宣言：西尔斯将成为一家引人注目的购物场所、引人注目的工作场所和引人注目的投资场所。通过调查、专题讨论和其他深层次的对话，成千上万的人被引入到变革过程中来。由于观念不断更新，这些人得以留在公司。同时，公司在不同领域形成各种任务组。那些被高级管理层遗忘的人，现在有机会在改革中展示自己的领导才能和责任心。

两个公司之所以不同，是由当时的产业特征决定的。

前文已经介绍，朝圣者和西尔斯公司所在的行业特征不同。西尔斯所在的是零售行业，随着社会的发展，商业模式发生了变化，西尔斯的商业模式也必须跟着变化。朝圣者所处的是一个朝阳行业，市场正在扩大，商业标准并没有形成，规模化和扩大市场份额是十分必要的。西尔斯主要受到新进入者的威胁，朝圣者则受到了来自上下游各个方面的威胁。西尔斯所在的行业价格机制十分透明，产品易于比较，朝圣者所在的行业价格机制不透明，服务水平不容易定量评价，大型的服务机构往往具有较大的谈价能力，规模更大的组织能够进行更大规模的资源投入，品牌的效应很明显。这就决定了朝圣者不可能和西尔斯一样通过缩减规模聚焦核心业务来提高顾客体验，而是必须做大规模做强品牌。

为达到这一目的，朝圣者首先进行了并购。1995 年，朝圣者与哈佛大学社区健康计划组织合并，合并后的新组织成立了一个覆盖面宽广、具有吸引力的服务系统。首先，哈佛大学社区健康计划组织在整个波士顿及其北部和西部郊区拥有和经营着一系列健康服务中心。同时，朝圣者健康护理中心的服务网络由一些独立的职业医生和以合资合作的方式缔结关系的医护服务提供者构成，它们主要分布在波士顿的南部和西南部地区。

但是通过并购的方式来发展企业，往往面临的最重要的问题是，并购后的整合是成功还是失败。麦肯锡的一个研究证明，70% 以上的企业并购都失败于整合问题。并购后必须进行市场整合、治理结构整合、战略整合、文化整合、制度整合、组织整合、人员整合、技术整合、流程整合、品牌整合、产品整合等，其中最重要的是文化整合。朝圣者对并购企业的整合成为企业取得成功的重要挑战。

正当朝圣者在进行重大的内部整合时，有一些要素却在寻找分化的机会。哈佛大学社区健康计划组织被并购后，它的一些医生想独立出来成立医疗团体。他们认为，他们这样做能够为患者提供更经济合算的医护服务，并且能够对自己的未来发展具有更多的控制权。1997 年，他们成立了哈佛先锋医疗团体，并希望和朝圣者建立一种排他性的契约关系。这种现象加大了朝圣者的整合工作的复杂性。

与此同时，由于市场变大，具备不同价值观、文化背景的人，正在通过不同的途径变成哈佛朝圣者健康护理中心的会员。如果朝圣者打算具备向这个市场提供全面服务的能力的话，就要拓宽自己的视野，接纳不同价值观和不同需要的患者。

综上所述，面对环境变化带来的危机，西尔斯对内部组织进行了重大变革，对部门进行了增减，调整了公司管理层，重新选用员工，剥离了一些业务，聚焦于核心业务，重新进行了战略定位。朝圣者则是通过并购、建立新的外部网络关系、占有更多的市场份额、做大市场规模、做强品牌、增强定价能力的方式获取竞争优势。

（三）薪酬制度改变

企业组织变化的核心是人力资源管理机制发生转变，人力资源管理的核心问题是薪酬制度设计。

西尔斯观察到，评价员工贡献的方式将决定员工的行为，员工的行为将影响顾客的购物体验，优秀的购物体验将提高顾客满意度和回头率，顾客满意度和回头率将决定公司的财务回报，财务回报将决定西尔斯是否能成为一个好的投资场所。

按照这个逻辑，公司设计了一个绩效考核平衡计分卡，它涵盖员工、顾客和财务结果，用这个计分卡把所有薪酬体系连接成一个集成的管理流程。

西尔斯把所有长期性的激励措施都建立在员工满意度、顾客忠诚度和财务结果这三个考核指标的基础上，三个考核指标各占 1/3。200 多名高级经理被牵涉进来。经理人员浮动工资的一个重要构成部分将基于上述三个方面的目标改进结果。同样的情况也会发生在各地区经理的身上。

另外，这些指标将在组织中从上而下地分解到每一位员工身上，西尔斯自从 1916 年就有了利润共享计划。过去，公司只是根据自身的财务结果给予奖励，现在全面绩效指标考核把员工和顾客的满意度也包括在内了。根据考核的结果，所有员工享有相应的股票期权。通过股票期权计划，西尔斯成为一家由全体员工"拥有"的公司。

让所有员工都参与进来是西尔斯成功的关键，新的薪酬体系使每一个为公司变革做出贡献的员工看到了自己的个人利益所在。西尔斯重新回到了一流零售公司的行列。

西尔斯为与专卖店竞争，重新制定了绩效考核标准，把财务指标、顾客满意度和员工满意度放在同等的位置，这种考核体系覆盖了从高层经理到普通员工，目标十分明确，并用全员持股的形式调动员工积极性，效果十分显著。

与西尔斯相似，朝圣者并购企业之后，也新建了一套考核指标，包含了财务指标、顾客满意度和员工满意度、捐赠者和患者数量。

每个指标的权重都是 25%，而且每个指标都有一个绩效等级范围，四个指标的绩效结果总和将决定能够得到的奖金数量，决定所有经理和执行官的激励报酬。

在该方案中沿用了原来的"财务断路器"的做法，即在财务结果指标上预先设定一个奖金临界点，如果在这个指标上的绩效结果达不到这个临界点的要求，其他的指标无论表现多好，都没有得到奖金的机会。虽然这种做法为激励奖金设置了更大的风险，但是它能够保证组织不至于陷入财政困难的境地。而且，如果财务结果指标上的表现使净盈余达到了目标值的两倍，那么，个人就能够得到两倍于目标数的奖金额。因此，财务结果指标既是衡量成功的一个维度，也是修正总体奖金额度的一个调节机制。

这种大胆做法的理性依据是，朝圣者健康护理中心要把领导班子统一到以绩效考核指标为核心的周围。每个参加激励计划的人都将对这些指标领域中的一个或几个有直接的影响。然而，每个人得到的奖金数量依他的级别和对组织绩效的影响的不同而不同。

这套方案以财务绩效为核心，覆盖了员工满意度、顾客满意度和市场份额，其重要性不容低估。

首先，合并后的新组织要成功的话，需要把资源统一并配置到市场需要的地方去。按财务指标融断考核，资源必然会向成本低、利润好的单位流动，这套方案对于加快组织的合并速度起到了鼓励作用。

其次，顾客满意度指标不但保证让两个原组织的会员都得到好处，而且还保证让合并后的新组织能够吸引更多的新会员。许多公司通常在重大的合并过程中给他们的客户造成巨大的不满，这就给那些在一旁虎视眈眈的对手留下了拉走客户的可乘之机。客户满意度对组织是非常重要的，该行业的客户既有雇主（他们购买服务），也有雇员（他们使用服务）。因此，成功地完成这个过渡是稳住已有客户和增加新客户的关键。

最后，员工满意度能够让新组织的员工看到这里是一个工作的好地方。如果员工流失率显著上升的话，那么，提供优质服务就几乎是不可能的。同时，如果一个组织不能吸引一个多样化的包括医生、护士和客户服务专家在内的员工队伍，那么，它就不能服务好一个不断变化的、多元化的市场。

从上文的分析可以看出，这两个公司有相同的地方也有不同的地方。相同的地方是，他们都重视财务指标、员工满意度和顾客满意度。不同的地方是朝圣者比西尔斯多了顾客数量和财务断路指标，也就是说，朝圣者更重视市场份额和财务状况；另外，西尔斯注重在员工层面的考核，朝圣者注重对管理层的考核。

发生这种差异的原因是，西尔斯是通过剥离、精简组织，追求精细化服务，而朝圣者是通过并购扩大组织规模来追求市场占有率和品牌效应。并购后的公司，面临复杂的价值文化、有差异的管理制度组织，组织之间有较大的独立性，只有强调财务指标，才能具有考核的可行性。西尔斯的组织是紧密的，注重全体员工的合作，实现企业目标依赖于全体员工的服务质量；朝圣者是松散的组织，注重部门之间的协调，实现企业目标依赖于各部门的绩效。因此，前者对所有的员工进行了薪酬设计，后者主要是在部门层面对管理层的薪酬制度进行设计。

（四） 对命题的讨论

任何一个企业在发展过程中都会面临着环境改变的威胁。企业环境的变化，涉及多个方面。如果企业进行跨区域发展，政治环境、经济环境、社会文化环境、一般技术环境等都会发生变化，一旦变化，企业的人力资源管理体系就必须随之变化。

即使企业不进行跨区域扩张式的发展，只是在已有的市场上进行发展也会受到多方面的影响。

第一是经济波动的影响。宏观经济的波动，都必然涉及所在产业的波动，涉及某一产业上下游企业经营者状况的波动，涉及客户购买力的波动，涉及企业的原材料成本和人工成本的波动。

第二是政治、政策、法规和自然环境的影响。政府的外贸政策、国家的发展方向、战略规划、法律的变更、阶级矛盾、政治斗争、战争和自然灾害等，都可能使企业面临着威胁。

第三是企业面临的社会文化环境、技术环境的变化。一旦社会文化环境发生变化，顾客的需求就会发生变化，雇员的工作态度和行为就会发生变化。产品技术的变化以及主导产业和基础技术的更替，都可能改变原来的产品，替代产品可能使企业被彻底地清出市场。

第四是新进入者的威胁。任何一个市场如果不能建立有效的市场壁垒，一旦具有利润，一定会有很多的企业进入，引起激烈的竞争，原来的企业竞争优势就会受到损害，利润的空间就会被压缩，竞争的商业模式就会改变。

第五是上下游企业的威胁。上游的供应商可能会垄断原材料市场，提高原材料价格，使企业的生产成本大幅提高，下游的顾客也可能具备更强的谈价能力，使企业的销售利润被压缩。

环境发生变化，企业组织就必须随之变化，企业管理制度就要变化，薪酬制度也必须变化。西尔斯和朝圣者是根据环境变化来改变内部薪酬制度的典型案例。

西尔斯是以邮寄购物形式起家的，经营 30 多年后才进入百货商店模式，是世界最大的私人零售企业。

西尔斯在 100 多年的发展历史中，成功的秘诀是绝不墨守成规，随环境的变化而变化。西尔斯最初只是出售手表等商品，1893 年美国经济走入低谷时，公司以简陋的广告向农民们邮寄价格低廉的必需品，虽然商品质量稍差，但其价格却低很多，这在经济萧条时期是很受欢迎的。第一次世界大战后，城市白领和产业工人的收入大幅度提高，农村农场主的收入在下降，西尔斯公司的商品销售重点由农村转向城市，商店销售在西尔斯公司开始占有相当重要的地位。20 世纪 70 年代人们的生活标准、购物等方面发生了很大变化，西尔斯公司百货商店也做了相应的调整，"提高现有产品质量、创立高质量品牌"是这一时期的经营方针，把目标市场从城市低收入人群转向了城市中产阶级，该案例就是介绍了这一时期的变革。

顾客的收入水平发生了变化，追求个性消费和购物体验必然成为顾客的选择，如果只是以价格来吸引顾客是不会成功的，而一些专业商店更有能力在个性化方面提供服务，西尔斯需要变革。

那么如何才能满足顾客的个性要求和提高其购物体验？西尔斯精简组织裁减人员，把商店由百货形式变为专业商店，但是这些方面，任何一个零售商都可能做到，真正提高顾客体验的应该是提高服务质量。西尔斯正是看到了这一点，从改变公司的观念入手，重定企业文化，改变员工行为。而这其中最为关键的是改变原来的薪酬制度，通过薪酬制度来培养企业的精神和行为。

提高全体员工的服务水平，必须把顾客的满意度作为重要的考核目标，也必须把员工的满意度作为一种思量要素，同时还必须让员工成为企业的主人，体会到公平和集体归属感。西尔斯正是建立这样的薪酬体系，才渡过难关，到 1996 年营业额高达 382 亿美元，卸掉了财务上的压力。

朝圣者的变革与西尔斯发生在同一时期，同样面对着顾客需求的个性化，同样面临着进入者的竞争。不同的是两个行业的性质差异决定了成功的关键因素不同。西尔斯通过改进服务质量获得成功，而朝圣者所在的医疗服务行业需要依赖各种利益相关者的支持、社会网络和市场影响力，因此，朝圣者采取的不是收缩战略而是扩张战略，注重的是构建组织网络。针对这一战略，朝圣者采用的薪酬体系关注的是市场占有率、各个独立部门的绩效和各个部门高层管理者的薪酬，引导资源流向效益更高的部门。

通过对西尔斯和朝圣者案例的分析，论证了一个基本的薪酬管理命题：随着环境改变企业战略要变，跟随企业战略改变企业组织要变，如果企业组织改变人力资源管理就要变，人力资源管理改变的根本是改变薪酬制度。

二 亚马逊、西南航空公司案例：
薪酬与企业文化

亚马逊和西南航空公司都是世界著名企业，都是行业内的标杆。它们成功之后都受到众多企业的模仿，但模仿都没有成功，原因是它们建立了自己的文化体系并与薪酬制度密切结合在一起，这种文化和制度难以转移。

（一）公司的背景

亚马逊的创始人是贝索斯，他毕业于普林斯顿大学，拥有计算机科学学士学位。20世纪90年代，美国互联网的发展速度突飞猛进，上网用户数量以每年250%的速度增加。

计算机专业毕业的贝索斯感觉到互联网的发展速度比他所看到的任何领域的发展速度都快，这种现象势必改变许多行业的商业模式。他决定尝试创新，把商店开到网上，但是什么业务最合适？为此他进行了调查研究。

他研究各种商品的销售，通过对比，发现最佳的网上商品是图书，原因是图书易于介绍展示、质量争议少、运输中损坏率低、销售量大、易于从供货商中进货等，还有一个重要原因是可以建立比线下商店更好的竞争优势。贝索斯经过研究发现，任何一个传统的书店都有规模的限制，不可能同时容纳几百万人的光顾，无法摆放百万册图书，并且存在较大的固定成本和人工成本，但是网上书店就可以解决这一切问题，可以通过成本优势在与线下商店的竞争中获胜。他把网上书店命名为亚马逊。除了销售图书外，后来又增加了音像消费品。

正与贝索斯所预测的那样，经过他的精心经营，公司以强大的竞争优势突飞猛进地发展起来。销售额在 1995 年只有 51.1 万美元，到 1997 年达到了 1 亿 4750 万美元，客户规模从 1997 年 34 万人剧增到 1998 年的 220 万人。1997 年 5 月，亚马逊以每股 18 美元的价格首发上市，到 1998 年 6 月时，它的股票价格达到了 95 美元以上。亚马逊书店成了世界上最大的网上书店。

亚马逊是在正在兴起的朝阳产业中发现了机会，西南航空公司却是在成熟的产业中发现了机会。在 20 世纪 70 年代，宏观经济转入下行期间，美国的航空业面临着调整。航空业产能过剩，破产重组成为潮流，竞争变得更加激烈，装备成本持续上升，政府加强了对营运、装备和服务程序的规范，放松了对航空价格的管制，航空业的毛利空间大大缩小，成为竞争最困难的行业。

在这种环境下，赫伯·科勒尔和罗林·金却发现了市场机会。他们经过分析发现，各家航空公司都是在同质化竞争，都在以相同的商业模式从事长途航运，却没有任何一个公司从事点到点的短途运输。他们决定成立一个业务完全不同的航空公司，避开与其他公司的竞争，弥补市场空白，以最低的成本、最高的效率解决人们在城市之间短途快捷的航空需求。1971 年，他们把新成立的公司命名为西南航空公司。

西南航空公司取得的绩效水平和各种奖项是罕见的。公司自从 1973 年以来每年盈利，是整个 20 世纪 90 年代行业内盈利能力最强的航空公司、销售收入成长最快的公司、运营成本最低的公司，很快从一个地区性的航空公司成长为一个全国性的主要竞争者。西南航空公司已经成为对员工和股东都具有强大吸引力的公司。

任何一个企业要获取成功，首先要发现市场机会，市场机会存在于顾客潜在的未实现的需求中。顾客的需求往往受到经济环境、社会文化环境、技术环境、政治和法律环境的影响，一旦这些因素发生变化，顾客需求的可实现性就会发生变化，市场机会就会出现。即使在一个宏观环境相对稳定的市场中，不同的顾客群的需求也有差异性，这种差异性的实现程度受到竞争对手、供应商、协作商等商业生态环境的影响，这些因素的状况决定了企业可以在一些细分市场中找到自己的发展空间。亚马逊是在技术变化中发现了市场机会，它的市场机会就在于技术的发展可以使顾客在足不出户的情况下，以更低的价格更方便地从浩瀚的书库中挑选并购买自己所需要的图书。西南航空公司是在细分市场中发现了市场机会，它的市场机会就在于，顾客需要用最短的时间便捷地从一个城市到达相邻的另一个城市，但是，当时的汽车运输太慢，航空公司都是远途运输并且飞机场都离城市很远。

发现市场机会之后，还必须实施两种战略：一是低成本领先，二是差异化领先。虽然波特还给出目标集聚的战略，但在剧烈的竞争环境中，任何一个企业都必须有自己的目标市场。实施低成本领先战略的企业，必须在人工成本、原材料成本、营销成本、财务成本、管理成本等各个方面都比竞争对手更具有优势。实施差异化领先战略的企业，必须在产品功能、企业形象、包装、广告、渠道、品牌等方面都具有差异性，以培养顾客的忠诚度。亚马逊和西南航空公司都是实施了低成本领先战略。

（二）公司的文化建设

贝索斯从成立亚马逊的第一天开始，就努力建立一种强有力的企业文化。因为亚马逊是以低成本的优势与线下公司进行竞争，所以他首先建立了节俭的文化。

他把节俭的文化贯穿到公司工作的各个方面。在他的办公室里，办公桌是用再生木板做成的，电话号码簿被当作计算机显示器底座，塑料牛奶箱被用作文件箱。公司的福利计划也是大多数新创公司和高成长公司的典型做法：满足员工的重要需求，但是不求面面俱到。在医疗福利方面也有明显的成本共享措施，体现了保留现金用于扩张的经营策略。

在追求低成本的情况下，需要建立深厚的内在薪酬体系。为此，亚马逊建立了人人平等的企业文化，公司内没有特权。执行官的办公室和其他员工的没有什么区别。在扩大办公面积之前，许多办公室常常是两三个人挤在一起办公，当时贝索斯告诉执行官们，他们没有任何例外，也得和别人一样。

贝索斯还建立了高度紧张和努力工作为特征的企业文化。公司所处的行业快速发展、节奏很快、充满活力、瞬息万变、进入门槛较低，公司必须快速成长、应对激烈竞争、进行国际化扩张，在这种行业里要具有竞争优势，就必须营造一个超负荷的工作环境，每个员工都必须竭尽全力地工作。

贝索斯在企业文化中赋予了长期战略愿景与短期利润相平衡的因素。亚马逊是一个上市公司，股东一向是关注短期盈利能力，虽然被亚马逊的致力于推动互联网商业模式吸引住，但贝索斯也知道，只有在短期的操作基本完美的前提下，长期的愿景才有可能成功。

贝索斯在培养员工队伍的整个过程中建立企业文化。他主要吸引具备以下特征的人才：事事与常人不同，并且愿意为之付出努力。公司最终招到的员工都是顶尖学校的顶尖毕业生，也从像微软和沃尔玛这样的高成长公司招聘一流的顶尖人才。执行官和高级经理大都来自像沃尔玛、微软、渴望技术、苹果电脑、思科和太阳微系统这样的公司。这是一群充满热情、精力充沛和勇往直前的团队。

总之，亚马逊在建立节俭文化的同时，建立了高节奏工作的文化，这种文化保证了公司在低成本优势的前提下，实现企业的快速发展。西南航空公司采用的也是低成本领先战略，也必须建立节俭的文化，在降低固定成本的同时需要降低人工成本。由于它所在的行业是服务业，依靠面对面的服务，在降低人工成本的同时提高服务质量是它的竞争优势来源。为达到降低成本的目的，亚马逊建立了平等、民主的文化，提高员工自主能动性。西南航空公司不但给予员工们相当多的自由度，而且公司鼓励员工多出主意。员工们参与决策的程度相当高，他们的许多想法都被认真考虑，并得到落实，他们为发现更好的做事方法而自豪。公司中85%的员工加入了工会，公司和工会之间是一种相互信任相互支持的关系，员工了解行业内的各种规章制度，自觉地采取实际行动，承担改进客户服务的责任。

西南航空公司依据企业文化的要求进行招聘、培训和提拔。公司投入了大量的人力进行人才招聘和挑选，挑选适合自己公司文化的员工，以及与文化相容的飞行员、运营人员和行政人员，招聘的同时对被聘用的员工进行公司文化阐述。公司各个部门都重视培训，他们不是把员工训练得能够更好地做好工作，而是在自己的职责之外还能具有自主能动性，主动地做好部门之间、工作岗位之间、单位之间的交叉和空白的工作，更好地为顾客服务。员工被晋升和调动的依据是综合考虑技术技能和个人作风，那些不支持公司文化的员工很少有进一步提升的机会，最终往往离开公司。

总之，亚马逊和西南航空公司都是通过低成本领先建立了竞争优势，为了在降低成本的基础上提供优质的服务，两个公司建立了相似的文化，强调节俭和高强度劳动，强调人人平等，按文化要求来选用和培训员工。

亚马逊和西南航空公司把低成本建立在文化的基础上，是它们成功、难以被模仿的重要原因。企业的异质性并不是源于企业的硬件，而是源于企业的无形资源。如果硬件方面异质，企业很容易从市场中购得相同的硬件设施。企业的无形资源分为两种，一种是以显性的形式存在，如可以写出的专利、战略、制度、治理结构、组织方式、业务流程等；另一种是以隐性的形式存在，只可意会不可言传，如企业的精神、企业的哲学、企业的价值观、企业的市场洞察力等。前一种可以被模仿、被转移，但不能构建企业的长期异质性；后者无法写出，根植于人的精神世界，与企业的创始人和企业发展历史相关，而每一个企业的创始人和发展历史是不可重复的，决定了它不能被模仿、被转移，是企业异质性的根本来源。后者通常就是企业文化的核心内容。亚马逊的网上商店模式、西南航空公司的机场和飞机都可以被模仿，但是它们内部的那种说不出的指导人行为的文化氛围却是难以被模仿的，正是这种氛围保证了在低劳动力成本的情况下保持好的服务质量。

低成本领先企业和差异化领先企业是完全不同的企业。低成本领先企业的文化注重集体主义，有严格的制度约束，而差异化领先企业的文化注重风险意识、探索与反传统、宽松的考核体系。亚马逊和西南航空公司都注重员工平等与集体合作，都重视对成本进行严格考核，这种文化是它们创始人的价值观的集中体现，随着企业的发展而不断丰富，与它们的战略相匹配，是企业成功的因素。

（三）公司的薪酬制度

亚马逊的薪酬制度和企业文化是一致的。亚马逊刚入职的员工的工资具有一定的竞争力，但是随着职位的晋升，工资水平的竞争力不断下降，工资结构中并没有短期激励性工资，以现金支付的工资总额比市场平均水平略低，这就保证了与低成本领先和着眼于长期发展目标的文化一致性。使公司在激烈的竞争中，在确保低利润空间的情况下努力扩大市场份额，在高速成长的情况下，确保拥有大量的现金。

那么亚马逊又是如何在保持低货币工资总额的情况下对员工具有激励性的？贝索斯在成立公司时就坚信，所有的员工都应该持有股权，公司里所有的职员，包括首席执行官、仓库管理员、车间工人、辅助人员、运输工等，都拥有具有相当竞争力的股票期权。公司上市后许多员工从期权中获得的收入都相当可观，这样既可以使企业长期发展，也能对员工起到激励的作用。这种薪酬制度让亚马逊不但拥有了持续发展的现金，而且把公司的利益与员工利益绑在一起，提高了员工的工作主动性和工作强度。

亚马逊公司雇用真正与众不同并且愿意投入到亚马逊的长期成功中去的员工。公司设计了相对较低的基本工资，没有短期激励措施，但有一个慷慨的股票期权计划的薪酬计划，面对一个发展前景十分美好的上市公司，这种薪酬计划对那些渴望成功、愿意用可能更大的长期收获来交换短期经济收入的人，以及为了成功不怕近乎疯狂的工作方式的人，具有巨大吸引力。通过薪酬体系的设计，亚马逊找到并留住了所需要的人才。

和亚马逊相似，西南航空公司的货币薪酬水平也低于市场平均水平。员工的起薪水平就比市场水平低，首席执行官的报酬水平低于市场同等规模公司的执行官的中位数水平。这种薪酬制度使公司保持了较低的工资成本，和公司的低成本战略相一致。

在低货币工资水平的情况下，为对员工进行激励，西南航空公司采取了以下办法。

第一，实施股票期权计划。员工们能够通过员工股票购买计划以一定的折扣购买公司股票，飞行员们能够通过股票期权和增加工资延期支付的方式对公司进行更大的投资。在公司的每个基地都设有公司股票价格的显示屏，员工们每天都能看到公司及自己的财务状况。当股票表现优秀的时候，每个人都能受益，许多服务年限较长的员工在退休时过得很富裕。公司给执行官们较少的现金报酬，却让他们分享为股东创造的更大的价值。

第二，实施分享利润计划。它鼓励每个员工尽可能控制成本，根据他们的个人收入水平和公司的盈利状况，每个员工都有同样的获得浮动工资的机会。那些工作时间更长或要加班飞行的员工从分享利润中得到份额要更大一些。

第三，实施特殊贡献承认计划。依靠一系列广泛的特殊贡献承认计划，来鼓励和支持想得到它的行为，从而支持了公司的基本价值观。在公司总部和各个基地都有各种各样的特殊贡献承认计划。其具体做法每年都有变化，但其中的兴奋、参与和乐趣却是永恒的。例如，"心中的英雄"就是其中一种新形式，它承认那些因后台工作对客户服务产生了重大的积极影响的个人组成的团队。这些人也许来自设备养护部门，也许是直接服务人员或其他支持性岗位的工作人员。经过一次广泛的提名活动和评审过程，他们被挑选出来。给他们的荣誉是把他们团队的名字喷涂在飞机上，让它保持一年之久。对贡献予以承认是日常生活的一部分。每天、每个星期，在西南航空公司的某个地方都有庆祝活动在举行。他们已经把这种精神提高到了全新的层次。支持这些活动是经理们的一项重要责任，很多员工都参加了进来。而且，各种奖项都是以非常有意义和好玩的形式颁发的。其中的一些奖品包括小额现金奖品、礼物证书、储蓄债券、书、参加某些活动的门票、香槟、手表、额外的休假时间、额外的休息、T恤衫、鲜花，或任何其他有创意和对员工有意义的东西。这些奖品总是层出不穷，其中传达的重要信息不是要依靠某一个贡献承认计划或某一项奖品达到激励的目的，相反，正是用一种精神和创新不断更新奖品才使得这种活动一直能够方兴未艾。

西南航空公司的薪酬体系被看成是支持和强化公司哲学的一个管理流程。文化培育了一种管理流程，同时管理流程又反过来培育了一种文化。这种文化是一种环境，人们在其中能够感受经验、犯错、学习和反复尝试，并且它期望、鼓励和奖励人们采取主动积极的行为。

西南航空公司认为，货币薪酬是很重要的，但是也是很空洞的，必须辅之以骄傲、乐趣、友谊、归属等内在薪酬。西南航空公司把工资、浮动工资、贡献承认计划组合起来，并把它们与日常工作结合起来。他们已经把补偿转化为薪酬，把工资计划转化为感激之情。公司通过许多方式告诉人们，公司很看重他们，反过来，他们也很看重公司和他们的客户。结果，员工的责任心增强了，流失率却降到了行业内的最低水平。最终，西南航空公司变成了一家竞争力很强、足智多谋、不断取得非凡成就的公司。

从某种意义上说，制度是文化的显性化。文化决定什么是应该做的，什么是不应该做的，什么是正确的，什么是错误的，什么是有价值的，什么是无价值的，什么是要回避的，什么是应该提倡的，什么是应该奖励的，什么是应该惩罚的。制度就是把文化对人的行为的约定用文字写出来。薪酬制度就是把文化对人的价值判断进行量化。薪酬制度是文化的表征，可以向外界宣示文化内涵，可以向员工灌输文化观念，维系文化并强化文化。

亚马逊的文化强调公平性，所以随着员工级别的晋升，工资水平不会提高很大。亚马逊的文化强调节俭，所以它的现金货币薪酬比例较低，以节约现金。亚马逊的所有员工都持有股权，使员工成为公司的主人，体现了员工地位平等，有利于留住那些希望与公司一同发展的员工。西南航空公司的货币薪酬竞争力比亚马逊更低，比亚马逊更注重公平、集体主义和长期激励，不但实施了股票期权计划，而且实施了分享利润计划，使员工的利益与公司的利益相关。西南航空公司实施特殊贡献鼓励计划，并且让员工评选，既体现了民主平等，也强化了自觉奉献的文化。

（四）对命题的讨论

企业成功的秘诀是保持市场机会与企业能力的动态匹配，薪酬制度既要与外部环境匹配又要与企业能力匹配。关于与环境的匹配问题，在上一个案例分析中已经进行了阐述，本案例阐述的是薪酬与企业能力匹配的问题。

关于企业能力问题，在学者的研究中存在很多争议。自从普拉哈拉德提出核心竞争力概念以后，能力理论已经成为战略管理学理论的重要组成部分。其实，关于能力的问题，在经济学中早有阐述，著名的演进经济学研究的核心问题就是能力演进问题，涉及了文化、惯例、路径等命题。之后的资源理论、知识理论、学习理论、企业家理论、认识理论等都是能力理论的一部分。

关于能力的实践，涉及如何识别能力，如何培育能力等。对于识别能力，人们基本还是依据波特的企业价值链模型。该模型认为，企业的核心能力体现在价值链的某一个环节，可能是在企业内部后勤、外部后勤、销售、服务、生产、技术、采购、人力资源或基础设施等环节，但是对于为什么企业能够在某一环节具有竞争力、怎样培育企业在某一环节的竞争力的问题，该模型都没有给出详尽的解释。价值链把产权关系、治理结构、管理制度、企业文化、企业洞察力、组织结构、品牌等因素都放在"基础设施"这一个黑箱里，有些牵强。后来人们提出，能力根基于企业的资源，资源根基于知识，知识分为两种，一种是显性的，一种是隐性的。显性的知识能够被转移，不会成为企业核心能力的来源；隐性知识是企业核心能力的来源，而隐性的知识就是企业文化。因此，归根结底，企业文化才是企业核心能力的根基。

研究一个企业的内部问题，不仅仅要研究波特价值链中的九个因素，还要研究其他的一系列与管理有关的因素。企业的产权关系和治理结构决定了企业的战略和企业的文化。有什么样的文化就会有什么样的制度，有什么样的制度就会有什么样的组织结构，文化、制度和组织决定了企业的人力资源、技术技能、信息流、物流、资金流和业务流程。在产权关系和治理结构确定的情况下，企业文化以及由此衍生出来的制度对企业是至关重要的，薪酬制度是最关键的制度，是与文化关系最密切的制度。

以上案例讨论了这样一个基本的命题：企业竞争优势建立在市场机会和能力的基础上，能力建立在文化的基础上，有什么文化就有什么薪酬制度，薪酬制度通过强化文化保证企业成功。

三　思科系统、塞尔维尼亚公司案例：
对绩效货币薪酬的讨论

（一）公司背景

思科系统公司是一个互联网服务商，塞尔维尼亚公司是一个传统的制造业企业，它们都在企业规模增大后面临着人员管理问题。

思科系统公司成立于 1984 年。当时，利奥那德·博萨克开发了一种技术，这种技术能够把实验室的计算机系统和研究生商学院的计算机系统联系在一起。他相信，这种网络系统技术一定有市场，于是在车库里开发了一种网络路由器产品。

早期，他依靠口碑和个人关系销售产品。随着公司的发展，得到了风险资本的支持和专业管理人才的加盟，企业销售额迅速提高，从 1987 年的 150 万美元，到 1989 年的 2800 万美元，1990 年的 6900 万美元，再到 1997 年的 64 亿美元。思科系统公司成为计算机网络市场上的一流公司。

伴随着成功，公司遇到巨大的挑战。保持一个清晰的关注点、维持新产品源源不断地推出、对经营和投资现金流的管理等成为思科系统公司面临的几个难题。此外，吸引和留住员工也是一个关键问题，思科系统公司的员工人数从 1990 年的 254 人膨胀到 1998 年的 13000 多人。同时，公司的产品已经从网络路由器扩充到以设备和服务为导向的整体解决方案。

这些挑战和下面这个事实叠加在一起，使局面更加复杂了：思科系统公司的许多增长是通过强势收购一些小公司得来的。寻找小公司并把它们整合进来是员工的一个主要任务。思科系统公司的强势收购计划开始于 1993 年，当时它用 9500 万美元的股票买入同样位于加州的克里森通信公司；1994 年，它又收购了 Kalpana 公司，这是一家一流的以太交换机生产商；它买下光流公司和斯朱塔·康公司，增强自己在异步传输模式交换市场的地位；它与惠普、戴尔和美国西部数据公司结成战略联盟，一起为网络市场提供全套产品；它收购了阿登通信、全球互联网软件集团和普里斯软件公司，加强自己在成套软件产品方面的实力，为软件和系统解决方案的提供起到支持作用。

虽然大多数研究证明，并购很难得到理想结果，但是思科系统公司却能够整合收购的新公司，成功的关键是尽可能减少对新公司的控制和影响，追加投资，支持它们发展和扩张。思科系统公司的文化具有较强的适应性，对这些新企业及其员工具有较强的吸引力。

塞尔维尼亚是一家生产和销售精密材料、零部件和照明产品的公司，拥有 12 个工厂，12000 多名员工，其中大约 30% 是固定工，70% 是小时工。

公司的规模已经发生了巨大变化，但是许多好几年以前的惯例却被沿用下来，文化的许多方面和公司新业务要求不一致。公司过去是一家大型的、具有众多业务线的官僚化组织，现在，公司有了一个新的母公司，它极其关注照明生意。

塞尔维尼亚有一套传统的工资和薪酬体系，但是，很少有员工被评定到最低的级别中去，或者被排斥在工资上涨的行列之外。工资激励计划作用有限，经理们虽然设定了各种绩效目标和标准，但是在评价员工时，很少进行仔细的评审。绩效评价程序是一年一度的大事，在这些员工评价会议召开期间，员工们等着知道自己的工资上涨情况，并通过和自己的预期进行比较来判断上涨的幅度是否公平。大多数经理根本不做职业生涯发展规划或采取其他一些有意义的行动。人力资源部门只是从事一些周期性的评审工作，或更新一下政策。没有人对这个流程感到满意。

在此期间，奥斯拉姆·塞尔维尼亚并不是没有变化。为了提高生产力，他实施了一种涉及广泛的质量管理流程，采用了各种各样的新结构和新流程改进措施。但是，仍然有一个非常明显的需要没有满足：员工们想要诚实、定期的业绩反馈，并且，报酬要和他们取得的成绩一致。

思科系统和塞尔维尼亚在企业规模做大后都需要调整薪酬管理制度。但是它们成长的背景和问题不一样。

思科系统是一个技术性的企业，跟随着刚刚兴起的经济长波，市场发展速度快。在这种情况下，思科采取了并购的外生发展模式，并购后的公司由于存在文化的差异，思科系统并没有把它们整合成一个公司，反而是尽可能减少对新公司的控制和影响，并追加投资以支持它们发展。在这种背景下，子公司之间相对独立，公司之间工作性质差异很大，不同公司的文化不同，也就是员工们的惯例、喜好和价值观不同，如果用制度约束他们思想和行为细节是十分困难的，很难实施统一的等级薪酬和内在薪酬。通过考核财务指标，制定绩效薪酬可能是最好的选择。

塞尔维尼亚是一个传统的、有官僚组织的制造性企业，70%的员工是小时工，对小时工的激励都是短期的，不能实施等级薪酬，内在薪酬的作用也不大。当小时工的绩效能被准确地测量，实施绩效薪酬则是最佳的选择。但是，随着规模的扩大，每个员工的绩效已经不能被过去的考评方法准确地测量，经理们虽然设定了各种绩效目标和标准，但是在评价员工时，很少进行仔细的评审。在企业规模很小的时候，可以通过监督小时工的行为防止偷懒行为，但是在企业规模扩大后，对小时工行为监督的困难增大，业绩的考评更为重要。

经济学理论告诉我们，随着企业规模扩大，由于批量生产，原材料成本、营销成本会降低，但是管理成本会上升。合理的企业规模取决于由于规模增加而节约的成本和由于规模增加而提高的管理成本之差，管理成本主要来源于对人员管理的过程中，思科系统和塞尔维尼亚公司对薪酬制度的改进将决定公司的最佳规模。

（二）薪酬体系

由于公司背景和问题特点不同，思科系统和塞尔维尼亚公司改进的薪酬制度也不同。思科系统公司主要使用了两种绩效工资——年度现金激励计划和股票期权，塞尔维尼亚公司则是根据岗位绩效进行薪酬评级。

思科系统公司为管理整合新公司，首先建立一种企业文化，强调以客户为中心，部门之间和子公司之间相互支持和合作，设定高绩效标准和挑战性目标。在这种文化基础上，思科系统公司开展绩效管理和薪酬体系设计工作，对公司绩效和个人贡献进行现金激励，提供股票期权。

每个思科系统员工都有资格参加现金激励计划。根据每个员工在公司中扮演的角色不同，公司设计出几种不同的激励方案。本质上都是一种年度激励办法，不同的是，有的是年中支付奖金，有的是每季度支付一次。现金激励计划使用的绩效指标是：公司销售收入和盈利能力、个人做出的绩效贡献。在考核期结束时，经理们评估员工个人的绩效结果并做出奖金分配决定，并由高级经理们进行审定，确保评估的公平性和激励的有效性。

实施现金激励计划中经常遇到的问题是，人们很喜欢把注意力放在自己所在的小部门，而不是从整个公司的角度来看问题。使所有员工关注公司整体利益是强化思科系统公司文化的关键，员工的贡献成就的主要对象应该是思科系统公司，而不是自己所在的事业部或职能领域，这样才能使员工直接分享公司的成功。

思科系统公司的第二个薪酬体系是股票期权计划。每年公司都要拿出流通股票总数 4.75% 的股票期权对员工进行奖励。公司先根据公司的总体水平为每位经理分配一个期权奖励基金，其额度取决于他所在单位的员工人数和有资格得到的期权奖励数量。

单个员工能够得到的期权数量取决于几个因素。首先，是岗位的期权目标数量，它体现了员工所在岗位在组织中的相对价值。员工实际得到的数量围绕着这个目标数在 0% 到 200% 内波动。其次，期权数量取决于个人对公司成功做出的贡献和个人的成长潜力。员工做出的特殊年度绩效是通过现金激励计划奖励的，因此股票期权计划主要反映员工的贡献和成长潜力。在每个年度，大约 10% 的员工不能得到期权奖励。

经理们和副经理们一起研究如何在员工中分配期权基金。高级经理们要对分配方案进行检查。公司人力资源部门的经理们配合各个级别的直线主管们的工作，确保分配的公平和符合绩效导向。

由于思科系统是通过并购发展起来的公司，需要由各部门的经理制定现金薪酬计划，股票期权的分配权利也掌握在各部门的经理手里，因此思科系统存在各种不同的薪酬方案。现金激励是短期的绩效薪酬，股票期权是长期的绩效薪酬，现金激励容易局限于各自的部门，股票期权则与公司的整体相关。思科系统的薪酬制度的最大问题是，在制定薪酬计划时，各部门往往不能站在公司的整体角度思考问题，影响员工的集体荣誉感和员工在公司内的流动，影响各单位之间的合作。

思科系统的薪酬制度是由部门经理执行，而塞尔维尼亚的则是由公司的人力资源部门执行。塞尔维尼亚的人力资源部门在公司高层的支持下，发起一场薪酬制度变革。公司成立了一个由高级经理组成的人力资源顾问委员会，对重要的人力资源管理创新提供咨询、反馈和支持。公司设立一个岗位评价委员会，根据公司的目标对员工的表现和行为进行评估。

首先，公司给每一个员工设定岗位目标。从上而下，把公司目标分解到每个事业单元，进而分解到个人，就形成了个人岗位目标。

其次，公司把自己的核心竞争力整合到绩效管理流程中去。公司的核心竞争力总是和公司的价值观联系在一起的，它能够勾画出员工们的行为模式。各部门把自己独一无二的竞争特性描述出来了，对员工的评价既包括在目标实现方面的具体表现，还包括与公司核心竞争力特征相关的内容。

过去，绩效评估是一年一度的事件，新绩效管理流程要求所有经理人员在年度中期检查。在公司的内部网上，各种文件可以随时查阅，从而鼓励对进度和数据进行频繁的讨论。该流程有助于公司在需要的时候更新考核指标和考核标准。

根据绩效表现对员工进行评级代替了由经理人员对员工进行五级制评级的传统做法。公司设立了奖励管理人。奖励管理人通过直接监督或让下属进行监督的方式，管理着 30 名或更多薪酬管理者。在财政年度结束后的一个月内，奖励管理人带领下属完成员工评级流程。

评级过程不是对所有员工从头到尾逐一排序。相反，奖励管理人下属把员工评到以下三个级别组中去：明显有异常的业绩表现、成功的或令人满意的绩效表现、最差的业绩贡献者。后来，第四个级别类型"比成功的业绩表现还好"被引进来，代表那些有卓越的业绩表现但是没有把握被看成是"明显有异常的业绩表现"。

首先针对岗位目标围绕员工的绩效表现对员工进行评估，然后才能进入基于公司核心竞争力的评价。对评级有强制分布要求，10%的"明显有异常的业绩表现"，35%的"比成功的业绩表现还好"，50%的"成功的或令人满意的绩效表现"，以及5%的"最差的业绩贡献者"。

员工评级会议的结果被用于奖金分配和职业生涯规划。明显有异常的业绩的贡献者将得到幅度最高的工资上涨，通常是标准奖励的两倍；第二档即成功的或令人满意的业绩贡献者得到该年度的标准奖金；最差业绩贡献者不会得到任何奖金。在引入"比成功的业绩表现还好"这一档后，被评在这一档的员工将获得比标准情况多2%的工资上涨。

员工评级讨论会议加强了对职业生涯的管理。通过这个过程，经理们能够识别出可以提升或调动到重要岗位上去的员工，并且能够更好地决定人才投资需要，以及在问题出现之前，发现潜在的挽留人才问题。

绩效薪酬管理的基础是绩效评价，而绩效评价的基础是设定岗位。塞尔维尼亚比思科系统公司更强调岗位的重要性，原因是思科系统是一个新型的公司，组织结构松散，任务种类多，而塞尔维尼亚是一个传统的官僚公司，组织庞大而机械，每个岗位有明确的工作内容，都为一个共同的公司目标而分工协作。

塞尔维尼亚根据岗位设定进行绩效考核，缺点是员工过于注重绩效而不重视未来的发展。因此，塞尔维尼亚公司设定了与核心竞争力相关的考核指标，但与核心竞争力相关的考评容易失去客观性。

（三）对绩效货币薪酬命题的讨论

货币薪酬分为三类：福利、奖金、基础工资。法定福利与绩效无关，是国家法律规定的、人人平等享有的、保障最基本生活需要的薪酬，并不具备激励性。企业福利与员工的绩效无关，但可能与企业整体绩效相关，是企业均等地赋予每个员工的薪酬。这种薪酬的激励性源于企业内部与企业外部的薪酬差异，尤其是企业与竞争对手之间的薪酬差异，对于留住人、吸引人和增强企业凝聚力有很好的作用，但对于激励某个员工比同企业其他员工付出更大的努力没有作用。奖金是一种绩效工资，具有差异大、动态性等特点，表现形式是货币奖励、实物奖励、股权奖励等，有的具有长期激励性，有的具有短期激励性，年度奖金往往具有短期激励性，股权往往具有长期激励性。基本工资是一种相对固定的工资，除了保障基本生活的工资部分外，可能还包含了年功序列工资、延期支付工资、能力等级工资和职务等级工资，这种工资具有差异性，是一种长期激励工资。

这两个案例涉及的绩效货币工资主要是奖金。思科系统公司根据每个员工在公司中扮演的不同角色设计几种不同的年度激励办法，有的是在年中支付奖金，有的是每季度支付一次，这种奖金就是典型的短期激励绩效货币薪酬。思科系统每年都要拿出流通股票总数 4.75% 的股票期权对员工进行奖励，这就是典型的长期激励绩效货币薪酬，并且个人的绩效与公司的业绩挂钩。塞尔维尼亚根据绩效表现对员工进行评级，根据评级结果分配奖励，这和思科系统的年度奖金一样，是典型的短期激励绩效货币薪酬。

货币薪酬的理论基础是经济学中的委托贷理论。该理论认为，人是自利的，人们参加工作的目的是用劳动换取货币，并且会想办法尽可能地用最少的劳动换取最多的货币，因此，企业应该设计一套制度，用最少的货币买到最多的劳动。由于信息不对称，员工的劳动努力程度有时能够在劳动过程中被表现出来并被企业监督，有时则不能被企业监督，因此最佳的方法是测量员工的劳动产出，根据产出发放薪酬。

经济学理论认为，如果员工的劳动成果可以从团队成果中分离出来，并可被准确测量，绝对绩效薪酬便是最佳的选择，通过对绩效指标的合理调整可以激励员工尽最大努力劳动，薪酬差异取决于劳动成果的绝对差异。当个人的成果无法从团队中分离出来，就设计团队绩效薪酬，然后由团队内部人员通过相互监督来分配个人的薪酬。

思科系统采用的是团队绩效薪酬制度。由于思科系统并购的子公司具有相对的独立性，总公司很难测量每个子公司内部的每个员工的绩效。思科系统先对每个公司进行总体考核，为每位经理分配一个期权奖励基金，再由每个公司确定员工从这个基金中能够得到的期权数量。

如果绝对绩效难以被测量，就对绩效进行排名，根据排名结果发放有差异的薪酬。塞尔维尼亚实施的就是这种薪酬制度。先设立一个岗位评价委员会，再把员工评为四个等级：明显有异常的业绩表现、成功的或令人满意的绩效表现、最差的业绩贡献者、比成功的业绩表现还好。最后根据等级发放奖金。

货币性薪酬的激励性是毋庸置疑的。尽管马斯洛的需求层次理论认为人有生理需求、安全需求、社交需求、尊重需求、自我实现需求等，并认为只有生理需求才和货币相关，但是当货币收入成为衡量个人成功的标准，当可以用货币实现与尊重和地位相关的需求，货币收入的重要性就显而易见了。即使人们并没有处于崇拜货币的世界，如果企业给予员工的安全、尊重和友谊同其他企业差不多，那么企业对员工激励优势就表现在货币薪酬上。

货币薪酬达到最好的激励程度的基础是最恰当的绩效考评机制。绩效分为短期和长期，相应的薪酬激励也分为短期和长期，公司需要根据具体情况合理配置。思科系统公司使用了季度、年度奖金计划解决短期激励的问题，使用股票期权计划解决长期激励的问题；塞尔维尼亚使用岗位绩效考核侧重于解决短期激励问题。

通过实施绩效货币薪酬计划，思科系统公司的成长和成功是无与伦比的。在其他高速成长的公司，一旦股价出现了下滑的迹象，员工们就会纷纷开始出售手中的股票。但是在思科系统，员工却持着股票不放，员工、管理层和股东之间建立了一种有益的联系。有效使用现金和基于权益的薪酬计划，使思科系统公司留住最关键的员工，支持员工们得到各种机会和挑战。

塞尔维尼亚通过绩效货币薪酬制度，从原来强调头衔和权力的文化转变为基于业绩的企业文化。当员工们意识到他们的绩效表现得到相对评价，并且经理们通过公开的讨论完成整个评价过程，他们就密切注意自己的行动。对于他们中的一些人来说，这是把他们从睡梦中惊醒的一声呐喊；对于其他一些人来说，这是对他们做出贡献的真正肯定和认可。塞尔维尼亚实施绩效货币薪酬制度后，总体平均员工流失率大约是9%，但是，在业绩贡献最差的群体中，流失率是30%。这意味着表现最差的人待不下去了。在实施绩效货币薪酬制度的最初两年，各事业部的经营利润都超过了目标要求，从1993年以来，他们创造了盈利能力的新纪录。

通过这两个案例，讨论了这样的一个命题：当公司在其他薪酬形式（尤其是内在薪酬）上没有短板，公司的绩效货币薪酬将具有很强的激励性，公司必须设计合理的长期和短期绩效考核体系，考核指标和过程必须与公司的具体情况（尤其是公司的战略和文化）匹配。

四　星巴克、布兰卡德公司案例：
对内在薪酬的讨论

（一）星巴克的内在薪酬设计

星巴克公司成立于1971年，1987年被霍华德·舒尔茨先生收购。从1982年至1992年间，公司以令人震惊的年均80%的速度增长，1992年6月公司上市并成为当年首次上市最成功的企业，迅速推动了公司业务增长和品牌发展。

星巴克公司是北美地区一流的精制咖啡的零售商、烘烤商及一流品牌的拥有者。公司在北美、拉丁美洲、欧洲、中东和太平洋沿岸37个国家拥有超过12000多家咖啡店，拥有员工超过117000人。

公司的使命是"使自己成为世界上最好的咖啡的主要供应商，并在发展过程中不折不扣地保持商业原则"。公司一直致力于向顾客提供最优质的咖啡和服务，营造独特的"星巴克体验"，让全球各地的星巴克店成为人们除了工作场所和生活居所之外温馨舒适的"第三生活空间"。

舒尔兹曾说道："我想建立的公司能给人们带来主人翁意识并能提供全面的医疗保险，最重要的是，工作能给他们带来自尊。人们普遍认为该公司是一家能给他们带来自尊的公司，能尊重他们所做的贡献，不管员工的教育程度和工作地点在哪里。"

所有的员工都得到公平的对待。对于全职和兼职员工，公司提供卫生、牙科保险以及员工扶助方案、伤残保险。此外，一家叫工作解决方案的公司帮助处理工作及家庭问题。尽管支付兼职员工福利的成本增加了公司的总福利成本，但平均福利成本和对手相比仍然很低。尽管投资巨大，但公司仍支付大量红利。那些享受到这些福利的员工对此心存感激之情，因而对顾客服务得更加周到。

所有的员工都有机会成为公司的主人。公司在 1991 年设立了股票投资方案，允许以折扣价购买股票。方案是每年提供一定的期权，总金额是基本工资的 14%。满足下列条件的员工可以得到期权：整个财政年度都在公司工作，并且至少工作 500 个小时，一月份发放期权时仍在公司工作。公司把期权与对员工思想教育配合在一起，使员工建立起自己是公司股东的想法。

员工参与公司决策。公司设计了一个合伙人快照方案，想尽量从公司伙伴那里得到反馈，这个方案和意在得到顾客反馈的顾客快照方案平行。合伙人快照方案包括在公司范围内的民意调查、使命评价和对公司和员工感兴趣的关键问题进行调查的电话系统。使命评价是于 1990 年设立的，以确保公司按其使命前进。公司在很多地方放置了谈论使命评价问题的评论卡，员工在认为决策和后果不支持公司的使命时填写评论卡，相关的经理会在两周的时间内，对员工的问题做出回应，跨部门的小组会在公开论坛上讨论对员工的忧虑，并找出解决问题的方法。

公开的沟通。公司在每一年都会召开几次公开论坛，告诉员工公司最近发生的大事，解释财务状况，允许员工向高级管理层提问。此外，公司定期出版员工来信，这些来信通常与公司发展、员工福利和股东问题有关。

星巴克设计了内容丰富的内在薪酬体系。所有的员工都有机会成为公司的主人，与内在薪酬中的地位、自我实现和权利有关。公司设立了股票期权方案后，对员工进行思想教育使得员工建立起自己是公司股东的想法，这样做的目的就是让内在薪酬的作用更好地发挥出来。公司设计了使命评价方案，员工参与对公司决策的评价，与内在薪酬中的民主和权利有关。公司一年召开多次公开论坛进行沟通，与内在薪酬中的平等、尊重相关。所有的员工都被公平对待，与内在薪酬中的尊重相关。对所有员工都提供卫生、保险和扶助，与内在薪酬的公平、安全相关。通过工作解决方案帮助处理员工的工作及家庭问题，与内在薪酬中的友谊相关。

（二）布兰卡德的内在薪酬设计

布兰卡德是一家位于加利福尼亚州的管理培训公司。该公司于1979年由肯·布兰卡德和他的妻子玛吉创建而成。布兰卡德在全美国及国外同时开展业务，奋斗目标是成为行业领先者。

在布兰卡德，对于那些服务水平超过正常水平的人，公司授予经特别设计的"老鹰奖"。老鹰奖是布兰卡德薪酬方案的一部分。

公司在设立老鹰奖之前，在公司范围内寻找志愿者，让他们成立专门的委员会。委员会由五名志愿者组成，其中包括管理层人员与非管理层人员，委员会唯一任务就是为提高顾客服务满意度设计及实施奖励方案。公司赋予委员会完成方案设计的行动自由，唯一的限制是不能把该方案设计成金钱激励方案，只是允许委员会使用一些基金支持必要的活动。

委员会讨论提高布兰卡德顾客服务水平的最佳途径，讨论的结果是设立一个名叫"老鹰奖"的激励机制。每个员工均有机会获奖，同时对每个月有多少人获奖没有上限。老鹰奖方案完全由员工志愿者管理，公司管理层不干涉。

对公司任何提供优质服务的人，可以由公司内的其他人提名，提名人需要填写一张"老鹰奖"表格，这份表格在公司的饭厅和收发室可随处取到。表格的一面印的是公司奋斗目标；另一面是提名者需填写的内容，包括被提名者的姓名及事迹描述，如加班发货、帮助顾客确定订单、解决某个账单问题、重新安排培训计划以满足顾客最后一分钟的要求等。

　　填写完提名表后可以交到老鹰委员会的任意一名成员手中，委员会审查后，通常情况下会授予被提名者老鹰奖。委员会在上班时会对获奖者突然拜访，拍一张获奖者拿着老鹰奖的照片，照片被粘贴在布兰卡德总部休息厅前面的公告栏中，照片下面附有几行对获奖者获奖原因的介绍。所有这些照片粘贴在一只腾飞的老鹰像的周围。获奖者可以把老鹰奖放在办公桌上保存，直至产生新的获奖者。委员会也给获奖者一点奖励品，包括餐厅打折卡、动物园月票、洗车票之类的东西，这些东西大多数是通过与社区内的其他公司物物交换而得来的。

　　委员会在每月的公司新闻报上向大家公布获奖者名单。年底时，全体员工对多次获得老鹰奖的员工进行投票，选出年度获奖者。年度获奖者在公司的年终庆祝大会上被授予一只浮雕大钟。

　　老鹰奖方案被誉为打造"传奇般的顾客服务"的措施，并成为公司文化的一部分。在老鹰奖设立 7 个月之后，在布兰卡德顾客眼里，它的顾客服务已排名第一。而老鹰奖方案的成本不到 20 美元。

　　布兰卡德设计的老鹰奖是一种内在薪酬：声誉薪酬。设立老鹰奖的第一步是寻找志愿者，让他们成立专门的委员会，负责设计及实施顾客服务奖励方案。志愿者不是官方任命，任何提供优质服务的人可以由公司内的其他人提名，体现了公平、民主等内在薪酬内容。

（三）对内在薪酬命题的讨论

　　非管理学领域的学者，谈到薪酬就直接认为是货币薪酬，与工资的概念是相同的。但在管理学中内在薪酬是一个重要的概念。管理学研究的核心是如何调动人的积极性，实现最大效益，所有薪酬设计的工作都为了一个目标，就是以最低的物质成本最大限度地调动员工工作积极性。因此，所有企业能够给予员工并能对员工起激励作用的东西都被统称为薪酬。如果企业可以使用非货币薪酬激励员工，那么企业的效益会更大。

　　货币薪酬激励存在很多的问题。在大多数公司里，业绩评审以及相应的加薪一年只有一次，而能激发人们干劲的事情通常是最近几日发生的。这些事情包括由于工作出色受到表彰，参与到决策层的工作之中，或得到领导的支持等。为激励员工，管理层需要根据员工日常任务的完成情况，对他们的成绩和进步进行肯定及奖励。

当问到员工什么东西最能激励他们时，很少有人把钱列在第一位。实际上，无数次的研究表明，金钱的重要程度名列第五位。对员工来讲，最重要的是一些看不见的无形的东西，如：由于工作出色受到表扬、被告之影响他们生活和工作的信息、有趣的工作、有一个富于同情心愿意花时间倾听苦恼的领导等。这些无形之物很少或根本没有成本。

因此，管理学首先研究什么因素对员工的激励最大。这个问题涉及了员工的需求和员工的心理过程。经济学在宏观层面把人假设为理性的、自利的、同质的经济人，但在微观层面，当面对一个个活生生的人，就会发现，人是多变的、复杂的。每一个人和另一个人都不一样，员工之间的喜好、价值观、背景、性格以及对待货币的态度并不一样。有的员工特别重视名声，有的员工为了钱而付出努力，有的员工对义气更重视，有的员工喜欢交朋友而害怕孤独，有的员工希望有大的发展空间，有的员工喜欢独立思考，有的员工胆小怕事，等等。并且同一个员工在不同的环境下对事情的判断也不一样，而且通过学习，对事物的认识会发生很大的变化。在不同的环境下相同的货币薪酬的激励程度并不一样，当员工生理需求没有得到满足的时候，金钱对员工的激励作用更大，但是当分配不公或者内在薪酬缺失的情况下，可能出现"端起碗来吃肉，放下碗来骂人"的现象。因此，对员工的激励，也就是赋予员工薪酬，绝对不只是给予货币那么简单。经过大量的实践，管理学提出了内在薪酬的概念，并在实践中得到了良好的检验。

谈到内在薪酬，离不开需求理论，马斯洛认为的需求是丰富的多层次的。满足生理需求的是货币工资，满足安全需求的是福利和工作条件，满足社交需求依靠文化认同，满足尊重需求依赖声誉、地位和权利，满足自我实现需求依靠工作内容丰富化、弹性的工作时间、工作的自主性、培训机会等。马斯洛认为，每一个人都有这些需求，但是不同的人面临的需求侧重点不同，为了实现一种需求可能放弃另一种需求。一些生活贫困的人，工作的主要目标是获得更多的钱，一些能力高的、受过良好教育的人，对权利、地位和发展空间的要求更多，一些生活优越的员工和家庭背景好的员工，可能更重视体面的工作环境、广泛的社交机会、富裕的自我表现机会，一些有财力的员工可能会用金钱换取声誉和地位，等等。因此，企业必须根据具体情况设计相匹配的薪酬制度。在上一个案例中谈到了货币绩效薪酬，塞尔维尼亚之所以注重设计岗位货币薪酬，是与它的小时工的需求相匹配的，思科系统设计年度奖金和期权制度是与公司员工的特点相匹配的。这两个公司的员工和星巴克、布兰卡德的员工并不一样。思科系统的员工是个性很强、有独立性的技术人员，塞尔维尼亚的员工是传统的制造业工人。星巴克拥有的是高端文化服务业员工，布兰卡德拥有的是高端教育培训业的培训师。前两个公司实施货币薪酬对员工具有好的激励效果，作为以员工的思想、文化和行为为卖点的后两个公司，精神方面的薪酬内容就至关重要了。

内在薪酬也是分等级的。有的内在薪酬由所有的员工共同享有，比如公平、友谊、人身安全等。有的内在薪酬不是人人都可以得到，比如权力、地位和声誉等。星巴克依靠所有员工的优良服务，涉及为客户服务的整个过程中的言谈举止，因此，所有员工共同享有的内在薪酬对公司很重要。布兰卡德是一个教育培训公司，依靠的是培训师的独特思维和知识而不是举止行为，所以公司设计了只有特定人才可以享有的内在薪酬，激励员工互相竞争。

通过设计内在薪酬，星巴克获得巨大成功。公司被《财富》杂志评为100家"最值得工作"的公司之一。公司的财务业绩也是优秀的，员工的流失率远远低于行业一般水平。对员工的满意度调查表明：员工非常喜欢为公司工作，对公司的领导很满意。负责调查的外部公司说，星巴克公司的调查结果在与其他大多数公司相比时，"好得吓人"。

通过这两个案例，讨论了这样一个命题：影响员工行为的因素是复杂的，如果忽略内在薪酬，货币薪酬的激励作用十分有限，对特定的人内在薪酬比货币薪酬更重要，企业应该根据自己的特点，设计货币薪酬的同时设计内在薪酬。

第九章
国内企业薪酬案例研究

一　中国科技企业薪酬差异管理案例剖析[①]

（一）导言

北京外企太和企业管理顾问有限公司，对高科技和互联网行业的薪酬福利进行了一次全面的调查。调查显示，不同职位的薪酬差距不断扩大，高新企业内部员工收入贫富分化现象明显，最低年薪与最高年薪相差近 20 倍。由北京德翰创业管理咨询公司组织的"北京地区高科技行业薪酬福利调查"结果显示，高科技行业除了为人所共知的发展迅速、收入较高的特点之外，企业内部薪酬最高与最低的差距从 3.5 倍到 45 倍不等，平均差距在 15 倍左右。

科技企业内部的薪酬管理模式往往表现出薪酬管理的新思潮，通过对科技企业薪酬管理案例的剖析，能得出薪酬管理发展规律，对薪酬理论和实践有借鉴的意义。

下文采用北京中关村六个代表性的企业案例[②]，对案例从薪酬等级管

---

① 徐全军：《科技企业薪酬差异管理解析：基于北京中关村企业案例》，《环渤海经济瞭望》2010 年 1 月。

② 本章所用的案例来自中关村科技园区管理委员会撰写的《北京中关村科技企业薪酬制度改革实例研究》，载于劳动和社会保障部劳动工资研究所：《我国企业薪酬热点问题剖析》，中国劳动社会保障出版社，2007。

理、薪酬构成差异管理、团队之间的薪酬差异管理、团队内部的薪酬差异管理四个方面进行剖析，探讨科技企业薪酬差异管理的特点。

（二）案例介绍

1. M 公司

M 公司是由中国留学生创立的，拥有自主知识产权的民营软件及系统集成公司。公司的目标和宗旨是"诚信为先、技术领先、服务本地化、用户第一"。公司 10 年来始终坚持技术创新，努力确保技术水平与国际同步。

M 公司现有员工近 300 人，其中大部分属于高学历、高能力（水平）年轻人，技术人员所占比例较大，管理类和销售类人员所占比例较小。公司已经形成了自己的核心技术，而且能结合中国用户的应用需求研发生产出高实用性的产品。

M 公司认为员工是企业的财富，是企业竞争力的核心所在，倡导每个人都要不断努力，公司为员工提供学习机会，提供好的文化氛围来吸引和留住高素质的员工，人力资源各项管理政策正是基于"以人为本"的理念而制定的。

2. Z 公司

Z 公司是由留学归国人员于 1999 年创办的多媒体 CPU 芯片的开发生产和销售企业。Z 公司创建之初就向员工强调：我们是中国公司，我们更是世界公司；我们的思维应该是国际化的而不应该是本土化的，只有建立一个国际化的公司，公司才可能与世界信息产业的发展同步。现在，Z 公司系列多媒体 CPU 芯片已成为我国集成电路核心技术率先实现产业化并成功打入国际主流市场的芯片产品，占领了 PC 图像输入芯片世界第一的市场份额。

从成立之初，Z 公司就把人才放在首位，集聚了一批来自美国 Intel、Sun、Kodak、Lcent、IBM 等公司的资深芯片设计、软件开发及系统设计专家，并培养出众多优秀的技术研发及项目管理人才，是目前国内该领域内最具实力的专业研发队伍。

公司有员工 200 名，平均年龄 29.6 岁，50% 以上的员工从事工程、研发等技术工作，其余是销售、市场人员。其中芯片类研发人员占技术人员总数的 70%。Z 公司硕士及以上学历人数达到公司总人数的 93%。

公司的高层带来了西方先进的人力资源管理理念。公司薪酬管理的各项政策整体来说比较人性化，不强调内部等级观念。Z公司认为员工是企业最重要的资产，公司强调尊重个人，认为公司发展的过程就是员工自我价值实现的过程。公司的核心价值观是"务实、进取、协作、创新"，公司不仅造就有成就的人才个体，而且注重团队协作。公司努力为员工创造比较宽松的环境，使每位员工都有施展才能的机会。

3. T公司

T公司是跨行业经营的高技术上市公司。于1997年成立并在国内交易所上市。T公司以自主核心技术为基础，充分结合资本运作能力，形成计算机系统、应用信息系统、能源环境系统、数字电视系统四大产业支柱，各业务领域均发展了自主核心技术及应用产品。目前，T公司在重大行业信息化、计算机产品、数字传媒资源等领域已占有国内领先的市场份额。

公司所属员工近4000人，因公司行业涉及面较广，人员构成呈现出了多样性。按学历进行划分，计算机系统、应用信息系统和数字电视系统的员工学历较高，而能源环境系统相对学历偏低。具体来说，T公司本科以上学历的员工占员工总数的52%，平均年龄为30岁。销售类员工占公司员工总数的40%，研究开发类员工占28%，生产操作类员工占22%，经营管理类员工占10%。

公司提倡"承担、探索、超越"，鼓励员工多承担责任，承担责任必将获得相应回报。公司努力培养员工的事业心和上进心，在公司内部形成了无论年龄长幼、职位高低，所有员工志同道合地为科技兴国而奋斗的企业氛围。T公司认为只要公司的发展和每名员工的发展紧密结合在一起，那么企业就能很快发展。

4. B公司

B公司是一家于1999在美国硅谷成立的高新技术企业，主要面对中文搜索引擎市场，以为人们提供最便捷的信息获取方式作为公司存在的根基。公司于2000年1月携风险资金从硅谷回到中关村，2004年再次获得国外大额融资，公司将其投入到技术开发和市场推广之中。目前，公司基本上将年收入的10%投入到技术研发之中，显示出了其对技术的重视程度。

B 公司共有员工 302 人，其中 65% 以上都是技术类员工。员工平均年龄 27 岁，80% 的员工都具有本科及以上学历。

公司在人力资源管理中营造开放的工作氛围。将永远保持创业激情作为公司创业文化的基础；提倡每一天都在进步的文化品质；倡导容忍失败、鼓励创新的创新文化，并将充分信任、平等交流作为公司沟通文化的基础。

5. A 公司

A 公司是一家由留美归国学者创立的，从事农作物优良新品种选育、生产、加工、销售及技术服务的跨区域、跨价值环节的现代生物农业高新技术企业。A 公司集研发、生产（含生产和加工两部分）、销售于一体，构建了覆盖全国的销售体系。

A 公司现有员工 400 多人，平均年龄 32 岁，高级人才占 6%，本科及大专学历的人员占 64%，研发人员约占 15%，销售人员占 52%，在分公司的工作人员约占 75%。

A 公司在创始之初即确定了"以人为本，共同发展"的人力资源理念，并且将这种理念进行细化，认为"以人为本"首先应体现为对人的尊重，而对人的尊重包括提供学习的机会，包括尊重他人劳动、人格等方面，而且强调在企业中人的发展和企业的发展要成为一体。公司在人才管理上，注重对不同专业、不同教育背景和不同生活阅历人才的引进及合理组合、优化配置，以此打造一支知识化、年轻化的管理运营团队。

6. SM 公司

SM 公司成立于 2000 年，于 2001 年在香港联合交易所上市，是国内最大的 IT 服务提供商。SM 公司确定了"集合全球资源，立足中国市场，以负责任和持续创新的精神，全方位提供第一流的电子商务基础建设方案、解决方案和服务，推动中国电子商务的进程，以实现数字化中国的理想"的企业宗旨，并于 2004 年将公司业务围绕客户需求进行重新调整，确定了供应链管理服务、增值服务和 IT 服务三大竞争领域。

公司现有员工 4500 余人，平均年龄 29 岁，硕士及以上学历员工占 15% 以上，技术和营销岗位员工所占比例较大，超过总人数的 2/3。

SM 公司将战略人力资源视为公司的核心能力，注重员工的能力培养和挖掘。推行以关键业绩指标（KPI）为中心的人才战略，把员工成长分为导入期、成长期和贡献期三个阶段，为员工提供多通道的发展空间和有针对性的培训，使员工与企业共同成长。

（三）对科技企业薪酬差异管理的剖析

1. 等级制度安排

（1）内部市场分割

M 公司是技术型公司，技术人员所占比例较大，管理类和销售类人员所占比例较小。根据公司的发展战略，该公司把高层管理人员、研发类技术人员和服务类技术人员作为公司的核心团队。在薪酬水平的确定上，每年定期根据市场薪资对核心团队尤其是技术类核心岗位进行调整。

Z 公司认为每个岗位、每名员工对公司都是比较重要的，但因芯片研发人员和副总以上高管人员市场可替代性较弱，对公司的发展起着重要的支撑作用，所以这两类人员是公司的核心人才。将所有岗位根据工作性质的不同划分为四大职务序列：技术类、管理类、商务类和销售类。

T 公司人员构成呈现出了多样性，员工年龄较轻，文化程度中等，以科研开发和销售类为主要群体，公司认为其高层人员和核心技术人员属于公司的核心团队。

B 公司共有员工 302 人，在岗位类别上，目前 B 公司将所有的员工分为三类，分别是管理类、技术类和销售类，其中技术类的员工最多，约占到公司总人数的 65%。作为一家技术公司，B 公司将其技术类岗位作为工作的核心岗位，对技术类岗位采取更加宽幅的薪酬设计。

A 公司将所有的岗位分为四类，分别是研发类、生产类、销售类、管理类。

SM 公司目前的职位共分三大序列、40 多个子序列。三大序列主要是指技术序列、营销序列和职能序列。子序列则是对各序列的细分，如技术序列中有系统分析子序列、软件设计子序列、软件测试子序列、软件服务子序列、项目经理子序列、项目监理子序列等。营销序列中有产品子序列、销售子序列、市场子序列等。职能序列中有会计子序列、投资子序列、物流子序列、人力资源子序列、行政子序列等。

以上公司对内部员工都进行了序列划分，并明确了核心团队人员，目的是使核心团队与其公司的战略紧密匹配。M 公司目标和宗旨是"诚信为先、技术领先、服务本地化、用户第一"，十七个字包含了其价值观、核心能力、经营哲学等。价值观是诚信为先，核心能力是技术领先，经营哲学是服务本地化、用户第一。该公司的核心竞争能力来自技术，并且公司 10 年来始终坚持技术创新，努力确保技术水平与国际同步，拥有自主知识产权。通过内部市场分割，确定核心团队，重点培育核心团队，是企业立身之本。同样，其他公司的核心能力均基于技术创新，技术性的岗位上的人员被视为核心团队。

企业战略的制定是建立在企业能力的基础之上的，企业能力依附于企业资产，企业资产依赖于企业的有形资本和无形的资本，无形资本存在于企业的人力资本，人力资本存在于企业团队中，并且不同的人力资本或能力存在于不同的团队中。对于掌握企业核心能力的团队，一般被界定为企业的核心团队；对于掌握企业竞争能力的团队，一般被界定为骨干团队；对于掌握企业一般能力的团队，一般被界定为中间团队；对于拥有辅助能力的团队，一般被界定为外层团队。企业核心能力的培育依赖于对核心团队的培育。

内部市场分割是实现企业战略的基础工作，是人力资源管理的基础工作，是薪酬差异管理的必要工作。

（2）薪酬等级设计

M 公司实行宽带薪酬制度。宽带薪酬制度包含的薪酬等级较少，但每一薪酬等级内部宽度较大，各个薪酬等级之间的重叠度也较大。公司共划分了 7 个薪酬等级，其中最高薪资和最低薪资比值为 10，高层管理者薪资是中层管理者薪资的 2～3 倍，高层管理者薪酬处于 7 等级，中层处于 5～6 等级，基层在 4 等级以下。

Z 公司将四大职务序列分别划分出四个等级岗位：技术类序列包括助理工程师、工程师、高级工程师、项目经理等，管理类序列包括专员级、主管级、经理级和总监级，商务类和销售类也各分四个等级。员工薪酬标准在职务序列和级别的基础上确定。

T公司基本工资共划分为40档，根据学历、职称和技能对应不同的档次。T公司岗位工资共划分为18级5档，采用宽幅的、重叠式的薪酬曲线，薪酬的每个级别均有一定的浮动范围，各个薪酬等级的重叠度也比较大，一般重叠度可达到40%左右。主管级位于岗位工资的第7级，部门经理级位于岗位工资的第8级和第9级，总监级位于岗位工资的第12级、13级，副总级位于岗位工资的第14级、15级、16级，总经理位于第17级、18级。

B公司职位分为四大级，分别是普通员工级、主管员工级、部门经理级和总监级。对技术类岗位采取更加宽幅的薪酬设计，整个技术工程师共分三等九级，每一等的薪酬数额差1倍左右。

A公司将所有的岗位分"五等"，分别为基层员工、基层管理、中层管理、高层总监及总裁。在各等中依照各职位类别的不同划分了不同的级别。在确定了具体岗位后，公司再根据岗位所承担的职责轻重，依"职薪等级表"确定该岗位工资。

SM公司的职位共分三大层级，主要指规划控制层、组织实施层和操作层。其中规划控制层分二级，分别是总监级和高级总监级；组织实施层亦分二级，分别是经理级和高级经理级；操作层中，从普通员工到业务主管则分三级。专业职位设置依据层级与序列（尤其是子序列）共同确定，如层级与销售子序列结合，确定了"高级销售总监""销售总监""高级销售经理""销售经理""销售主管""高级销售代表""销售代表"七个专业职位；层级与产品子序列结合，确定了"高级产品总监""产品总监""高级产品经理""产品经理""产品主管""高级产品代表""产品代表"七个专业职位。依据同行业比较，并采取"宽带工资制"的设计理念来确定各个专业职位的标准薪酬。

六个案例中的公司管理者，均采用了等级薪酬制度，一个原因是管理者的绝对产出不易明确地从企业产出中区分，尤其是无法量化每位管理者对公司长期竞争优势的贡献；另一个原因是高层管理团队是公司的核心层，采用等级薪酬制度有利于稳定团队。这与锦标理论相吻合，该理论认为，当绝对产出不能被准确地测量或划分时，使用相对产出设计竞赛制度，满足员工对货币薪酬增长的需求的同时满足其对地位晋升的需求，对员工有较好的激励作用，如果在制度中把报酬后置，则对员工起长期激励作用，有利于稳定团队。

这些公司对不同的团队采用有差异的薪酬等级制度。Z 公司对不同的职务序列分别划分出等级岗位，B 公司对技术类岗位采取更加宽幅的薪酬等级设计，SM 公司专业职位设置依据层级与序列（尤其是子序列）共同确定。这么做的原因是，团队之间的工作性质和人力资本特征不同。

M 公司、T 公司根据学历、职称和技能确定基本工资，B 公司根据员工技术考试进行晋升，实施了与能力相关的等级制度。从理论上讲，通常有两种等级制度：一是职位（职务）等级制度，二是职称等级、技术等级和技能等级制度（通称为能力等级制度）。

这六个公司由于规模不相同，层级也不相同。M 公司现有员工近 300 人，被划分为 7 个薪酬等级；Z 公司有 200 员工，被分为四个等级岗位；T 公司有员工 4000 人，共分为 18 级 5 档；B 公司有员工 302 人，被分为四大级；A 公司有员工 400 多人，被分为"五等"；SM 公司有员工 4500 余人，被分为七个管理层次。企业规模不同，薪酬级数不相同，大企业的薪酬级数比小企业的多。

薪酬等级设计的过程是，首先通过市场分割区分正式员工和非正式员工，并在正式员工中划分出核心团队、中间层的团队、外层的团队，然后对各种正式团队实施有区别的薪酬等级制度，对非正式员工实施非等级性的薪酬制度，最后设计薪酬等级结构。

2. 薪酬构成差异

M 公司薪酬构成主要包括基本工资、奖金、补贴和长期激励、社会保险、商业保险、带薪休假、节日活动、内部晋升和培训机会，具体对不同的员工设计的薪酬构成有所区别。为了吸引、留住公司高层管理人员，M 公司自 2003 年开始对高管人员实行长期激励制度，中层和基层员工没有此项激励内容。公司为北京市内员工设立补充医疗保险，为因工作需要经常出差的销售类和技术类员工设立意外伤害保险，为在公司工作满一年的员工设计每年 10 个工作日的带薪休假。从新员工入职之日起，公司便采用内部培训与外派培训相结合的方式，有针对性地对员工进行管理技能、技术知识、操作能力的系统培训。

　　Z 公司的薪酬构成中，工资、奖金等占薪酬总额不到 60%，而福利待遇（包括法定福利和非固定福利）却占到了 40% 以上，除国家法定的"四险"外，还有各类补充福利。公司正在设计员工福利自选方案，与知名外企的差距很小，仅仅在住房资助、免费班车、员工子女医疗费补助上有差距，与国内大中型企业相比，公司在年度全额带薪假期、家庭病假及事假、人身意外伤害险、企业股票期权、保健费支出、员工俱乐部上有比较大的优势。在培训方面，公司为所有员工都建立了培训基金，部门经理级以下员工的培训主要通过公司内部的管理学院设置相应的培训课程来进行。对于中高层员工，公司采取派员工参加外部公开课的形式。技术性强的岗位还有内部研讨和外部交流会。公司所有员工均可享受公司期权。

　　T 公司的薪酬构成包括基本工资、岗位工资、奖金、养老保险、医疗保险、工伤保险、失业保险、住房公积金、带薪年假、午餐补贴、人身意外伤害保险、独生子女保险、探亲假、班车、劳保费、公司宿舍、公司食堂、防暑降温费、劳动保护费、结婚礼金等。T 公司针对不同群体员工所采用的薪酬模式存在一定的差异。公司高管人员薪酬体系采用年薪制，由固定薪酬和浮动薪酬构成。针对生产型工作岗位或重复性较强的工作岗位设置计件工资，由保底工资和业绩工资两部分组成。针对公司职能部门的员工设置计时工资，工资报酬和出勤时间直接挂钩。针对销售人员设立提成制薪酬模式，由底薪和业绩奖金组成。

　　B 公司在薪酬构成的设计上更多地考虑薪酬的保障作用及长期激励作用，将薪酬分为基本工资、季度奖金、年终奖金、股票期权及一系列的福利计划。不同类别的岗位，具体的薪酬构成有所差别。B 公司技术类、管理类及部分销售类岗位的基本工资额在工资总额中所占比例较大，部分销售类岗位（如业务支持部）的基本工资额较少。管理类的人事、财务、行政部门无季度奖，其他部门则依据季度考核情况发放季度奖。技术类的所有岗位均有季度奖。销售类岗位的季度奖主要视销售业绩而定。B 公司推行员工持股计划，提供社会统筹保险、医疗保障制度、带薪休假、住房公积金以及其他津贴，并为公司员工设立了"员工俱乐部"。

　　A 公司的薪酬包括基本工资、岗位工资、绩效工资、工龄工资、年终奖金、社会保险、商业保险、节日贺礼、一定的培训机会和带薪休假。

　　SM 公司的薪酬包括月度直接薪酬、年度奖金、股票期权、保险福利、带薪休假、培训机会、个人发展空间。在月度直接薪酬方面，公司主要采取职位薪酬制，依据各职位序列性质的不同设定不同的薪酬结构。具体而言，销售职位序列中绩效薪酬为该职位月度全部薪酬的 40%，而其他职位序列的绩效薪酬所占比例为 30%。股票期权的激励方式主要是针对中层以上管理人员。除了法定的基本保险福利外，公司另给员工提供 20 万元的意外伤害保险和补充医疗保险，在公司工作满 1 年的员工可享受 10 天的带薪假期，公司开展多种层面的培训工作，保持创业型公司的活力，为员工提供充分的施展才华的舞台和广阔的个人发展空间，最大限度地满足员工的内在需求。

　　按照特鲁普曼的理论，完整薪酬的构成是：TC =（BP + AP + IP）+（WP + PP）+（OA + OG）+（PI + QL）+ X。TC 表示完整薪酬，BP 表示基本工资，AP 表示附加工资（如奖金），IP 表示间接工资、福利，WP 表示工作用品补贴，PP 表示额外津贴（如购买公司产品的优惠权，低息的个人贷款，可带配偶旅游等），OA 表示晋升机会，OG 表示发展机会，PI 表示心理收入（情绪上的满足感），QL 表示生活质量，X 表示私人因素。以上公司的薪酬构成中包括了基本工资、奖金、福利、晋升机会和发展机会等，薪酬构成比较完整。

　　各公司的薪酬构成各有特点。M 公司只为高管人员提供期权激励，Z 公司实施全面、丰富的福利薪酬并且全员持股，T 公司实施年薪、计件、计时、提成等薪酬，B 公司推行全员持股和奖金，SM 公司只对中高层提供期权薪酬。每个公司的薪酬构成特点与其文化特征密切相关。Z 公司有西方的人力资源管理理念，不强调内部等级观念，注重团队协作，因此其福利薪酬占到总薪酬的 40%，并且全员持股。T 公司提倡"承担、探索、超越"，鼓励员工多承担责任，承担责任必将获得相应回报，因此推行年薪、计件、计时、提成等业绩性薪酬。B 公司倡导容忍失败、鼓励创新的创新文化，并将充分信任、平等交流作为公司沟通文化的基础，因此一方面重视奖金，另一方面推行全员持股，既激励创新又维持平等与信任。

　　各公司的共同特点是均有丰富的福利薪酬，其中休假、培训等均受到重视。这是由科技企业的工作特征和人力资本特征决定的。从工作特征来说，科技企业的员工从事的是知识性劳动，需要不断地学习新的知识。从人力资本特征来说，高技术人员需要独立思考的环境，需要社会交往。这几个公司的员工平均年龄较低，对退休金等延期薪酬需求较低，而对自身发展的需求极为强烈。因此，为员工提供大量的培训和休假机会，重视员工的发展空间。

在这六个公司中，有两个公司推行全员持股计划。这两个公司均是由海外归国人员创立，均从国际一流企业角度看待公司的发展，均拥有世界一流的人才，员工平均年龄均在 30 岁以下，员工人数在 300 人以下，均在 1999 年创办并在之后高速发展，均在目标市场中处于第一位的市场份额，均崇尚平等与创新。应该说，这两个公司是科技企业中最为典型的代表，也是今后新的高科技企业学习的典范。科技型企业以科技为本，不应该建立官僚性的、机械性的组织，一流技术人才需要的是发展、交流、友谊、关怀，他们追求的是科技与真理，而讨厌行政命令与权力斗争。全员持股使员工改变了打工者的身份，不但满足其对货币薪酬的追求，更满足其对事业和自我实现的追求。

从对员工的激励的原理来分，薪酬构成首先应该分为外在薪酬和内在薪酬。按照赫茨伯格的理论，真正能调动员工工作热情的，是内在薪酬。内在薪酬在特鲁普曼的理论中包括晋升机会、发展机会、心理收入、生活质量和私人因素。六个公司均重视内在薪酬的使用，其中 SM 公司明确地把个人发展空间作为薪酬的一部分。为了安排员工私人因素方面的薪酬，部分公司设计可选择的福利计划。为了不影响员工的心理收入，部分公司采取了薪酬保密制，但保密制是否适合在高科技企业内实施，是一个需要讨论的问题。虽然公司都重视内在薪酬，但是内在薪酬使用没有上升到外在薪酬的地位，在使用过程中具有随意性，这是目前科技企业薪酬管理的一个缺陷。

经过内部劳动力市场分割，员工被分割为多种类型，由于每类员工的职位特征和个人特征不相同，每类员工薪酬等级制度应有差异，而且对他们实施的薪酬构成也应有差异。

3. 团队之间的薪酬差异

M 公司薪酬总体水平属于领先策略和跟随策略同时并存的状况。在薪酬水平的确定上，公司首先会考虑外部同行业薪酬变化情况，每年定期根据市场薪资进行调整，尤其对于技术类核心岗位，公司薪酬水平确定为市场75分位以上，属于市场领先地位。而对于非核心岗位的薪酬水平确定为50分位，属于市场跟随策略。M公司年终奖金是根据相关部门全年绩效考核成绩和公司的经营状况，对不同部门给予的不同奖励。

Z公司每年都参加IT行业薪酬调查，获取本行业市场薪资行情，包括市场平均薪资水平、市场低分位薪资水平、市场中分位薪资水平和市场高分位薪资水平。公司核心岗位实行高分位薪酬水平，高分位一般确定为75分位；对于那些可替代性较强的岗位，公司实行中低分位薪酬水平，分位数一般确定为50分位。Z公司虽然实行"全员持股"，但对于核心团队的员工，期权的授予数量有一定程度的倾斜。在薪酬的支付上，季度和年度奖金数额与部门团队业绩直接相关。

T公司薪酬总体水平处于市场薪酬水平的50分位，按职位高低和工作性质来看，公司高层人员和核心技术人员薪酬定位于75分位，基层员工的薪酬水平定位在30～40分位。试用期员工拿所定岗位工资总额的60%～80%，转正后可拿全额。

B公司整体的薪酬水平一般在市场的50分位左右，其中核心岗位一般在75分位左右，而普通员工则在50分位以下接近50分位处。B公司将员工按管理类、技术类和销售类进行分类。对于不同类的团队的奖金不相同，管理类中的人事财务行政岗位无季度奖金，技术类员工的季度奖金主要依据季度工作量确定，销售类员工的季度奖金主要依据销售量确定。对于技术类员工，公司采取倾斜的薪酬制度，主要体现在基本工资及股票期权数较同级的其他类岗位要高，同时拥有更多的晋升机会等方面。

A公司在薪酬设计原则中即提出了"多样性原则"，在实际操作中，公司为核心员工提供了交通补贴、通信补贴（包括免费配车）以及住房补贴（包括免费住房）等多种福利待遇，以此来区别不同年龄段、不同地域的员工薪酬。

SM公司在年底依据公司实际利润完成情况确定年终奖励总额，并且依据部门业绩情况将奖励总额分给各个部门。在中长期激励方面，SM公司主要采取股票期权的激励方式，但主要是针对核心团队。

以上公司内部团队之间的薪酬差异有三个共同特点：一是团队之间的薪酬差异的标准是市场薪酬水平；二是核心团队的薪酬水平高于市场水平的 25%，而非核心团队的薪酬水平与市场水平持平或稍低；三是根据团队的业绩对团队支付差异性的奖金。

这些公司基于市场薪酬水平而非基于业绩设计团队薪酬差异的重要原因，是它们设计的是异质团队之间的薪酬差异。由于异质团队的服务对象不同、产品不同，它们之间的产出难以被精确地量化和比较，无法设计业绩类的薪酬差异。但是，异质团队的人力资本不同、工作性质不同、市场薪酬水平不同，这三个因素决定异质团队之间的薪酬差异。这些公司中的核心团队的人力资本具有稀缺性、工作具有复杂性、市场薪酬水平高，因此获得的薪酬比其他团队要高。公司为了培育核心能力，把核心团队的薪酬定得比市场水平高，把其他团队的薪酬定得比市场水平低，更拉大了企业内部团队之间的薪酬差异。

企业一般把内部团队看作是它的基层单位，高层领导对企业薪酬管理均把团队薪酬设计放在首位。通过内部分割，区分出核心团队和非核心团队，团队之间的薪酬等级制度差异管理是一个重要问题。

由于团队之间的薪酬制度不同、工作特征不同、人力资本特征不同，团队之间的薪酬水平存在差异。

4. 团队内部的薪酬差异

M 公司等级性薪酬差异：等级薪酬是依据岗位价值以及个人素质、能力的不同确定的，依照公司"各职类基本工资定级表"和"基本工资等级表"确认核发。

M 公司业绩性薪酬差异：公司按季度实行考核，季度奖金主要与个人业绩挂钩，考核的标准是岗位责任、工作效率、季度工作效果等，对绩效考核评分进行强制分布。依据员工当年四个季度的考核结果，在年终对不同人员给予不同的年终奖金。

Z 公司等级性薪酬差异：新入职员工的薪酬根据所应聘的岗位，参照公司的岗位薪酬定级表，由运营副总裁或部门负责人协同人力资源部根据公司薪酬结构确定新员工的薪级。员工薪酬调整一般发生在公司季度考核之后，基层岗位晋升一级的话，薪酬提高的比例大约为 5%。职务越高，每晋升一级薪酬调整的幅度就会越大，最高调薪幅度可以达到10%的比例。个人可以得到的期权额度围绕所在岗位的标准数量在一定范围内波动。

Z公司业绩性薪酬差异：管理人员实行的是3600考核方法，对销售人员考核的标准是销售额、回款额、利润额、市场占有率和客户数量等，对研发人员实行目标管理考核方法，考核结果与季度奖金和年终奖金发放数额直接相关。

T公司等级性薪酬差异：等级性工资共划分为40档，根据学历、职称、技能及工龄确定员工所在的级别。

T公司业绩性薪酬差异：绩效考核结果和员工奖金数额有较强的关联性，考核结果划分为5个等级，A等级是优秀，B等级是良好，C等级是一般，D等级是合格，E等级是不合格。5个考核结果各对应不同的奖金浮动比例，A等级员工可获得标准奖金额度130%的奖金，B等级员工可获得标准奖金额度115%的奖金，C等级员工可获得标准奖金额度100%的奖金，D等级员工可获得标准奖金额度85%的奖金，E等级员工可获得标准奖金额度70%的奖金。年度考核除了业务类考核外，增加了对能力和态度的考核。季度考核和年度考核各项关键业绩指标与公司经营利润、收入总额、特殊业绩、贡献等相联系。考核结果实行强制分布。

B公司等级性薪酬差异：公司依据职位序列及等级确定岗位，并对每一个岗位参照市场薪酬水平制定等级工资额。公司在每年的年初依据公司整体业绩、员工个人业绩以及人力资源市场状况，并结合当年有关机构发布的人均劳动报酬情况给予适当调薪。当员工被提职后，员工的薪资会依据新的职位工资进行必要的调整。每位员工都会拥有自己的业绩考核指标，考核结果将直接影响到员工的晋升、培训和第二年的调薪比例。技术类员工的考核以技术考试为主，结合员工日常工作业绩。股票期权数额主要依据岗位职责和个人能力确定。

B公司业绩性薪酬差异：技术类的所有岗位均有季度奖，其奖金发放主要依据季度工作量的多少而定，奖金数额比较灵活。销售类岗位的季度奖主要视销售业绩而定。

A公司等级性薪酬差异：A公司将所有的岗位分为"五等"，在各等中依照各职位类型的不同划分了不同的级别，设计出"职薪等级表"。在确定了具体岗位后，公司再根据岗位所承担的职责轻重，依"职薪等级表"确定该岗位工资。公司每年年终对员工进行年度考核后，对于胜任本岗位、表现优良的员工，给予升级的机会。A 公司存在工龄工资，根据员工在本公司服务年限的不同，每年调整一次按月支付的工资。

A 公司业绩性薪酬差异：A 公司绩效考核每年进行一次（年底）。对于不同职位序列绩效考核的参照指标不同，销售岗位的考核指标包括市场指标、销售额指标、渠道建设指标、客户满意度指标、上级任务的完成情况指标等，研发岗位的考核指标多为研发项目的完成情况指标、完成时间指标、研发数据准确状况指标。结合每位员工为公司所做贡献及绩效考核结果，每年按一定利润比例支付给员工奖励性工资。

SM 公司等级性薪酬差异：SM 公司主要实行"职位工资制"，强调"具备什么能力（比较）上什么岗（职位），上什么岗干什么活儿，干什么活儿拿什么报酬"。各专业职位薪酬标准设定主要参考同行业跨国公司或同行业规模较大的国内企业相应职位。对于某一标准职位，将其整个薪酬平均划分为 4 份，初入者的薪酬低于职位薪酬范围的 1/4，熟练者的薪酬在此职位薪酬范围的 1/4 与 1/2 之间，优秀者的薪酬在此职位薪酬范围的 1/2 与 3/4 之间。薪酬调整主要依据每年一次的综合考评来实现，年终综合考评结果主要分五类，从优秀到不足依次是 A 类、B 类、C 类、D 类、E 类。

SM 公司业绩性薪酬差异：在年终依据公司实际利润完成情况确定年终奖励总额，并且依据部门业绩情况将奖励总额分给各个部门，部门经理依据员工年终业绩考核情况来确定部门员工年终奖金数额。在中长期激励方面，SM 公司主要采取股票期权的激励方式，但主要是针对中层以上管理人员。

这六个公司对员工薪酬差异管理的共同点有：①等级类薪酬差异主要表现为岗位薪酬的差异，只有 T 公司根据学历、职称、技能及工龄确定员工所在的级别，其余的公司都是按照业绩确定级别。②期权薪酬数量与所在的岗位级别密切相关。③业绩类薪酬差异表现为奖金的差异，奖金的差异可分为季度奖和年度奖（SM 和 A 公司只有年度奖）。④考核是晋升、发放奖金的主要依据，一般有季度考核和年度考核。

当产出不可被分割，并且团队成员的业绩没有可比较性，设计等级性薪酬差异是必需的选择。对于从事手工劳动的团队，成员的业绩是可以比较的，设计业绩类的薪酬差异是最佳的；对于一些从事脑力劳动的团队，团队成员的产出具有不确定性（不可分割或产出不易测量），可以设计等级类的薪酬差异。科技企业主要是脑力劳动，大部分员工的绝对产出难以被精确地测量，因此这六个公司设计了等级性薪酬差异，这种制度也有利于长期激励、稳定团队。

由于团队内部薪酬差异设计的目的是激励团队成员，因此，团队内部的文化特征、个体的人力资本特征、个体的工作特征、个体的需求特征等，都是设计内部薪酬差异的基础性的问题。在职能型文化的团队中，等级类的薪酬差异被认可，而在市场型文化的团队中，业绩类的薪酬差异被认可。大部分科技公司的文化是市场型的文化，因此，科技公司尽力使业绩与薪酬挂钩。

无论对何种团队，企业只限于设计团队内部的业绩类薪酬差异和等级类薪酬差异，团队内部的福利性薪酬不能有太大的差异，尤其是内在福利性的薪酬，如沟通、友谊、关心等，需要有普遍性、平等性和丰富性。这些公司提供福利不但丰富而且平等。

案例对内在薪酬差异的介绍，主要集中在晋升机会的差异。晋升机会是一种业绩性的内在薪酬，所有的公司对优秀的员工提供晋升机会，如有的公司只为业绩排名前十的员工提供晋升机会。

团队内部个人之间的薪酬差异主要表现在等级性薪酬差异和业绩性薪酬差异，个人之间的福利差异较小。

（四）命题

通过对这六个案例进行剖析，可以得出这样的结论：

命题一：进行内部市场分割是薪酬管理的必要过程。

需要进行内部市场分割的一个主要原因，是企业必须界定核心能力的存在位置与培育途径。成长中的科技企业的核心能力一般表现为技术能力，因此以上案例把科研团队界定为企业的核心团队，把核心团队的薪酬水平定位为高于市场水平的 25%，并在晋升、培训等方面对科研团队倾斜，以保持技术领先的地位。进行内部市场分割的另一个原因是，对不同团队需要采取有区别的薪酬制度。

命题二：薪酬差异必须与战略、文化匹配。

这些公司对能力的界定、对员工的划分、对等级制度的安排、对业绩的考核等工作，都是为实现企业战略而进行的。由于薪酬差异的直接作用是激励员工，企业文化影响员工的价值观，进而影响对薪酬差异的设计。Z 公司注重团队协作，因此其福利薪酬占到总薪酬的 40%，并且全员持股。T 公司提倡"承担、探索、超越"，因此推行年薪、计件、计时、提成等业绩性薪酬。B 公司将充分信任、平等交流作为公司沟通文化的基础，因此推行全员持股。

命题三：薪酬差异必须与人力资本特征、工作特征匹配。

科研人员的工作特征是，他们从事的是知识性劳动。科研人员的人力资本特征是，他们需要独立思考的环境，他们的平均年龄较低。因此，这些公司重视对他们休假、培训、个人发展空间等薪酬形式的设计。

有的公司的科研人员的绝对产出难以被精确地测量，这些公司设计了等级性薪酬差异。有的公司的科研人员的绝对产出能通过市场被量化，这些公司设计了业绩性薪酬差异。

命题四：必须设计完整薪酬差异。

人的需求是多方面、多层次的，单一的薪酬差异往往不能对员工起到良好的激励作用。完整薪酬差异从内容上应该被分为外在薪酬差异和内在薪酬差异，从形式上应被分为等级性薪酬差异和业绩性薪酬差异。这些公司注重了基本工资、奖金、晋升机会和发展机会等方面的差异。福利性薪酬不能有太大的差异，尤其是内在福利性的薪酬，如沟通、友谊、关心等，需要有普遍性、平等性和丰富性，这些公司为员工提供的福利不但丰富而且平等。这些公司把晋升机会的差异放在重要的位置（有的公司只为业绩排名前十的员工提供晋升机会）。六个案例中的等级类薪酬差异主要表现为岗位薪酬的差异，业绩类薪酬差异主要表现为奖金的差异。

命题五：股票期权是一种重要的薪酬。

在这六个公司中，有两个公司推行全员持股计划。股票期权改变了员工的身份，把个人的业绩与企业命运联系起来，不但是一种外在薪酬，也是一种内在薪酬，不但满足对货币薪酬的需求，也能满足其尊重、自我实现的需求。在科技企业成立之初，即应明确划分公司产权，甚至设定股票期权制度，并在业务不断扩张下对人员不断进行补充，并依据最初的设计逻辑细化薪酬制度。

二 对社会热点问题的讨论

（一）国有企业高管与普通员工的薪酬差异[①]

1. 理论中的企业经营者薪酬

（1）确定经营者薪酬的权利根源于财产权

从理论上讲，人力资本依附于人本身，其价值在事后体现，而物质资本的价格在事前已经确定，因此，人力资本的薪酬不能由人力资本所有者确定，需要在财产权所有者和人力资本所有者的博弈中形成。企业经营者的薪酬不能由经营者自己确定。

公司制企业，并不是所有的股东都对高管人员进行管理，因此需要设立财产管理机构，代表股东行使财产权。企业财产管理机构对企业财产负责，设计企业投资战略，选拔经营人员，监督经营人员实现战略计划。

因此，财产管理机构需要具备几个特点：是财产的代表人，本身与财产有密切关系；对企业内部有深刻的了解；对企业的市场有深刻的了解；能正确确定企业的战略；对人才有辨识能力。

（2）对经营者的选拔途径决定了经营者薪酬标准的确定

财产管理机构对经营者选择的途径主要有两个：在内部劳动力市场中招聘，在外部劳动力市场中招聘。通常大型的企业注重在内部市场中招聘，而小型的企业注重在外部市场中招聘；有核心能力的企业注重在内部市场中招聘，处于困境的企业注重在外部市场中招聘；职能文化型企业注重在内部市场中招聘，网络文化的企业注重在外部市场中招聘。

两种招聘途径决定了对经营者实施两种激励方式。注重在内部市场中

[①] 徐全军：《对我国国有企业经营者薪酬管理的思考》，《环渤海经济瞭望》2010 年 9 月。

招聘的企业，侧重对员工进行锦标激励。注重在外部市场中招聘的企业，侧重于对经营者进行市场激励。两种招聘方式都是以竞争为基础的，两种激励方式互相补充。

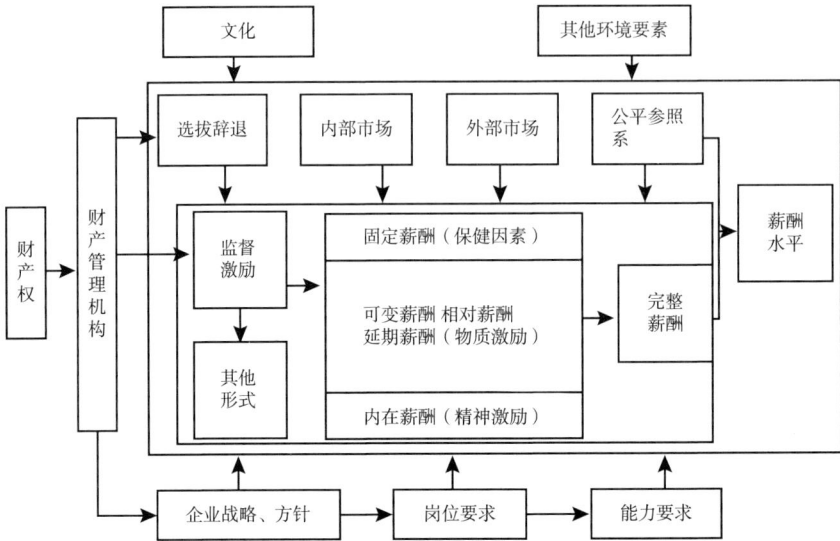

图1 理论中的企业经营者薪酬

根据公平理论，对经营者的激励来自于经营者对薪酬相对水平的认识，他们对薪酬进行比较时，参照的对象是与自己相似的人。在内部市场中招聘时，经营者参照的对象主要是原来和自己一起工作的同事，在这种情况下，经营者的薪酬水平应该参照内部薪酬等级。在外部市场中招聘时，经营者参照的对象是在市场中与自己相似的人，在这种情况下，经营者的薪酬水平应该参照市场水平。

（3）完整薪酬制度影响货币薪酬水平。

按照经济学理论，在信息不对称的条件下，对经营者最有效的薪酬形式是基于产出的薪酬。因此，年薪制、期权制、分红制把薪酬与企业的业绩挂钩，能对经营者进行中长期的激励。按照锦标制度理论，设计延期薪酬，把报酬后置，给予高额的退休金，也可对经营者进行长期激励。

按照心理学理论，经营者从事工作获得的收益，不只是货币薪酬，还有工作的本身。在工作中，经营者能够得到控制权、地位、声誉等，其高层次的需求得到满足。心理契约理论认为，财产所有者与经营者的人际关系比货币薪酬更重要，把企业经营权交付给经营者是建立在信托责任上，没有这一点，对经营者实施的所有监督，都将不起激励作用。

总之，完整薪酬包括了各种形式的薪酬。给予经营者高的内在薪酬，可减少低货币薪酬水平产生的负面作用。

2. 国有企业现实及其与理论的背离

（1）财产权与财产管理机构

国有企业财产权属于全体公民，管理财产的机构是国有资产管理部门，面对众多的国有企业，国有资产管理部门（或政府）天然地处于信息的劣势，不可能对企业内部和企业的市场有深刻的了解，难以对企业战略做出恰当的规划。这是现实与理论背离的第一个方面。

在经理薪酬制定上，国资委直管的二级及其以下的企业，都由直管企业自行决策，由经营者以及领导班子成员来进行；经营者群体的年薪标准、增资幅度，包括车补、电话费、招待费等，也都由经营者们自身来决策并实施。[1] 这是现实与理论背离的第二个方面。

（2）对经营者的选拔问题

当前，中国经理人市场机制还没有效建立，经营者主要是由政府任命。根据中国企业联合会的一项调查，经营者的就职方式中，实行主管部门任命经营者的比例为 57.5%，实行董事会任命经营者的比例为 31.5%，职代会选举经营者的比例为 2.5%，投标竞选经营者的比例为 2%，人才市场招聘经营者的比例为 2.5%，其他方式就职的经营者比例为 4%（中国工业联合会和企业家协会，2002）。即使是董事会任命的方式，国有企业也未能脱离政府最终确认的程序。因此，不同级别或规模的国有企业高管基本上是由不同级别的各级政府或党的组织部门来考核和任命。经营者的产生是通过政府任命而非市场竞选，这是现实与理论背离的第三个方面。

（3）薪酬构成的问题

中国国有企业经营者的货币薪酬比私营企业经营者低，但没有几个国

---

[1]　国有企业工资收入分配调研组：《北京市部分国有企业收入分配问题的调查与思考》，《北京市工会干部学院学报》第 2 期。

有企业经营者主动辞职。这是现实与理论背离的第四个方面。

发生这种现象的一个重要原因，是国有企业经营者的完整薪酬远高于私营企业经营者。其表现在：国有企业经营者拥有很大的控制权、拥有较高的政治地位、拥有较大的声望，这些内在薪酬是丰富的，其激励力是强大的；国有企业经营者拥有丰富的在职消费，签单报销权使他们可以灵活地支配物质资源。

3. 对国有企业薪酬差异的修正

中国国有企业的现实与理论的背离，决定了对经营者的薪酬不能简单地按照市场水平确定。应该按以下两种情况对国有企业经营者薪酬水平进行修正。

（1）不改变政府任命经营者的制度

前文已经叙述过，对经营者选拔的途径决定其薪酬水平的标准。由政府任命的经营者不能按经营者市场薪酬水平作为薪酬标准。原因如下：在内部市场招聘的经营者接受锦标激励，在外部市场招聘的经营者接受市场激励，政府任命的经营者本身是一名官员，接受的是政治晋升激励。

国有企业高管始终隐藏着政府官员的身份。从 20 世纪 80 年代末以后，中国政府曾不断尝试取消企业的行政级别，但事实上这种努力收到的效果仅仅是名义上的。按照"党管干部"的原则，国有企业高管们隐含的行政级别会从考核他们的组织部门的级别参照认定。更重要的是，当企业的领导人与政府官员身份互换时，隐蔽在企业高管身后的行政级别马上就会显现出来。首先，企业高管调入政府机关时，他究竟担任什么职务，通常要取决于他所在的企业隐含着的行政级别。其次，国企高管也像公务员一样，定期接受"轮岗"的制度安排，例如，国资委把中国电信、中国移动、中国联通几大集团的高管互换是突然而至的。最后，国有企业高管出任企业高管的途径仍旧没有摆脱行政任命的传统，并且，领导人离任后，被提拔到主管部门或更大的企业，以及保留原级别转到其他企业，始终是国有企业高管离任后的主要归宿。[①]

根据中国企业联合会的一项调查，作为高管，不论被选派到什么样的企业，他们的业绩并非主要由市场来评判，而是基本上由上级领导评定。

---

① 王红领：《决定国企高管薪酬水平的制度分析》，《现代经济探讨》2006 年第 1 期。

在这里，利润、产值等经营指标只是实现经营者和其上级部门的社会性、政治性目标的手段。只要在政治上不犯错误和不触犯刑法，大型国有企业的高管通常不会失去自己的官职。如果经营不善，他们会被调到其他企业或政府部门任职。

因此，在不改变政府任命经营者的制度的情况下，对经营者的激励，不应该依靠高收入，应该依靠组织体系的管理约束，收入水平高低主要由公务员的收入制度决定。在这种制度下，政府应加强经营者薪酬水平的控制，杜绝经营者自己给自己定薪酬的现象，并严格控制在职消费标准。

国有行政性垄断企业，承担着政策责任，适合该种薪酬制度。

（2）市场化选拔经营者，实行职业经理人制度

根据前文所述，通过市场公开招聘的经营者，他们的薪酬应该按照市场标准确定。其典型的薪酬构成是固定薪酬＋可变薪酬＋相对薪酬＋延期薪酬＋内在薪酬。其中，固定薪酬水平取决于岗位责任和经营者的能力测评，可变薪酬水平取决于其经营业绩、企业的市场价值，相对薪酬取决于同行业业绩排名，延期薪酬的表现形式是退休金制度。薪酬构成中的各种薪酬形式，其水平都应与市场保持一致。在考核业绩时，应该考虑产品市场、资本市场、企业能力、利益相关者满意度等方面的指标。这种制度使经营者与普通员工的薪酬差异很大，但过程是公平的，对所有员工都具有激励性。

实施这种制度的关键是明确财产权，组织有效力的财产管理机构，这需要建立现代产权制度和现代法人治理结构。实施这种制度的另一个基础是完善的市场体系，包括经营人市场、产品市场、资本市场，市场信号能充分反映经营者的行为。

对于一般竞争性行业的国有企业，其改革目标是建立现代公司制度，因此应当采用这种薪酬制度。

（二）农民工与城市职工之间的薪酬差异

1. 农民工薪酬水平形成分析

企业有设计农民工薪酬构成的逻辑。在竞争环境中，企业要生存，必须培育竞争优势，包括长期竞争优势和短期竞争优势。竞争优势主要

通过企业薪酬制度对人力资本的激励和培育实现。根据人力资本理论，专用性人力资本使企业获取长期的竞争优势，通用性人力资本则使企业获取短期的竞争优势。企业需要对不同的人力资本采取不同的薪酬制度。企业通常对专用型人力资本实施锦标制度，施加长期的激励，培育企业独特的战略性资源；对通用型人力资本不进行锦标激励，而采取绩效薪酬，根据产出确定薪酬水平。农民工具有高度流动性，与企业没有长期的工作关系，学历不高，没有受到专门的训练，工作经验有限，具有的只是通用性人力资本。因此，企业对农民工实施计件薪酬或计时薪酬，实施短期激励，不给予福利薪酬、延期薪酬，不实施非物质薪酬，更不注重内在薪酬设计（见图2）。

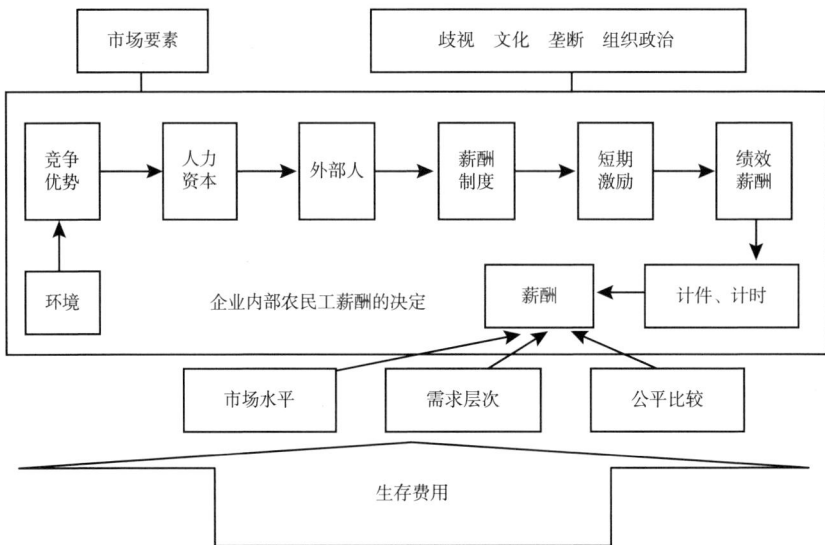

图2　农民工薪酬水平的形成

由于实施计件薪酬和计时薪酬，其薪酬水平与市场水平差异不大。农民工的市场薪酬水平受到以下因素的影响。

（1）市场因素

第一，农民工的通用性的人力资本在中国改革开放初期处于供大于求的状态。有关资料显示，我国当时有1.5亿农村富余劳动力，还以每年600多万人速度增长。农村大量的富余劳动力构成了巨大的农民工人力资本供给源泉。根据生存费用理论，由于有大量可以挑选的低层次同质的劳动力，购买者可以优先选用讨价最低的农民工。农民工与农民工之间的竞争结果，必然使工人的工资被限制在维持他和他的家庭生活所必需的生活资料的水平。

第二，农民工谈判能力差。在我国农民工劳动力市场中，在农民工劳动力和企业的雇主之间的权益博弈中，一方面，由于农民工劳动力来自于全国各地，力量是分散的，农民工劳动者整体处于弱势地位；另一方面，相对于单个弱势的劳动者，雇主具有垄断者的特点。因此，农民工劳动力市场具有明显的力量不对称的特征，导致农民工缺乏在市场劳动合同签订过程中的讨价还价能力。

（2）非市场因素

根据内部劳动力市场理论，企业员工分为内部人和外部人。内部人主要由企业固定工、正式工组成，外部人主要是由临时工组成。在长期团队协作中，内部人容易结成利益相关的共同体，内部人具有特定的职业技能和人力资本的专用性，企业雇用外部人替代已经就业的内部人，存在着替换成本。因此在薪酬决定上，内部人比农民工有着更强的讨价还价能力，获得的薪酬比农民工高。

对农民工的歧视，也影响着农民工的薪酬水平。中国长期的"二元"化经济结构，使城市中一些人在思想观念上存在着许多对农民、农民工的歧视。在城市里，农民工被一些城里人看成"盲流"，在一些企事业单位的管理者思想深处，存在着农民工不应与城镇职工享受同等权益和待遇的意识。少数非公企业经营者、私营企业主，甚至将其当成随意盘剥的对象。

（3）员工因素

第一，农民工人力资本存量是低水平薪酬的主要原因。2004年农村劳动力中，文盲或半文盲劳动力占7.7%，一半以上的农民工仅具有初中文化水平。农民工接受的技术、专业培训少，知识更新的机会少。具有初级电工、瓦工、厨师、驾驶、会计等技能的农民工仅占33.3%，65%的打工农民来城市之前没有接受过专业技能培训。农民工相对较低存量的人力资本状况使得他们中的大部分人只能从事技术含量很低的纯体力劳动。

第二，薪酬比较的参照系使他们容易接受低水平的工资。如前文所述，农民工除了关心薪酬的绝对数量，更关心自己所得报酬的相对值。他要进行种种比较来确定自己所获报酬的合理性与公平性，农民工主要是选择与自己相似的同乡作为参照系，虽然工资低于城市职工，但与乡邻相比，只要获得较高工资，就能得到激励。因此，农民可以接受与城市员工相比较低的工资。

第三，相对城市职工，农民工的生存费用相对低，使他们可以在低水平工资的条件下生存。农民工的消费主要在农村进行。农村住房、食品、教育费用、社交费用较城市低很多。因此，较低的工资，对农民工来说是可以接受的。但对城市职工，较低的工资无法维持他们的生活。因此，农民工与城市职工的工资有所差异。

2. 减少农民工与城市职工薪酬差异的措施

根据上述分析，农民工和城市职工的薪酬差异的来源有企业管理的问题、市场因素的问题、非市场因素的问题、农民自身的问题。对薪酬差异的校正，需要企业、政府和农民工自己三方面的力量。下面对企业和政府提一些建议。

（1）企业方面

企业对农民工实行绩效薪酬的同时，应该注意以下问题：

第一，对农民工实施完整薪酬。虽然农民工处于低层次的需求状态，但是，通过设计内在薪酬，满足其社会需求，在不提升货币薪酬的同时，能更好地激励农民工。具体措施是，关心农民工的生活，平等对待员工，信守合同，不拖欠工资，处理好劳资关系，建立一个和谐的人际关系环境等。

第二，使用相对薪酬拉开农民工之间的薪酬差异。对农民工的薪酬构成要认真设计，除了按绝对产出支付工资外，要适当地按相对产出支付工资。具体的措施是，对他们的业绩进行排名，根据排名支付奖金。

第三，加强对农民工的培训。在农民工上岗前和工作期间，不断对农民工进行在岗培训，培训的内容包括思想建设、企业文化、企业管理、工作技能等方面。

（2）政府方面

政府应该从市场因素、非市场因素两个方面，加强对农民工薪酬水平的影响。

①市场方面

对农民工供求关系的调节的途径主要有两个：一是发展经济，二是减少农民工与城市职工的人力资本的差异。

发展经济的途径是：加快国有企业改革的步伐，打破国有垄断部门和垄断行业，依靠市场竞争来创造更多的就业机会；改进技术路线，使劳动密集型产业能够得到更加快速的发展，通过产业结构的调整来带动就业机会的增加；通过政策支持，改善城镇的基础设施建设，增强其产业集聚能力和人口集聚效应，提升小城镇的城市化水平和经济发展活力，增加农村劳动力在本地区内的就业岗位；实行合理的农业支持政策，增强农村的农业经济活力，减小在城市化的进程中农村劳动力大规模转移速度。

提供农民工人力资本的途径是：民工就业市场和劳务输出地对农民工进行订单式集体招工培训，形成"先培训后就业"的农村劳动力转移就业制度；加大农村基础教育投资力度，全面提升农村劳动力人力资本的素质；鼓励多设立农民工职业教育机构，同时鼓励各级各类教育机构开展农民工培训，为农民工创造更多成本较低的培训机会。

使农民工与雇主在劳动力买卖过程中体现公平，主要途径有三个：一是加强对市场信息的管理，二是对农民工队伍的管理，三是对雇主的管理。

加强市场信息管理的途径是，完善农民工劳动力市场的供求关系机制。目前，大部分农民工就业主要依靠传统的亲缘、地缘关系网络，使农民工无法获得充分的就业信息，因此，政府劳动部门应该组织建立规范的、面向农民工的职业中介机构，建立针对农村劳动力的就业服务体系，这种服务应该是在政府财政支持下低收费或者是免费的；劳动统计部门应加强对农民工劳动力市场统计资料的收集和发布，包括各地区的劳动力需求和就业情况，并按季度对外公布，来引导农民工劳动力流动；农民工所在地政府设立驻外劳务输出服务站，对全国的农民工市场进行调查，了解农民工的工资待遇、工作时间、合同签订、维权等方面情况，然后选择与就业环境和条件比较好的农民工市场进行劳务合作。

对农民工队伍管理的途径是：把农民工吸收到工会中，积极引导农民工参与工会团体，使农民工集体的利益通过工会的诉求而实现；农民工流出地政府要为农民工建立就业档案，一式三份，农民工自己带一份到城市，村里、乡里各存一份；县一级政府建立本县农民工数据库，向省里汇总并实行联网，供用人单位和管理部门查阅。

对雇主的管理途径是，加强与劳动力就业相关的法律、法规的建设，制定和落实城市劳动力就业法规体系，加强农民工劳动合同管理，明确规定农民工劳动合同的签订程序，加大对农民工劳动合同签订情况监督和检查的力度，简化农民工进行法律维权的程序，降低农民工的维权成本；制定地区性农民工最低工资标准，制定工资增长指导线，确保农民工工资高于农民工的生存费用；鼓励用人单位增加对农民工培训的投入，鼓励企业对农民工进行岗前、岗位技术培训。

②非市场方面

消除对农民工的歧视，给予农民工以公平待遇。

农民工在就业中所受种种歧视，根源于政府的各种制度安排，如附在户籍上的各种社会福利差别、就业限制和就业管理、社会保障待遇差别、子女入学等。社会保障应以公平为价值取向，而政府是实现社会公平的主体。政府不应当推卸和回避在农民工社会保障制度建设中应尽的责任。政府应该制定农民工的社会保障法律法规，按照他们的实际需求分层次、逐步推进，逐步建立多层次的农民工社会保障体系。

第十章
薪酬差异要素关系实证研究

一　研究命题

下文主要对以下命题进行实证检验：

命题一：内在薪酬差异对公司人力资本的积累有显著的影响

命题二：外在薪酬差异对公司人力资本的积累有显著的影响

命题三：内在薪酬差异对公司人力资本的激励有显著的影响

命题四：外在薪酬差异对公司人力资本的激励有显著的影响

命题五：人力资本差异与内在薪酬差异正相关

命题六：人力资本差异与外在薪酬差异正相关

命题七：锦标制度的强弱与外在薪酬差异正相关

命题八：锦标制度的强弱与内在薪酬差异正相关

命题九：市场薪酬差异与外在薪酬差异正相关

命题十：员工业绩差异与外在薪酬差异正相关

命题十一：组织政治强弱对外在薪酬差异有显著的影响

命题十二：作业特征对外在薪酬差异有显著的影响

命题十三：作业特征对内在薪酬差异有显著的影响

命题十四：企业文化特征对外在薪酬差异有显著的影响

命题十五：企业文化特征对内在薪酬差异有显著的影响

命题十六：内在薪酬差异对外在薪酬差异与人力资本激励的关系有显

著的影响

命题十七：内在薪酬差异对外在薪酬差异与人力资本培育的关系有显著的影响

其中，命题一至命题四检验薪酬差异的作用，命题五至命题十五检验影响薪酬差异的要素，命题十六和命题十七检验内在薪酬差异与外在薪酬差异的关系。

二 研究方法

（一）样本

样本选取了 10 家企业的员工作为测试对象，共发放问卷 300 份，回收有效问卷 255 份，有效回收率 85%。其中，男性占 56%，女性占 43%；20～29 岁的占 49.3%，30～39 岁的占 39.4%，40 岁以上的占 11.3%；专科的占 43.4%，本科的占 55.2%，硕士的占 1.4%；工作 1～3 年的占 35.7%，4～10 年的占 42.8%，10 年以上的占 21.5%。

（二）因素的测量

前文所列的 17 个命题共涉及 11 个变量：公司内在薪酬差异、公司外在薪酬差异、公司人力资本积累、公司人力资本激励、个体人力资本差异、公司文化特征、公司锦标制度强弱、公司作业特征、市场薪酬差异、员工业绩差异、公司组织政治。

1. 对公司内在薪酬差异的测量

根据前文的分析，内在薪酬差异主要分为三类：内在业绩类薪酬差异、内在等级类薪酬差异、内在福利类薪酬差异。对第一类内在薪酬差异设计四个测量指标：晋升差异、声誉差异、发展机会差异、工作挑战性差异，分别用四个问题进行回答测试：本公司的优秀员工有更多的晋升机会、本公司经常评选先进员工并给予表扬鼓励、表现突出的员工有较多的进修或参观的机会、对优秀的员工给予更多的工作自主权。对第二类的内在薪酬差异设计三个测量指标：工作条件差异、权利差异、地位差异，分别用三个问题进行回答测试：不同等级的员工的工作时间的弹性、工作条件不一样的不同等级的员工拥有不同的决策权、不同等级的员工接触的社会阶层有较大的差异。对第三类内在薪酬差异设计两个测量指标：尊重的差异、归属的差异，分别用两个问题进行回答测试：对员工有歧视现象、本公司人际关系紧张。

2. 对公司外在薪酬差异的测量

根据前文的分析，外在薪酬差异主要分为三类：外在业绩类薪酬差异、外在等级类薪酬差异、外在福利类薪酬差异。对第一类外在薪酬差异设计五个测量指标：职称工资、职务工资、工龄工资、岗位工资、学历工资，分别用五个问题进行回答测试：本公司存在职称工资的差异、存在职务工资的差异、存在工龄工资的差异、存在岗位工资的差异、存在学历工资的差异。对第二类外在薪酬差异设计两个测量指标：奖金、股权激励，分别用两个问题进行回答测试：奖金或提成差别较大、股权激励收益有较大的差异。对第三类外在薪酬差异设计两个测量指标：社会福利、公司福利，分别用两个问题进行回答测试：公司只为部分员工发放劳动保险、本公司只为部分员工提供班车、免费午餐、过节补助等福利。

3. 对公司人力资本积累的测量

根据前文的分析，衡量人力资本存量的指标主要有学历、职称、经验、知识等，因此对该变量设计五个测量指标：总体学历、总体职称、总体学习倾向、总体工作经验、核心专长，分别用五个问题进行回答测试：本公司平均学历水平比同行业企业高、本公司平均技能等级水平比同行业企业高、本公司的员工学习或进修的热情比同行业企业高、本公司的工龄较长业务能力过硬的员工比例比同行业企业高、本公司与同行业企业相比有核心专长。

4. 对人力资本激励的测量

从相关的实证研究来看，薪酬差异对人力资本的激励表现在员工的工作满意度、组织承诺、离职倾向、任务绩效和组织公民行为等几个方面，对员工绩效产出的影响则主要体现在绩效水平（任务绩效）、离职率、缺勤率、离职倾向和组织公民行为方面（Werner，Woard，2004）。因此，下文对该变量设计四个测量指标：离职倾向、任务绩效、公民组织行为、团队合作，分别用四个问题进行回答测试：本公司员工比竞争企业员工工作效率高、本公司员工主动辞职率比同行业企业低、本公司员工能自觉地维护公司的利益、本公司员工能主动地帮助同事完成工作。

5. 对个体人力资本的测量

对该变量设计三个测量指标：个体学历的差异、个体技能等级的差异、个体经验的差异，分别用三个问题进行回答测试：本公司员工的学历差异很大、本公司员工的技能等级差异很大、本公司员工的工作经验差异很大。

6. 对企业文化特征的测量

根据前文的分析，对该变量设计四个测量指标：职能型文化、流程型文化、市场型文化、网络型文化，分别用四个问题进行回答测试：对企业最重要的工作是利用现有技术有效地生产出既定的产品，顾客满意是经营成功的首位因素，柔性和敏捷性是经营成功的首位因素，灵活性是工作成功的首位因素。

7. 对公司锦标制度强弱的测量

根据前文的分析，对该变量设计五个测量指标：工作竞赛、等级制度、内部选拔、延期薪酬、员工排序，分别用五个问题进行回答测试：本公司经常开展工作竞赛、本公司存在严格的晋升制度薪酬等级、本公司的领导层主要是从内部产生、高级别的员工有丰厚的退休金、本公司经常对员工的业绩进行排名。

8. 对公司作业特征的测量

根据前文的分析，对该变量设计四个测量指标：工作的独立性、产出的可分割性、工作的丰富性、工作的复杂性，分别用四个问题进行回答测试：本公司的工作需要密切合作才能完成、很难分辨出每个人为公司创造了多少利润、大部分员工工作内容丰富接触人和事务较多、本公司的工作需要进行几年的专业培训才能胜任。

9. 对市场薪酬差异的测量

根据前文的分析，对该变量设计一个测量指标：本行业薪酬差异，用一个问题进行回答测试：本公司所在的行业的员工薪酬差异比其他行业员工大。

10. 对员工业绩差异的测量

根据前文的分析，对该变量设计一个测量指标：员工业绩差异，用一个问题进行回答测试：本公司员工的业绩有很大的差异。

11. 对公司组织政治的测量

根据前文的分析，对该变量设计五个测量指标：工会力量、政治阴谋、政治操纵、集团利益、政府干预，分别用五个问题进行回答测试：本公司的工会对薪酬有很大影响力、本公司存在内部帮派斗争或裙带关系严重的问题、本公司的决策集中在一两个人手中没有民主评议程序、本公司存在固定工合同工临时工、本公司的领导是政府任命的。

对以上测试问题的评分，均用 Likert 7 分评价标准。这个 7 分评价标准是：1—完全不符合；2—很不符合；3—不符合；4——一般；5—符合；6—很符合；7—完全符合。

（三）统计的方法

采用 spss15.0 对问卷进行相关分析、方差分析和回归分析。

三　研究结果

（一）对薪酬差异作用命题的统计分析

为了研究薪酬差异与人力资本的激励与积累的相关性，对内在薪酬差异、外在薪酬差异、公司人力资本的积累、公司人力资本的激励四个变量进行相关分析，结果如表 1 所示。

从相关分析的结果来看，内在薪酬差异与公司人力资本培育的相关系数达到 0.944，与公司人力资本激励的相关系数达到 0.752。外在薪酬差异与公司人力资本培育的相关系数达到 0.601，与人力资本激励的相关系数达到 0.607，他们均是在 0.01 水平上呈显著相关性。验证内在薪酬差异对人力资本的积累有显著的影响、外在薪酬差异对人力资本的积累有显著的影响、内在薪酬差异对人力资本的激励有显著的影响、外在薪酬差异对人力资本的激励有显著的影响等命题。

表1　薪酬差异维度与公司人力资本维度相关分析结果

		内在薪酬差异	外在薪酬差异	公司人力资本培育	公司人力资本激励
内在有效薪酬差异	Pearson Correlation	1	—	—	—
外在有效薪酬差异	Pearson Correlation	0.568 **	1	—	—
公司人力资本培育	Pearson Correlation	0.944 **	0.601 **	1	—
公司人力资本激励	Pearson Correlation	0.752 **	0.607 **	0.877 **	1

　　为了更清楚分析各种薪酬差异对人力资本的影响，把等级性薪酬差异和业绩性薪酬差异的各测量指标与人力资本维度进行相关分析，结果如表2所示。

表2　各种薪酬差异维度与人力资本维度相关分析结果

内在薪酬差异		晋升差异	声誉差异	发展机会差异	工作挑战性差异	工作条件差异	权利差异	地位差异
公司人力资本培育	Pearson Correlation	296	746 **	768 **	611 **	675 **	0.048	342 *
公司人力资本激励	Pearson Correlation	296	638 **	750 **	707 **	526 **	0.253	0.096
外在薪酬差异		职称工资差异	职务工资差异	工龄工资差异	岗位工资差异	学历工资差异	奖金工资差异	股权工资差异
公司人力资本培育	Pearson Correlation	160	726 **	0.229	212	398 **	601 **	185
公司人力资本激励	Pearson Correlation	0.093	578 **	0.315 **	181	360 *	851 **	117

　　结果发现，内在薪酬差异中的声誉差异、发展机会差异、工作挑战性差异、工作条件差异等对公司的人力资本培育和激励有显著的影响，外在薪酬中的职务工资差异和奖金工资差异对人力资本培育和激励有显著的影响。

理论认为，福利性薪酬差异与公司人力资本激励与培育是负相关的关系，为了验证这一理论命题，把内在福利性薪酬差异、外在福利薪酬差异、公司人力资本培育、公司人力资本激励作相关分析，结果如表 3 所示。

表 3　福利性薪酬差异维度与人力资本激励与培育维度相关分析结果

类别		内在福利性薪酬差异		外在福利性薪酬差异	
		尊重差异	归属差异	社会福利差异	公司福利差异
公司人力资本培育	Pearson Correlation	−0.321*	−0.718**	a	a
公司人力资本激励	Pearson Correlation	−0.333*	−0.821**	a	a

结果发现，归属差异对人力资本培育与激励有显著的负相关。由于被调查的公司的外在福利薪酬没有差异，结果显示外在福利性薪酬与人力资本无关。

（二） 对环境要素与薪酬差异关系的命题的统计分析

对市场薪酬变量、工作特征变量、业绩变量、个体人力资本变量、锦标制度变量、组织政治变量与薪酬差异的关系作相关分析，结果如表 4 所示。

结果发现，工作丰富性、市场薪酬差异、员工业绩、工作复杂性、个体人力资本差异、组织政治强度等环境要素与内在业绩类薪酬显著相关。员工业绩、组织政治强度等环境变量与内在等级类薪酬差异显著相关。工作丰富性、工作复杂性、市场薪酬差异、员工业绩、个体人力资本差异、组织政治强度等环境变量与内在福利类薪酬差异显著相关。工作独立性、产出可分性、个体人力资本差异、组织政治强度等环境变量与外在业绩类薪酬差异显著相关。工作独立性、产出可分性、工作丰富性、员工业绩等环境变量与外在等级类薪酬差异显著相关。因此，基本验证人力资本差异与内在薪酬差异相关、人力资本差异与外在薪酬差异相关、员工业绩差异与外在薪酬差异相关、组织政治强弱与外在薪酬差异相关等命题。

表 4　环境要素维度与薪酬差异维度相关性分析结果

类别		内在业绩类薪酬差异	内在等级类薪酬差异	内在福利类薪酬差异	外在业绩类薪酬差异	外在等级类薪酬差异	外在福利类薪酬差异
工作独立性	Pearson Correlation	0.210	− 0.305 *	− 0.420 **	− 0.585 **	− 0.762 **	0. a
产出可分性	Pearson Correlation	0.210	− 0.305 *	− 0.420 **	− 0.585 **	− 0.762 **	0. a
工作丰富性	Pearson Correlation	0.545 **	− 0.381 *	− 0.729 **	− 0.217	− 0.652 **	0. a
工作复杂性	Pearson Correlation	0.398 **	0.002	− 0.654 **	− 0.248	− 0.353 *	0. a
市场薪酬差异	Pearson Correlation	0.593 **	− 0.263	− 0.687 **	0.339 *	− 0.338 *	0. a
员工业绩	Pearson Correlation	0.683 **	− 0.461 **	− 0.856 **	0.096	− 0.535 **	0. a
个体人力资本差异	Pearson Correlation	0.523 **	0.225	− 0.603 **	0.588 **	0.349 *	0. a
锦标制度强度	Pearson Correlation	− 0.093	− 0.204	− 0.076	− 0.362 *	− 0.152	0. a
组织政治强度	Pearson Correlation	− 0.667 **	0.630 **	0.751 **	− 0.523 **	0.162	0. a

　　对企业文化与薪酬差异的关系作单因素方差分析，分别以内在业绩类薪酬差异、内在等级类薪酬差异、外在业绩类薪酬差异、外在等级类薪酬差异为因变量，企业文化特征为自变量作方差分析，统计结果由方差分析结果和描述性统计两部分构成（见表 5，表 6）。

表 5　不同文化模式下的薪酬差异方差分析结果

ANOVA

类别		Sum of Squares	Df	Mean Square	F	Sig.
内在业绩类薪酬差异	Between Groups	108.098	2	54.049	169.481	0.000
	Within Groups	12.438	39	0.319	—	—
	Total	120.536	41	—	—	—

续表

ANOVA

类别		Sum of Squares	Df	Mean Square	F	Sig.
内在等级类薪酬差异	Between Groups	36. 238	2	18. 119	10. 143	0. 000
	Within Groups	69. 667	39	1. 786	—	—
	Total	105. 905	41	—	—	—
外在业绩类薪酬差异	Between Groups	52. 571	2	26. 286	16. 806	0. 000
	Within Groups	61. 000	39	1. 564	—	—
	Total	113. 571	41	—	—	—
外在等级类薪酬差异	Between Groups	0. 411	2	0. 206	0. 188	0. 830
	Within Groups	42. 720	39	1. 095	—	—
	Total	43. 131	41	—	—	—

表6　不同文化模式下的薪酬差异描述性统计

		Mean	Std. Deviation
内在业绩类薪酬差异	职能文化	3. 0833	0. 43724
	市场文化	6. 5000	0. 00000
	网络文化	6. 1250	0. 91391
	Total	4. 9286	1. 71461
内在等级类薪酬差异	职能文化	5. 3333	0. 28006
	市场文化	3. 1667	2. 26301
	网络文化	5. 0000	1. 04447
	Total	4. 6190	1. 60718
外在业绩类薪酬差异	职能文化	2. 8333	1. 35038
	市场文化	5. 5000	1. 56670
	网络文化	3. 5000	0. 52223
	Total	3. 7857	1. 66434
外在等级类薪酬差异	职能文化	3. 0000	0. 44458
	市场文化	2. 8000	1. 88004
	网络文化	2. 8000	0. 20889
	Total	2. 8857	1. 02566

　　统计分析的结果完全支持了研究命题十四和命题十五,企业文化特征的变化对内在业绩类薪酬差异、内在等级类薪酬差异、外在业绩类薪酬差异、外在等级类薪酬差异有显著的影响。

（三）对内在薪酬差异与外在薪酬差异关系的命题的统计分析

预计外在薪酬差异与人力资本激励之间的关系会受到内在薪酬差异的影响。为了验证这一命题，根据 Baron 和 Kenny 提出的三个条件来检验回归分析方法中的中介效应。

首先，检验自变量、中介变量和因变量之间的关系。表 7 的相关数据表明，内在薪酬差异与外在薪酬差异、公司人力资本激励这些变量显著相关。

然后，用回归分析方法检验自变量和中介变量之间的关系。表 8 垂直回归的结果表明，外在薪酬差异与内在薪酬差异之间是显著相关的。

表 7　外在薪酬差异与内在薪酬差异相关性分析结果

Correlations			内在薪酬差异	外在薪酬差异	公司人力资本激励
Spearman's rho	内在薪酬差异	Correlation Coefficient	1.000		
	外在薪酬差异	Correlation Coefficient	0.464 **	1.000	
	公司人力资本激励	Correlation Coefficient	0.857 **	0.536 **	1.000

表 8　外在薪酬差异影响内在薪酬差异的垂直回归分析

变量	内在薪酬差异	
私营化	−0.642	0.055
垄断地位	0.807	0.956
员工级别	0.240	0.173
外在薪酬差异	—	1.022
R2	0.478	0.889
F	11.620	73.80
Change in R2	—	0.411

最后，还是采用回归分析方法来检验命题的中介变量对自变量和因变量之间关系的影响。表 9 中的数据分析结果表明，以人力资本激励为因变量，对外在薪酬差异（自变量）和国有企业、垄断企业等（控制变量）

进行回归分析时，外在薪酬差异与人力资本激励之间具有显著的相关关系。当内在薪酬差异变量加入回归方程后，内在薪酬差异与人力资本激励的关系是显著的，外在薪酬差异对人力资本激励的影响是不显著的（β 值由 0.998 变化为 -0.019）。这一结果表明，内在薪酬差异水平在外在薪酬差异和人力资本激励中扮演了中介变量的作用。结果还表明，以人力资本培育为因变量，对外在薪酬差异（自变量）和私营化、垄断地位等（控制变量）进行回归时，外在薪酬差异与人力资本培育之间具有显著的相关关系。当内在薪酬差异变量加入回归方程后，内在薪酬差异与人力资本培育的关系是显著的，外在薪酬差异对人力资本培育的影响是显著的，但是外在薪酬差异的影响却减弱了（β 值由 1.071 变化为 0.569）。这一结果表明，内在薪酬差异水平在外在薪酬差异和人力资本培育中扮演了中介变量的作用。因此，内在薪酬差异显著影响了外在薪酬差异和人力资本激励、人力资本培育之间的关系，完全支持了命题十六和命题十七。

表9　内在薪酬对外在薪酬与人力资本激励和培育
之间关系的中介效应的垂直回归分析

变量	人力资本激励		人力资本培育	
国有企业	0.200	0.145	0.074	0.047
垄断企业	0.082	-0.870	0.743	0.274
员工级别	-0.674	-0.846	-0.180	-0.265
外在薪酬差异	0.998	-0.019	1.071	0.569
内在薪酬差异	—	0.995	—	0.491
R2	0.856	0.966	0.961	0.988
F	55.073	206.952	227.824	583.007
Change in R2	—	0.110	—	0.027

第五篇
薪酬差异管理理论构建

第十一章
薪酬差异管理一般原理

一 薪酬差异制度管理原理模型

薪酬制度设计必须明确三个问题，即影响薪酬制度的因素、在薪酬制度制定中涉及的工作和过程、薪酬制度的最终目的。对这三个问题及其相互关系的理论解释，构成了薪酬制度的原理。

各种薪酬差异理论，对薪酬制度的原理做出了不同的解释。管理学的薪酬差异理论，解释了薪酬制度与环境的匹配，认为薪酬制度设计的目的是为企业获得竞争优势服务。人力资本理论认为，企业获取竞争优势的途径是获取专用性、通用性人力资本。心理学的薪酬差异理论，解释了薪酬制度是如何激励人力资本的。经济学的薪酬差异理论，解释了薪酬等级制度的合理性，关注了薪酬制度对人力资本培育和激励的原理。

基于薪酬差异的薪酬制度设计原理见图1。该模型认为：①薪酬制度设计的基础是薪酬制度必须与环境因素匹配；②薪酬制度设计的主要过程是安排薪酬等级制度、设计薪酬构成、设计其他薪酬制度，确定薪酬水平、结构和支付方式；③薪酬制度的核心功能是对人力资本的培育和激励；④薪酬制度设计的最终目的是使企业获得竞争优势；⑤环境因素与薪酬制度关系的理论基础是管理学，等级制度的理论基础是经济学中的锦标制度，薪酬构成设计的理论基础是管理学，对人力资本激励的理论基础是心理学，对人力资本划分的理论基础是人力资本理论，企业竞争优势来源的理论基础是战略管理学。下面对该模型图进行简要的解释，后文中有更详细的论述。

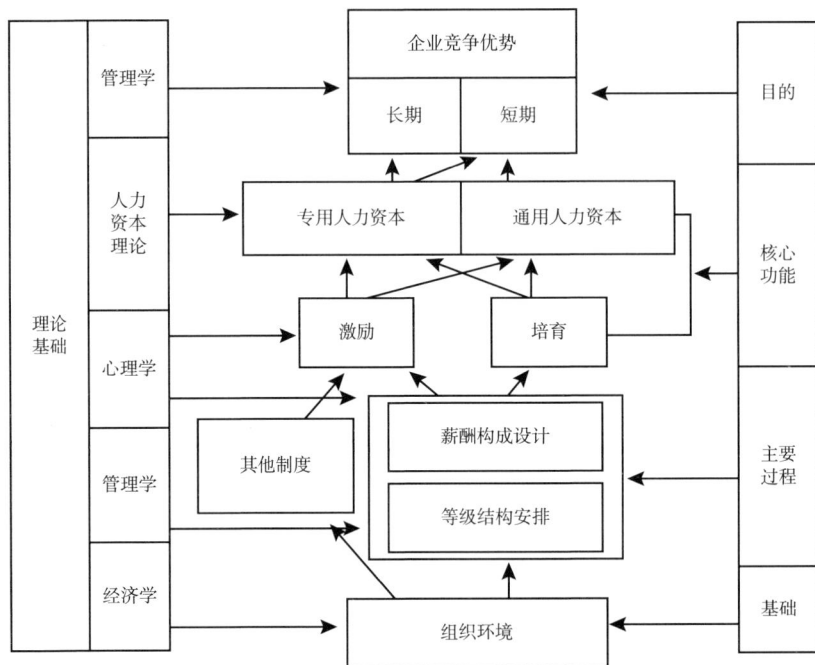

图1 薪酬差异制度管理原理

（一）影响薪酬分配设计的因素

管理学的薪酬理论认为，薪酬制度必须与环境匹配。环境分为内部环境和外部环境。企业的内部环境主要是企业的文化、规模、发展阶段、战略、财务、人员等；企业的外部环境包括经济、政治、人口统计、客户、供应商、政府监管、劳动力供应、技术、工会、社会文化等。这些因素相互作用，交织在一起，影响着企业的等级制度和非等级制度。

在企业内部，人的因素是影响薪酬制度的最主要因素。如前文所述，在复杂的环境下，人具有复杂性。参加组织的人有不同的特性，有的人自由散漫，不愿参与决策，不愿承担责任；有的人责任心强，积极向上。一些人偏好经济人薪酬，而另一些人偏好社会人薪酬。同一个人的主导需要也会随时间、地点和环境的不断变化而变化。组织的类型、组织的文化会直接影响到雇员对薪酬的看法。

企业应根据具体环境选择适宜的薪酬制度。如前文所述，在复杂、多变的环境中，企业适合采用柔性的等级制度；实施防御战略的企业倾向于实施严格的薪酬层级制度，而实施前瞻性战略的企业强调薪酬管理的灵活性；在创业期和成长期，厂商可能需要将现金转为对产品开发和营销的投资，这使得厂商可用于现金薪酬和福利的款项减少（Ellig，1981）；随着企业的发展，企业的规模越来越大，管理制度不断完善，组织层次不断增多，薪酬的等级也不断增多，组织结构越复杂，高层与底层薪酬的差距越大（Keeffe，Viscusi，Zeckhauser，1984）；在职能型文化中，员工的专业化分工很细，职位等级分明，薪酬与所在的职位直接挂钩，职位薪酬存在显著的等级，而在其他类型的文化中，企业薪酬的构成就相对复杂，等级制度趋于柔性化。企业应按照具体情景设计薪酬计划，并且随时间的变化而变化（Abosch，Reidy，1996）。

（二）薪酬等级制度

根据企业特定的内外环境因素，企业一般对不同的员工，有选择地实施等级薪酬和非等级薪酬。

等级薪酬制度，是按照薪酬等级定薪酬水平的制度。通常有两种等级制度：一是职位（职务）等级制度，二是职称等级、技术等级和技能等级制度，统称能力等级制度。在等级制度中，等级薪酬水平的确定，并不直接参考个人的绝对投入或产出，而是参考个人之间的相对产出。

等级薪酬制度的理论基础是锦标制度。由于锦标制度适应于相对固定的内部劳动力市场，目的是培育、激励专用性人力资本，对员工进行长期的激励，因此，等级薪酬制度不适合对外部人实施。在现实中，对内部人实施的薪酬制度，以等级薪酬制度为主，非等级薪酬制度为辅；对外部人实施的薪酬制度主要是非等级薪酬制度。在非等级薪酬制度中，薪酬水平是按照投入或产出的质和量确定的，主要表现形式是绝对绩效薪酬。

锦标制度的等级薪酬制度，由一系列的职位和能力等级组成。对职位和能力的设计，是运行锦标制度的微观基础。

　　管理学理论认为，职位是由一个人完成的一项或多项的相关职责组成的集合，是责、权、利的统一体。职位设计，在实践中也叫定岗，是通过满足员工与工作有关的需求来提高工作绩效的一种管理方法。职位设计是否得当，对激发员工的工作动机、增强员工工作满意度以及提高生产效率都有很大影响。

　　心理学理论认为，人的能力包括显性知识、技能和潜在的自我认知、人格特征、深层动机。知识就是指一个人在特定领域中所掌握的信息。技能是指通过学习形成的某种可表现出来的专业行为活动。自我认知是指人自己形成的对自身的一个内在定位。人格特征即人在其行为过程中所具备的某种相对稳定的特征。深层动机是促使员工追求某种成就的内在动力。设计能力薪酬的目的是既要激励人们去学习可用的知识、提高可见的技能，也要引导人们在组织中正确定位、最有效地发挥个人特质、最有力地强化内在动机。

　　在锦标制度框架内，需要对薪酬构成进行设计，后文将对此问题进行阐述。

（三）薪酬制度与竞争优势

　　薪酬制度通过人力资本影响企业竞争优势。

　　人力资本理论对不同人力资本对企业的作用做出了理论上的阐释。如前文所述，企业内的人力资本分为多种类型。按贝克尔的观点，从对企业的作用的角度，人力资本首先应分为通用性人力资本和专用性人力资本。通用性人力资本并非与单个企业有关，通用性人力资本可以从一个企业转移到另一个企业，不发生任何严重的价值损失。专用性人力资本与特定组织联系在一起，其价值在雇佣关系被解除时丧失，并且需要通过昂贵的投资才能再生产出来。通用性人力资本不能给企业带来持久的竞争优势，而专用性人力资本是企业保持长期竞争优势的来源。进一步对专用性人力资本进行划分，又分为显性专用性人力资本和隐性专用性人力资本。隐性专用性人力资本不能被模仿、难以被复制，对企业发展更具有战略性意义。

　　锦标制度理论认为，对不同的人力资本，适合采用不同的薪酬制度。

由于专用性人力资本，尤其是企业核心团队的专用性人力资本，需要在长期的工作中才能形成，因此对员工进行长期的激励，才能增进专用性人力资本的积累和使用。通用性人力资本，尤其是存在于外部人中的通用性人力资本，一般是在家庭教育和学校教育中形成的，而且具有较大的转移性和流动性，因此在对通用性人力资本的使用中，往往实施绝对绩效薪酬对员工进行短期的激励。

管理学的薪酬理论认为，成功的薪酬制度，最终能使企业赢得竞争优势。为达到这一目的，在进行薪酬制度设计中，必须确定企业的核心能力和核心专用性人力资本。对企业内部各层各类的人才进行价值排序，清楚为达到企业的关键战略目标所需要的核心员工与关键员工，确定企业薪酬激励的重点，体现关键职位、核心职位与一般职位的薪酬差别。

总之，影响薪酬制度的因素是企业外部环境和企业内部环境。在制定薪酬制度的过程中，主要有两个方面的工作：设计薪酬等级制度、设计薪酬构成。薪酬功能是通过薪酬差异对人力资本的培育和激励而实现。企业设计薪酬制度的最终目的是获得企业竞争优势。

二 薪酬差异功能管理原理模型

（一）薪酬差异管理与培育人力资本

战略管理理论认为，企业的竞争优势来自企业的核心能力，核心能力依附于战略性资源，战略性资源具有不可模仿、难以转移、有价值性的特征，它存在于企业的核心成员的头脑中。人力资本理论把这种战略性资源称为专用性人力资本。

专用性人力资本有如下特征：①存在于特定员工的头脑中；②必须在长期的工作中培育；③能为企业带来未来的价值，每个个体创造的价值难以被准确地量化。第一个特点决定了企业必须建立稳定的工作团队；第二个特点决定了企业必须对该团队进行长期的激励；第三个特点决定了企业不能简单地使用绩效性薪酬。

根据内部劳动力市场理论，为建立稳定的工作团队，企业必须对内部

市场进行分割，以区分企业的不同员工，并对不同员工实施有差异的薪酬
制度。为对员工进行长期激励，企业必须设计延期薪酬，使薪酬具有时间
性的差异。根据心理学理论，为弥补绩效薪酬的缺陷，企业需要设计能力
薪酬和内在薪酬制度，通过能力薪酬和内在薪酬的差异，激励员工提高能力。

　　薪酬差异对专用性人力资本的培育原理模型见图 2。该模型包括以下
内容：①薪酬差异对专用性人力资本培育的基础是对内部劳动力市场的分
割；②通过薪酬差异对专用性人力资本培育管理的过程是对不同的团队设
计锦标制度。设计报酬后置以长期激励，设计能力薪酬促使能力提高，设
计内在报酬满足高层次的需求和长期的发展。对内在薪酬的设计应从设计
组织认同、心理契约、发展机会、权利地位等方面进行。对报酬后置的设
计应从设计延期薪酬和所有权薪酬等方面进行。使用内在薪酬、延期薪
酬、所有权薪酬、能力薪酬构建高效、稳定的团队；③模型的目的是培育

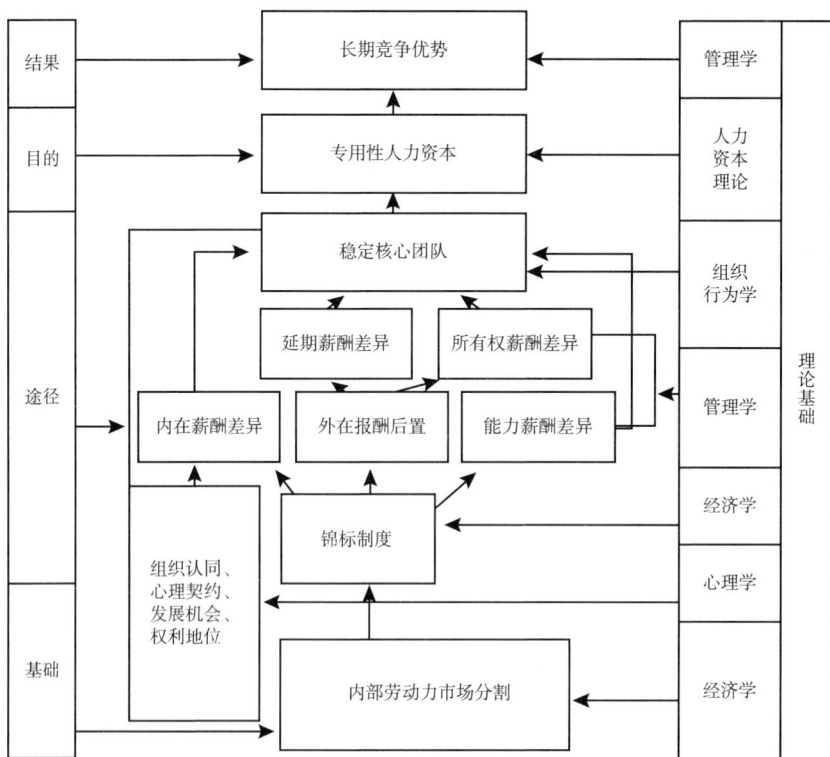

图 2　薪酬差异管理与专用性人力资本的培育

专用性人力资本，使企业获得长期竞争优势；④对内部劳动力市场分割的理论基础是经济学，内在薪酬的理论基础是心理学，团队稳定的理论基础是组织行为学，专用性人力资本的理论基础是人力资本理论，竞争优势的理论基础是管理学。下面对模型进行简要阐述。

1. 内部劳动力市场分割是前提

企业根据员工的人力资本特征，至少可以把内部劳动力市场中的员工分成四种：外部人、核心层、中间层、外层。①外部人拥有的人力资本特征。只经过基础教育、一般培训就可具有的知识和能力，甚至不需要接受经过学校教育而只通过经验积累就可以具备的知识和能力，只具备通用性人力资本而不具备企业专用性人力资本；②外层员工的人力资本特征。需要通过正规的教育、专门的培训才能获得的专门的知识和能力，掌握显性的专用性人力资本；③中间层员工的人力资本特征。不但掌握显性专用性人力资本，而且掌握一定的隐性专用性人力资本；④核心层员工的人力资本特征。不但需要经过特殊教育与培训才能形成，而且需要有独特的个人天赋（包括心理素质、冒险意识、处世能力等），是一种特殊的人力资本。这种特殊的人力资本包含着较大比例的隐性人力资本，不是所有员工都能够具备的。

在现实中，普通劳动者往往处于外部人的地位，高素质劳动者处于外层员工的地位，技术人员处于中间层员工的地位，经营者处于核心层员工的地位。普通劳动者的薪酬水平受外部市场中的薪酬水平影响较大，高素质劳动者、技术人员、经营者的薪酬水平受企业分配制度的影响较大。

对不同的员工，企业实施差异的薪酬制度。处于外层的员工的人力资本具有显性化，工作呈现程序化，绩效容易被测定，因此，在对他们实施的薪酬制度中，以绝对绩效薪酬制度为主，通过绝对绩效薪酬的差异对员工进行激励。处于中间层的员工掌握着一定的隐形人力资本，业绩受其能力影响较大并且不易被准确测定，因此，在对他们实施的薪酬制度中，以能力等级薪酬为主，根据能力确定薪酬差异，激励员工努力提高工作技能。处于核心层的员工掌握大量的隐性人力资本，工作具有非程序性，对企业负有较大的职位责任，因此，在对他们实施的薪酬制度中，以职务等级薪酬为主，根据职务确定薪酬差异，激励员工不断提高管理水平。

2. 时间性薪酬差异保证员工的稳定

专用性人力资本主要是通过"边干边学"积累。年龄越大，雇员的专用性人力资本累积得越多。但是，在信息不完全和不对称的现实世界中，雇佣双方的短期的、临时性的市场交易往往发生在企业外部劳动力市场，即使进入企业后的短期交易也会在"试错"后通过"出口"离开企业，因而难以形成长期合作的激励。员工进入企业，企业要对员工提供在职培训或离职培训，如果企业支付给受过培训的员工以低于其边际产出的工资来弥补培训成本支出的话，这部分受训后拥有较多人力资本的员工又有可能为了追求更高的工资待遇而离开本企业另谋他就，这会造成企业人力资本投资的流失。

为了保证内部劳动力市场高效稳定运作，需要设计报酬后置制度，对员工承诺较高报酬，然后在其职业生涯中陆续支付。报酬后置实际上相当于员工将其早期收入中的一部分拿出来抵押给雇主，以换取后期更高的收入，在年轻的时期，获取较少的报酬，而在年老的时期获取较高的报酬。通过这种时间性的薪酬差异，能有效地保持员工的稳定。

报酬后置制度能激励员工进行人力资本积累。从人力资本投资的角度看，员工可以在现有企业长期接受培训，或通过干中学积累经验，增进专用性人力资本。并且这种报酬制度能激励员工长期为企业服务，且发自内心地努力提高自身和团队的工作业绩，从而有利于提高企业的生产率。

在现实中，报酬后置制度的重要表现形式是工龄工资制度和退休金制度。

3. 能力薪酬、内在薪酬的差异促进人力资本积累

能力薪酬，也被称为以人为基础的薪酬制度（person-based compensation），是依据员工拥有的知识、技能或能力支付薪酬。这种薪酬制度通过鼓励员工学习和获得更多的知识、技能或提高自身的能力，提高组织的人力资本。能力薪酬的本质是一种从人出发的、直接以人为中心和基点的薪酬方式，其基本假设是：为员工的能力开发买单，激励其提高能力，员工自然就会更好地完成工作职责。

依据范畴界定的差异和适用的员工类型的不同，它又被分为技能薪酬、知识薪酬、胜任力薪酬。技能薪酬，一般来说主要用于从事专业技术劳动的员工，主要用于鼓励他们不断增强技能，而这些技能一般都要求与具体的工作内容密切联系。知识薪酬通常和技能工资有着密切的联系，往往被认为是同一种工资体系。纯的知识薪酬是基于培训的课程模块（class blocks）来支付报酬的。随着企业越来越强调组织学习和对人力资源的开发，这种薪酬被越来越广泛地被运用于各种专业性的管理、服务和研究人员。胜任力薪酬关注对员工的深层素质、内在特质与动机的开发与引导，与具体的技术要求离得相对较远，离整个组织的愿景、使命、价值观及战略目标所提出的要求很近，往往被应用于企业中的中高级管理者、技术专家等层次相对较高的各种知识性、专业性人才。[①]

能力薪酬已经在实践中得到了越来越广泛的应用。通过能力薪酬差异，建立能力等级薪酬制度，激励员工提高能力，是大多数知识性企业的薪酬激励方法。

内在薪酬存在差异性。企业对不同的员工设计差异性的内在薪酬，拉开内在薪酬的差距，提升关键员工的个人价值感和成就感，引导他们关注自己能力结构的塑造，以适应工作的要求和捕获向更高层次发展的机会。

综上所述，根据薪酬差异理论的解释，薪酬制度对专用性人力资本进行培育的前提条件是，正确地对企业内部的劳动力市场进行分割，对不同的团队实施有差异的薪酬制度。实施时间性的薪酬差异可以稳定团队，实施能力性的薪酬差异可以提高员工能力，设计内在薪酬差异可以弥补绩效薪酬的缺陷。

（二）薪酬差异管理与激励人力资本

薪酬制度主要通过三种方式对人力资本进行激励：绝对绩效薪酬差异、相对绩效薪酬差异、内在薪酬差异。委托代理理论阐释了绝对绩效薪酬的激励原理，锦标制度研究了相对绩效薪酬的激励机制，心理学解释了内在薪酬差异的激励原理。企业需要正确地设计绝对绩效薪酬、锦标制度、岗位内容，使这三种激励方式具有好的效果。

薪酬差异对人力资本激励的原理见图3。该模型图包含了以下几个方

---

① 曾湘泉：《薪酬：宏观、微观与趋势》，中国人民大学出版社，2006，第222页。

面的内容：①薪酬差异激励的基础是人的需求；②通过薪酬差异进行激励的过程或途径是，首先根据员工需求特征设计锦标制度，使用相对绩效进行晋升激励，其次是进行岗位设计，通过组织认同对人力资本进行激励，最后是恰当地运用绝对业绩类的外在薪酬，通过薪酬差异引导竞争进行激励；③模型的目的是激励人力资本，最终目的是使企业获得竞争优势；④人的需求的理论基础是心理学，锦标制度的理论基础是经济学，内在薪酬、组织认同等的理论基础是心理学，岗位设计过程的理论基础是管理学，竞争优势的理论基础是管理学。下面对相关问题进行简要说明。

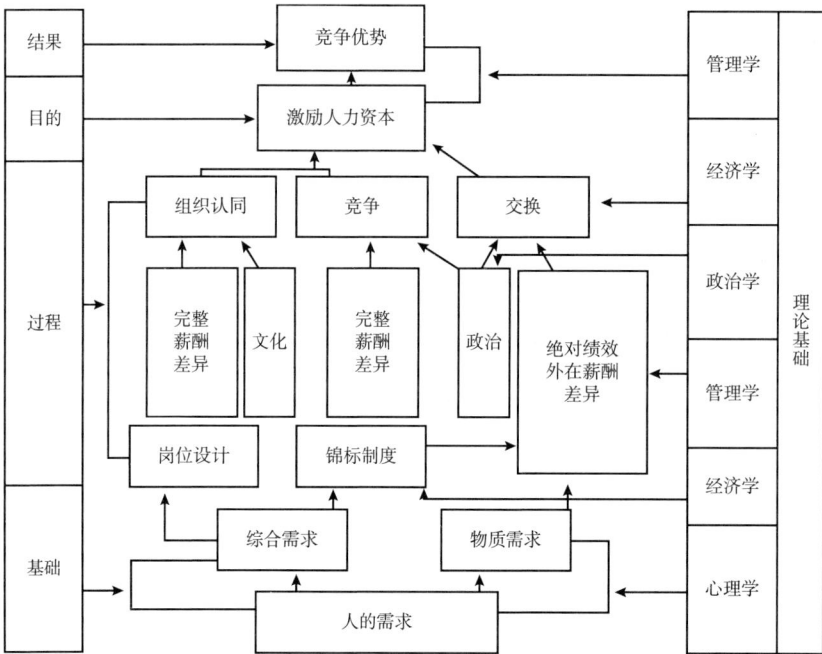

图 3　薪酬差异管理与人力资本的激励

1. 绝对绩效薪酬差异的激励性

绩效薪酬，力图通过将薪酬与业绩挂钩来影响员工的未来行为和业绩，对员工的激励可以是长期的也可以是短期的。计件工资、计时工资、短期奖励、长期奖励等概念均属于绩效薪酬的范畴。

由于绩效与薪酬之间具有相关性和一致性，实施以员工个人绩效为基础的薪酬制度会极大地增强员工的工作积极性，减少企业的监督成本。但是，由于绩效薪酬是通过满足员工的物质需求而产生激励作用，会导致员工机会主义行为，导致员工重视自身的利益，忽视企业或者团队的整体利益，使得经理人员偏向短期经营行为而忽视对企业长期发展潜力的培养，诱导管理者操纵股价或者其他考核指标，使得生产工人只对产出数量给予最大的关注。因此，在设计薪酬制度时，需要运用其他薪酬形式弥补绩效薪酬的缺陷。

2. 相对绩效薪酬差异激励的实现

相对绩效薪酬的激励是通过锦标制度实现的。如前文所述，隐性的专用性人力资本为企业带来的是未来的、团队的收益，其绩效难以被准确地测量。锦标制度奉行的是相对绩效原则，只需要有关成员与其他成员相较而言更好或更差的信息，而不必测量他们的工作的绝对数量和质量。

在锦标制度中，由于表现相对较好的员工将获得更多的晋升机会，员工之间好似开展一场无形的竞赛，使员工减少在企业中偷懒与不负责任的推卸行为。竞争性的选择力量会迫使低效率的个人走出静态均衡，使得有效率的组织和员工得以产生和生存下去。为实现相对绩效薪酬差异的激励，企业需要设计薪酬等级制度，这是薪酬管理中的最重要的工作。

3. 内在薪酬激励的实现

内在薪酬的激励主要是通过对岗位工作进行设计，以岗位内容满足员工的精神需求。

在岗位设计的过程中，必须处理好几个方面的问题：①公平的问题。员工对尊重和自我实现的需求，决定了员工不只是关心物质薪酬的绝对数量，而且关心物质薪酬的相对数量。②人际关系问题。员工对归属的需求，决定了良好的人际关系不但能激励员工的潜能，而且能促进员工之间的合作。③薪酬设计过程问题。在锦标制度中，薪酬往往对失败的员工有负面作用，薪酬设计过程对这种负面作用有重要的关系。④岗位工作的内容。员工对发展的需求，决定了工作内容应该丰富而不单调、有挑战性而不乏味、有发展的机会而不封闭。

较之外在薪酬，实施内在薪酬的成本更低。在许多流行的薪酬模式中，如灵活的报酬方案（让员工从一系列报酬和福利中进行挑选）、总报酬方案等，都存在着内在薪酬差异的内容。

4. 组织认同是实现薪酬激励的必要条件

组织认同指组织成员在行为与观念等诸方面，与其所加入的组织具有一致性，认可企业的薪酬哲学、薪酬设计过程、薪酬差异、薪酬分配结果，并且成员觉得自己在其中对组织既有理性的契约感和责任感，也有非理性的归属感和依赖感。

组织认同对员工的其他组织心理与行为具有重要的影响作用，因而对企业组织的生存与发展非常重要。美国著名管理学家劳伦斯·米勒（2001）认为，一个公司的成功，越来越要靠员工的积极性和创造力，而不是机器的性能，管理人员的重要职责是创造出一种环境，使每一位员工能发挥其才干。组织行为学的研究结果表明，尽管企业的高效率并不一定源于组织成员对企业的高认同度，但组织成员对企业的认同度高，相应企业就更可能会有高效率。只有组织成员对企业具有强烈的组织认同，企业才有较强的内部凝聚力和活力，才能够在企业内部形成一种共同面对外部竞争环境的竞争力和克服危机的应激力。[1] 在薪酬管理中，企业主要是通过进行文化建设和工作设计，在员工中建立组织认同。

综上所述，薪酬制度对人力资本进行激励的基础，是对员工需求的分析和管理。薪酬制度对人力资本进行激励的途径有三个：绝对绩效薪酬的差异、相对绩效薪酬的差异、内在薪酬的差异。薪酬制度对人力资本进行激励的最终结果，是使企业获取竞争优势。

---

[1] 王彦斌：《管理中的组织认同：理论建构及对转型期中国国有企业的实证分析》，人民出版社，2004。

第十二章
企业薪酬差异设计原理

与企业薪酬差异管理原理相似，企业薪酬差异设计原理包括以下四个方面的问题：薪酬差异设计的理论基础、薪酬差异设计的工作基础、薪酬差异设计的过程、薪酬差异设计的目的。本章试图把这四个方面的问题统一在管理模型中。企业薪酬差异的基础设计包括薪酬等级的设计和薪酬构成差异设计。企业薪酬差异的具体设计包括两个层面的设计：一是基于团队层面的薪酬差异设计，二是基于团队内部个人层面的薪酬差异设计。下文首先讨论薪酬等级和薪酬构成差异，然后讨论团队之间的薪酬差异和团队内部个人之间的薪酬差异。

一　薪酬差异基础设计原理模型

（一）企业薪酬等级结构设计

薪酬等级结构（pay structure），是指在同一组织内部不同职位（或不同技能）的薪酬水平的排列形式。它强调薪酬水平等级的数量，不同薪酬水平等级之间的差距（即级差），以及决定薪酬级差的标准。

在薪酬等级结构设计过程中，要解决的问题首先是企业内部薪酬水平与外部薪酬水平的差异，其次是企业内部薪酬等级及等级间的薪酬差异。如前文所述，这两个问题都受到企业情景的影响。企业情景影响到等级制度设计的整个过程。

经济学理论认为，等级薪酬制度只适用于企业的内部人，企业进行等级薪酬设计的基础是对企业内部人进行分割。管理学理论认为，薪酬等级主要有两种，一是职务等级薪酬，二是能力薪酬等级，这两种薪酬等级制度都要服从于企业战略并服务于企业战略。管理学对这两种薪酬等级的设计过程和方法均有深入的研究。

薪酬等级设计原理见图1。该模型包括了几个方面的内容：①薪酬等级设计的基础是内部劳动力市场分割；②薪酬等级设计的过程是，首先通过市场分割区分正式员工和非正式员工，并在正式员工中划分出核心层的团队、中间层的团队、外层的团队，然后对各种正式团队实施有区别的薪酬等级制度，对非正式员工实施非等级型的薪酬制度，最后设计薪酬等级结构；③设计薪酬等级制度的目的是对人力资本进行激励与培育，适应并支持企业战略；④内部劳动力市场分割的理论基础是经济学，具体的等级制度设计的理论基础是管理学。

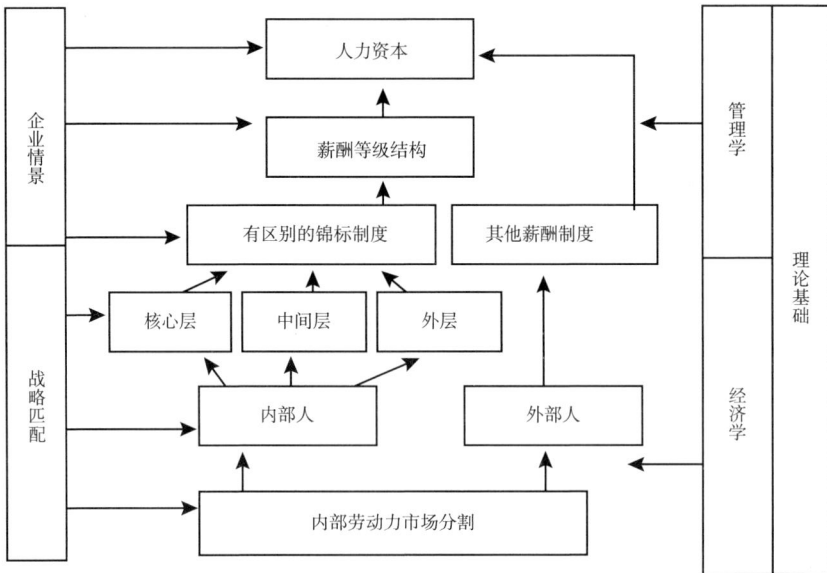

图 1　薪酬等级设计原理图

前文已经论述了环境对薪酬制度的影响和内部市场的分割，下文对职务等级薪酬制度和能力等级薪酬制度的设计进行论述。[①]

1. 基于职务的企业薪酬等级结构设计

基于职务的企业薪酬等级结构设计应包括以下三个方面的工作：①划分薪酬等级（pay grade），即回答"设定多少个薪酬等级"的问题；②确定每一个薪酬等级内部的薪酬浮动范围（pay range），即回答"每个薪酬等级幅度多大"的问题，最高值、中间值以及最低值是三个关键的数值；③确定相邻两个薪酬等级之间的交叉与重叠关系（overlap）。

企业规模不同，薪酬等级的数量也不相同，大企业的薪酬等级数量比小企业的要多。一般来说，企业的薪酬等级平均在 10～15 级之间。而采用所谓宽带的结构设计时，薪酬等级一般在 5 级左右。确定薪酬等级的数目时，一方面主要考虑薪酬管理上的便利和各种工作之间价值差异的大小。那些在工作任务、责任和工作环境等要素上差别很大的员工若被划到同一级别而获得相同的薪酬，就会损害薪酬的内部公平性。另一方面，薪酬等级的划分还必须充分考虑组织内部的管理层级因素，组织内同一管理层级的职务最好能够划分到同一职务等级中，这样既可以体现相同的管理层级对组织价位创造的同一性，又使得薪酬管理更加便利。

薪酬区间，也就是薪酬等级的幅度，是指每一个薪酬等级内最低薪酬到最高薪酬的变动幅度，它是组织中处于相同职务等级内的不同员工获得的不同薪酬的范围。这个薪酬区间反映了企业针对某一特定职务，愿意支付给不同绩效或经验的员工的薪酬合理差距。

确定薪酬浮动范围首先要确定薪酬区间的中间值。中间值通常是依据已经确定的每个职务等级的市场薪酬水平来确定。薪酬区间的中间值反映了员工经过实践经验的积累或培训后完全胜任职务时可得到的薪酬水平。

薪酬区间中间值确定以后，接下来就要确定区间的最高值和最低值，最高值和最低值代表了企业愿意支付给该职务等级的最高薪酬和最低薪酬。在设计薪酬浮动范围时，一般不直接确定薪酬的最高值和最低值，而是先确定等级的薪酬浮动幅度（即带宽）。再根据中间值和浮动幅度确定

---

① 曾湘泉：《薪酬：宏观、微观与趋势》，中国人民大学出版社，2006，第 203 页。

薪等的最高薪酬和最低薪酬。带宽表示某个职务等级薪酬区间的最高值与最低值之间相差的比率。组织中不同职务等级的薪酬区间的带宽是不同的。一般来说，在一个组织内，职务价位越小，其对应的薪酬区间的带宽就越小。另外，高等级的职务由于对责任、能力、贡献的要求更高而晋升的空间更小，所以，高等级职务带宽也更大。当然，带宽也与企业文化相关。

在实践中，相邻薪酬等级之间存在适当的交叉重叠。职务等级越高，职务的数量越少，人们基于职务的晋升空间也越有限，时间也越长；相应地，基于职务等级晋升来提升薪酬的机会也就越小，时限也就越长，这显然会对薪酬的激励效果产生负面影响。这时，如果存在相邻薪等的交叉，那么在低薪等上的员工也有了获得相邻高薪等上较高水平薪酬的机会。薪酬结构中的交叉程度，反映了企业的管理倾向。交叉程度越小，表示企业越鼓励低职务等级的员工通过职务的晋升来获取更高的薪酬；相反，交叉程度大，表示企业不鼓励员工致力于职务的晋升，并控制员工晋升的速度。

2. 基于能力的薪酬等级结构设计

基于能力的企业薪酬等级结构设计的关键流程，包括寻找能力、界定能力、给能力分类分级以及给能力定价四个基本步骤。其中在寻找能力的步骤中，主要是把握能力的来源。然后，对找到的能力进行明确界定，进行分类和分级。最后，针对每类、每级能力进行定价。基于能力所展开的四个步骤，实际上是完成了对能力价值等级标准的设定。

企业所需能力的界定、类别、等级、定价等要素发生了变化，能力薪酬计划就要相应地做出调整。技能工资与具体工作要求的联系是非常紧密的，因此，工作任务的具体要求是能力来源的基础。通常的做法是将职位说明书或任务清单中的技能要求逐条进行提取梳理，然后通过专家打分对技能项目进行评估，排列、归整出技能的类别和等级。

基于能力等级建立相应的能力鉴定和认证机制，是实行能力薪酬的重要保证。否则，那些花大力气设计出来的能力等级和能力条目，难以真正落实到员工个体身上。有科学的鉴定和认证机制作基础，才能保证能力薪酬的公平性。否则，员工就会质疑凭什么说甲的能力就比乙的高。

综上所述，薪酬等级设计的依据是企业情景，基础是对企业内部的员工进行市场分割。等级薪酬制度主要有职务薪酬等级制度和能力薪酬等级制度两种类型。等级薪酬制度必须为企业战略服务。

（二）薪酬构成差异设计

薪酬构成即组成薪酬量（薪酬性收入）的各种薪酬形式的组合和在薪酬量中的比重。

如第二章所述，经济学理论研究的薪酬形式主要有计件薪酬、可变薪酬和延期薪酬，心理学研究内在薪酬，并逐渐与人力资本理论结合起来研究能力薪酬。在管理实践中，在前工业革命时期，计件薪酬是最主要的薪酬形式；在科学管理时代，奖金这种薪酬形式被作为固定薪酬形式的一种补充；在行为科学阶段，开始运用内在薪酬；到了 20 世纪 70 年代，股票期权和职工持股制度得到推广；到了现代，完整薪酬得到重视。在对薪酬构成设计中，需要得到心理学、经济学、管理学等多种理论的指导。

薪酬构成差异设计原理见图 2。该模型图包括以下几个方面的内容：①薪酬构成设计的基础是正确地进行企业内部、外部环境的分析；②薪酬构成设计的过程是，根据企业的战略对内部市场进行分割，确定各种等级制度，进行岗位分析，根据岗位特征、员工的特征、财务状况、内部的公平性要求和外部的竞争性要求确定各种人员的薪酬构成；③薪酬构成设计的目的是运营人力资本；④企业环境的理论基础是管理学，内部市场分割、等级制度的理论基础是经济学，财务、岗位分析等理论基础是管理学，员工特征的理论基础是心理学。

1. 薪酬构成的内容

薪酬构成中包括多种薪酬形式。从对员工的激励的原理来分，首先应该分为内在薪酬和外在薪酬。

薪酬构成中更详细的薪酬形式，可以参照完整薪酬的概念来说明。特鲁普曼用下面的公式表明完整薪酬：$TC = (BP + AP + IP) + (WP + PP) + (OA + OG) + (PI + QL) + X$。$TC$ 表示完整薪酬，BP 表示基本工资，AP 表示附加工资（如奖金），IP 表示间接工资、福利，WP 表示工作用品补贴，PP 表示额外津贴（如购买公司产品的优惠权，低息的个人贷款，

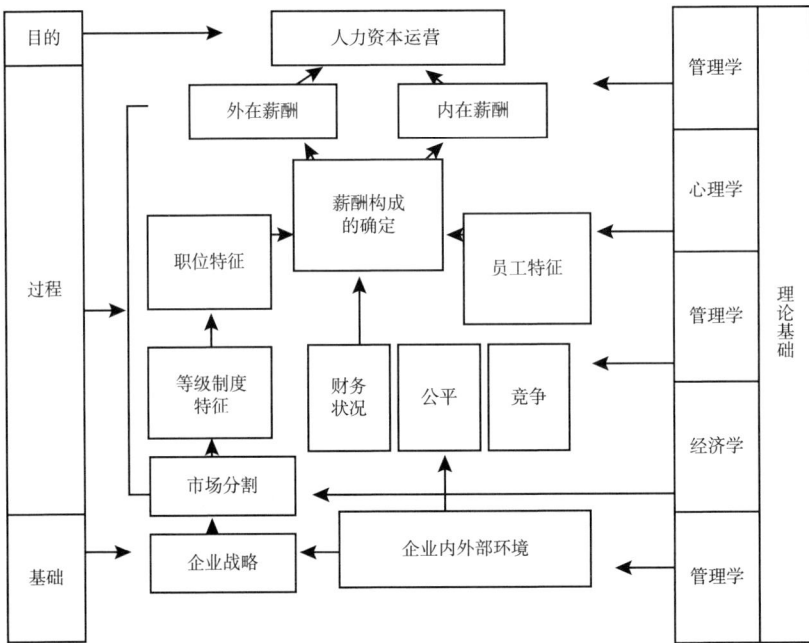

图 2　薪酬构成差异设计原理图

可带配偶旅游等），OA 表示晋升机会，OG 表示发展机会，PI 表示心理收入（指由工作性质、工作表现和工作环境等因素共同创造出来的情绪上的满足感），QL 表示生活质量（员工如何处理好工作和生活的和谐与平衡，能愉快地享受工作和生活的乐趣是年轻一代人的迫切要求），X 表示私人因素。其中，（BP + AP + IP）+（WP + PP）可被认为是外在薪酬，（OA + OG）+（PI + QL）可被认为是内在薪酬。

　　根据管理学薪酬理论，薪酬构成与企业的战略及其员工类型有密切的关系，不同的企业采取的薪酬构成有差异，同一企业对不同的员工采用的薪酬构成有差异。一般来讲，主要的薪酬构成有四种类型：①以保障为主的薪酬构成。在这种薪酬构成中，基本薪酬的比例相对较大，浮动薪酬比例较小，企业福利水平高。该种薪酬构成的优点是，员工之间的薪酬差异较小，收入相对稳定，可以保证员工的基本生活需求。其缺点是缺乏激励，不利于发挥差别薪酬的作用。②以短期奖励为主的薪酬构成。在这种薪酬构成中，奖金和短期激励薪酬的比例比较大，基本薪酬和因工作环境因素导致的补贴比例相对小，同时采取有差别的企业福利政策。这种薪酬构成的优点是，一般可以保证员工的基本收入，但缺点是收入稳定性差，容易使员工产生一种不安全感。③以效益为主的薪酬构成。这种薪酬制度与第二种类型基本相同，不同之处是将部分基本薪酬和福利薪酬也变成浮动部分，薪酬随员工的工作绩效而变动。这种薪酬构成使收入差距更大，同时员工的不安全感也增大。④以长期激励为主的薪酬构成。这种薪酬制度已经超越了传统的薪酬功能与运作机制，把薪酬管理与企业发展联系起来，由于长期激励偏重于企业核心层，企业内部薪酬差异增大。

2. 不同类型员工的薪酬构成

对薪酬构成的确定，主要依据三个方面的因素：①职位的特征，包括职位的工作特点、对企业的重要性、责任的大小、需要能力的高低等。职位的特征决定于企业内部的等级制度的特征，而等级制度的特征又决定于企业的战略，因此，企业的职位特征与企业的战略有密切的关系。②员工的特征，包括员工的心理特征、体力特征和能力特征等，对不同的员工薪酬形式的激励效果不一样。③企业的支付能力，公平性和竞争性的要求。

经过内部劳动力市场分割，员工被分割为多种类型。由于每类员工的职位特征和个人特征不相同，他们的薪酬构成有差异。下面分析管理人员、销售人员和科研人员的外在薪酬构成。

（1）管理人员的薪酬构成

讨论管理人员薪酬之前，需要分析高管人员的职责。1982 年在美国出版的《总经理》一书是哈佛商学经典名著之一，本书出版后便被列入了美国各大学 MBA 的必读参考书，是迄今为止为数不多的专门研究总经理这一特殊职位的经典著作之一。在书中作者科特认为总经理职责主要包括：①在复杂的企业经营环境中进行规划目标、发展方针和经营策略的工作。②在复杂的职能部门和经营管理部门的需求中寻求对稀有资源的合理配置。③占领各种各样生产经营活动行为的制高点，能够辨认分析各种经营失控造成的问题并及时、快捷地加以解决。④控制并激励雇员和下属，处罚他们的不良行为，解决部门间的矛盾冲突等。

虽然管理人员特别是高级管理人员职责非常重要，但是其短期业绩难以被准确考核，所以经理人员尤其是高级经理人员的薪酬构成是以长期激励为主的薪酬构成，通常呈现以下特征：较高的、固定的基本工资＋长期业绩考核激励（如股票期权）＋名目繁多、总额不菲的福利和津贴（如专用停车位、超出平均员工水平面积的巨大办公室、定期体检等）。

管理人员薪酬构成中的三项薪酬都与管理者的职位相关，管理人员需要在锦标制度中进行竞争，才能获得更高的薪酬水平。因此，企业对管理人员的激励主要是锦标激励。

（2）销售人员的薪酬构成

销售人员工作时间自由，完全以市场为导向，工作是非常有创造性的脑力劳动。因此，企业注重使用以效益为主的薪酬构成。

由于销售人员的业绩主要体现在销售额、客户满意度、市场份额、销售费用控制等几个方面，因此销售人员的薪酬构成也一般比较简单，企业常用的薪酬构成包括以下五种类型：纯基本工资、基本工资加奖金、基本工资加业务提成、基本工资加业务提成加奖金、纯业务提成。

纯基本工资。这种薪酬构成一般只在企业产品刚刚进入市场，为了让产品迅速在市场上立足时使用。由于产品刚刚进入市场，此时企业的目的并非强调利润，而是尽快让产品在市场上立足，为了达到这一目的，采用纯基本工资的薪酬构成对销售人员有很强的激励作用。但等到产品在市场上比较稳定了以后，一般企业都不会再采用这种薪酬构成。

基本工资加奖金。在这种薪酬构成下奖金的获得跟销售人员绩效目标的达成情况有关，而绩效目标并非只是销售额。因此，当企业的销售目标更强调于新市场的开拓而非销售额时，可以对销售人员采用这种薪酬构成。

基本工资加业务提成。这种薪酬构成跟基本工资加奖金结构的不同之处在于，业务提成一般只跟销售额有关，而奖金跟完成绩效目标的情况有关，绩效目标除了包含销售额还有其他绩效目标，如客户满意度、市场份额等。因此，当企业销售目标更强调于销售额时可以对销售人员采用基本工资加业务提成的薪酬构成。

基本工资加奖金加业务提成。这种薪酬构成结合了基本工资加奖金和基本工资加业务提成两种结构的特点。具有较强的适用性，很多企业都采用了这种薪酬构成。

纯业务提成。这种薪酬构成的最大特点是对于销售人员具有很大的风险，但同时也具有很大的激励性。一般这种薪酬构成会在一些特殊产品的销售时使用，如保险、商品房等。

对于企业来说，上述五种薪酬构成只有适用与否之分，并无优劣之别。选择何种结构及薪酬水平，企业需要对自己的销售策略、竞争对手的做法、销售的产品特点等因素来决定。从销售人员的薪酬构成中可以看出，对销售人员的激励主要是通过绩效薪酬的差异实现。

（3）科研人员的薪酬构成

科研人员与其他人员相比，有以下几个特点：①具有独立的价值观。与一般员工相比，科研人员更有一种表现自己，充分实现自身人力资本价值的强烈欲望。他们心目中有非常明确的奋斗目标，他们到企业工作，并不仅仅是为了挣得工资，而是有着发挥自己专长、成就事业的追求。他们重视自身价值的实现，并期望得到社会的认可。②工作不易被衡量。与组织中的其他各类人员，比如生产人员、职能管理类人员以及行政事务类人员相比，科研人员很重要的特征就是他们对专业和技术的认同程度往往要比对企业的认同程度高。同时，科研人员往往与实物比如数据、信息、材料、图纸或者机器等打交道较多，而与人打交道较少，使得他们在工作中所付出的努力并不被很多人了解。科研人员与企业之间存在技术的完美性和对利润等其他目标追求的矛盾。③科研人员在进入企业前对自身教育与培训投入了大量的成本，他们通过在高校或研究所的学习获得高文凭和高学历，具有较高的人力资本存量，所以，进入企业后，科研人员一般都期望能够获得较高的人力资本投资收益。

按照科研人员的特点，科研人员薪酬设计的出发点一是收入水平要高，二是重在激励。概括起来，科研人员薪酬设计的一般模式主要有四种：①这种模式单一的高工资模式。这种模式就是一般不给予奖金，而是给予高工资，特别适用于从事基础性研究工作的科研人员。②高工资加奖金。这种模式以科研职位等级和能力资格为基础，首先确定较高水平的工资，之后仍以较高的职位等级为基础，按照企业奖金占工资的一般比例水平确定奖金水平。③高工资加高福利。这种模式是根据员工所担任的职位和能力资格要求，确定员工较高的工资水平，再根据职位确定享受公司提供的福利标准。④高工资加科技成果转化提成制。这种模式多适用于担负新产品开发的科研人员。①

很多科研及技术人员，在日常工作以外，还会参加很多科研项目。为了激励参与项目的科研人员，设立一定数额的项目奖金是必要的。对科研人员非货币薪酬的设计也有一定的特殊性，如弹性工作时间、大的办公室、相对安静的工作环境、专用的读书室、慷慨的体育设施等。这些措施在实际应用中被证明是非常有激励作用的。

从科研人员的薪酬构成可以看出，对科研人员的激励主要有三个途径：一是把薪酬与科研人员的科研职位等级和能力资格相联系，实施有差异的固定工资，进行锦标激励。二是把薪酬与科研成果联系起来，实施有差异的绩效薪酬，实施物质激励。三是设计非物质薪酬，与科研人员的个性特征相匹配，满足其高层次的需求。

综上所述，薪酬构成应与企业战略相适应，企业依据内外环境、职位特征和个人特征制定薪酬构成。

二 薪酬差异具体设计原理模型

（一）企业内部团队之间薪酬差异设计

团队是由两人以上组成，各成员相互影响，并就工作进行协调以完成特定目标的群体（Larson，Frank，LaFasto，1989）。

团队的具体类型包括过程团队、项目团队和平行团队三种。过程团队是企业中的一种永久性的员工团队，其成员全职从事团队的工作，他们共同合作完成一定的工作任务或者工作过程，是组织机构的一个正式组成部分，除非组织发生变革，否则它会一直存在。其成员一般有相似的教育背景，完成相似的工作，具体可以细分为管理团队、研发团队、技能团队、营销团队等。项目团队是指为了完成某个特定的任务，而把一群具有不同背景和不同技能，来自不同部门的员工组织在一起形成的员工团队。平行

---

① 熊敏鹏：《人力资源管理》，机械工业出版社，2002，第265页。

团队是为了解决某些特殊的问题而建立的，团队成员的来源十分广泛，他们可能来自不同的部门或者组织。

20 世纪中叶以来，团队工作方式在美国等一些发达国家逐渐兴起。20 世纪 60 年代早期 P&G 公司就出现了美国的第一批团队，随后团队如雨后春笋般出现在通用汽车、IBM、AT&T、通用电力、摩托罗拉、波音等举世闻名的大企业中。

传统薪酬设计，总体来说更多关注的是员工个人对于薪酬的要求以及可见薪酬的激励作用。但是，随着时代的发展，现代企业实践以及管理原则中更多需要的是团队合作，事业的成功更多的是依赖团队的合作，而不仅仅是个人十分有限的作用。所以，有必要建立基于团队的而非个人的薪酬制度。

团队之间的差异，导致了团队薪酬管理的复杂性。从工作特征来看，有的团队从事手工劳动，有的团队从事脑力劳动；有的团队从事创新性的劳动，有的团队却按照固定的工艺流程进行机械化的操作；有的团队从事的是社会关系活动，有的团队从事的是技术性活动；有的团队的活动可被清晰地观察，有的团队的活动难以被监督。从人力资本的特征来看，有的团队的工作需要员工有丰富的工作经验，有的团队的工作需要员工有较深的专业知识；有的团队的工作需要员工有强壮的体质，有的团队工作需要员工有敏捷的应变能力；有的团队拥有企业关键的专用性人力资本，有的团队只拥有通用性人力资本。因此，对团队薪酬的研究是一个有意义的课题。

在柔性生产、快速响应、组织扁平化的今天，团队的工作越来越具有创新性，越来越具有复杂性，团队产出越来越难以被分割。对团队薪酬的管理变得十分重要，团队薪酬之间的差异正成为企业人力资源管理的核心问题。

企业内部团队薪酬差异设计模型见图 3。该模型图包括以下几个方面的内容：①企业内部团队薪酬差异设计的基础工作。通过对员工人力资本特征的分析和企业工作的分析，进行内部市场分割，界定各种团队的异同点。②企业内部团队薪酬差异设计依据。有区别地管理两种团队薪酬差异——一种是对同质团队之间薪酬差异的管理，另一种是对异质团队之间薪酬差异的管理。由于同质团队的业绩具有可被比较性，同质团队之间薪酬差异主要依据团队业绩差异确定，根据团队业绩的差异决定团队之间的货币薪酬及非货币薪酬的差异，依据团队业绩对团队薪酬进行等级排序。由于异质团队的业绩难以被相互比较，异质团队之间的业绩类薪酬差异主要依据团队个性和市场薪酬差异确定，而等级类薪酬差异主要依据团队工作特征确定。在进行市场分割之后，一般在每个团队内实行有区别的薪酬制度，这种薪酬制度也是导致团队之间的薪酬差异的重要因素。③企业内部团队薪酬差异管理的目的。设计团队之间的薪酬差异的直接目的，是对团队进行激励，并培育团队的能力，最终目的是实现企业战略。下面进行较详细的分析。

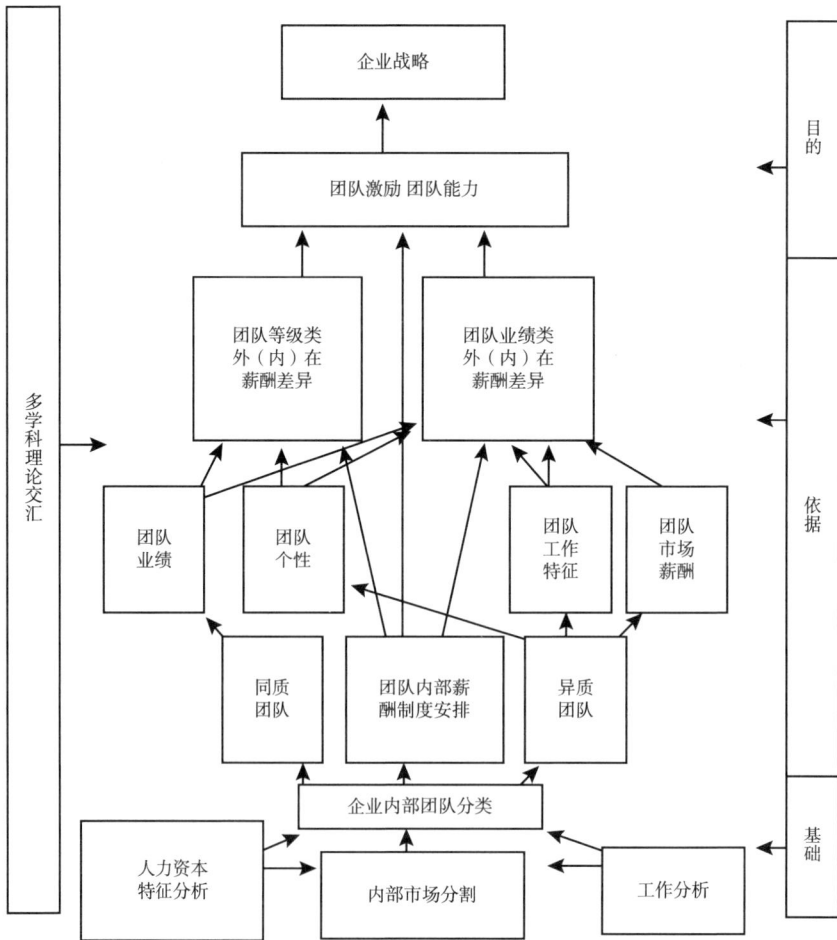

图 3   企业内部团队薪酬差异设计模型图

1. 基于企业战略的团队划分

团队之间薪酬差异设计的第一步，是确定各种团队在实现企业战略活动中的地位。

企业战略的实施依赖于团队管理。企业战略的制定是建立在企业的能力基础之上的，企业能力依附于企业资产，企业资产依赖于企业的有形资本和无形资本，无形资本存在于企业的人力资本中。因此，企业的人力资本能使企业获得能力，是企业战略得到实施的基础。由于人力资本存在于企业团队中，因此，分析企业战略能力与各种团队人力资本的关系，是团队薪酬设计的关键。

围绕战略，企业首先应该界定什么能力是企业的核心能力，这种能力能使企业拥有长期的竞争优势。其次应该界定什么样的能力是企业的竞争能力，这种能力使企业在现有的市场中具有竞争优势。再次应该界定什么样的能力是企业的一般能力，这种能力是企业进入市场的必要条件。最后应该界定什么样的能力是企业的辅助能力，这种能力可以通过外包实现。

界定企业能力之后，要确定各种能力存在于何种团队之中。对于掌握企业核心能力的团队，一般被界定为企业的核心团队；对于掌握企业竞争能力的团队，一般被界定为骨干团队；对于掌握企业一般能力的团队，一般被界定为中间团队；对于拥有辅助能力的团队，一般被界定为外层团队。

对不同的团队，要实施不同的薪酬制度。对核心团队，侧重于实施锦标制薪酬制度；对骨干团队，侧重于实施复合薪酬制度；对其他团队，侧重于实施产出薪酬制度。

通过对团队的划分，明确了不同的团队所拥有的能力及其对企业战略的作用。为了对不同团队的人力资本进行激励和培育，需要分析团队的特征差异。

团队的特征差异主要表现在两个方面：团队个性特征差异和团队工作特征差异。企业应该通过分析团队文化、团队人力资本、团队结构、团队需求特征等，明确团队的个性特征。企业应该通过分析团队工作的复杂性、科学性、产出的可分性、过程的可被监督性等，明确团队工作特征。

2. 同质团队之间的薪酬差异设计

同质团队有如下特征：它们的工作性质相同，具有相似的复杂性和可被监督性；它们的产出相似，其产出可以被量化比较；它们的人力资本相近，团队成员具有相似的知识结构。在过程团队类别中，同级别同工种的团队，一般是同质团队，如从事相同运动项目的体育队、经营同种产品的事业部等；在项目团队类别中，产品相似的团队，一般是同质团队；在平行团队类别中，工作活动过程相似的团队，一般是同质团队。

由于同质团队的市场薪酬水平没有太大的差异，并且团队成员的人力资本特征相似、工作特征相似，因此，它们之间的薪酬差异一般根据它们之间的产出差异来确定。

企业通过薪酬制度对项目团队和平行团队主要进行短期的激励，它们之间的薪酬差异主要是业绩类的薪酬差异。企业对过程团队需要进行短期激励和长期激励，不但要设计业绩类的薪酬差异，还要设计一些等级类的薪酬差异。首先对同质团队根据业绩进行排名，使用相对业绩作为标准，然后对处于不同级别的团队给予有差异的外在薪酬和内在薪酬。同质团队之间的内在薪酬差异，包括团队声望的差异、团队地位的差异、团队权利的差异、团队机会的差异、团队活动范围的差异等。对处于不同级别的团队应给予不同的声誉和称号、提供不同的发展的机会、给予不同的工作自主权。

3. 异质团队之间的薪酬差异设计

由于异质团队的服务对象不同、产品不同，它们之间的产出难以被精确地量化和比较。但是，异质团队的人力资本不同，有的团队人力资本含量高，有的人力资本含量低，比如，研发团队和技能团队的人力资本有较大差异，因此，人力资本的差异是决定异质团队之间薪酬差异的一个重要因素。另外，异质团队的工作性质不同，有的团队是手工劳动，有的团队是脑力劳动，有的团队是简单劳动，有的团队是复杂劳动，因此它们的工作过程的差异是确定薪酬差异的另一个重要因素。异质的团队的市场薪酬水平是不一致的，因此，市场薪酬水平是决定异质团队之间薪酬差异的又一个重要因素。

　　由于晋升制度只能在同质团队之间进行，异质团队之间的等级性薪酬差异产生于同质团队之间的晋升制度的差异，而这种差异与各种团队的工作特征和人力资本特征相关。由于无法直接比较业绩，设定业绩类薪酬差异时，必须参照市场薪酬水平、人力资本和团队工作三个要素。另外，团队个性对内在薪酬差异有重要影响，如科研团队比其他的团队具有更多的工作弹性和自主权。

　　总之，团队之间的薪酬差异决定于以下众多因素：团队业绩的可比较性、团队的工作特征、组织政治、团队的个性、团队的内部薪酬制度、团队的市场薪酬水平、企业战略等。如果业绩可以被比较，那么按照业绩差异设计薪酬差异是最佳的选择。如果业绩不可被比较，那么按照市场薪酬水平、团队人力资本、团队工作特征、团队个性设计薪酬差异是必需的选择。

（二）企业中团队内部薪酬差异设计

　　团队内部成员薪酬差异设计原理模型见图4。该模型图包括几个方面的内容：①团队内部薪酬差异设计的基础工作。通过对各种团队的分析，明确各个团队的个性特征和工作特性。②团队内部薪酬差异类型设计的依据。如果团队的文化是网络型或者市场型，并且团队中个体的产出能被明确地界定，则侧重于设计团队内部业绩类薪酬差异；如果团队的文化是职能型或者专制型，并且团队产出难以分割，则侧重于设计团队内部等级类薪酬差异；如果团队的文化介于上述两者之间，或者团队的产出的分割性介于上述两种情况之间，则设计混合性的薪酬差异。③团队内部薪酬差异设计的目的。直接目的是对团队成员进行激励与培育，间接目的是实现团队目标，最终目的是实现企业战略。

　　团队内部薪酬差异，是指一个团队内部成员之间的薪酬差异。团队内部薪酬差异设计的程序是：①进行团队分析。主要分析两个方面的内容，一是与工作有关的内容，二是与人有关的内容。对前者的分析，主要分析团队的任务、工作目标、工作计划、工作的复杂性、工作过程的透明性、产出的可分割性等。对后者的分析，主要分析团队的文化、团队成员的人力资本、团队成员的需求、团队成员结构等。②设计团队内部的工作岗

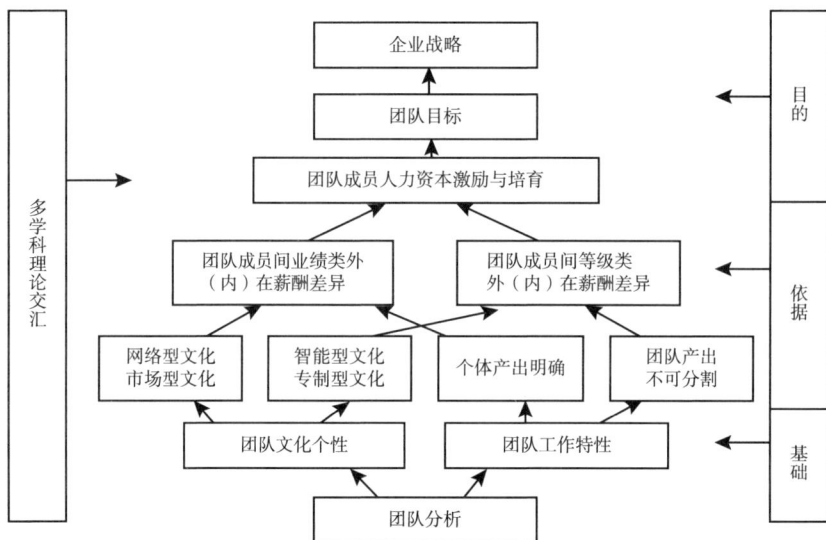

图4 团队内部成员薪酬差异设计原理模型图

位。根据工作内容和员工特征，对团队工作进行分解并设计岗位，对岗位的权利、责任和需要的能力进行界定。③进行市场薪酬调查。调查同行业同岗位的薪酬水平、薪酬差异。④分析同企业内其他团队的薪酬水平和薪酬差异。把异质团队的薪酬水平和薪酬差异作为薪酬差异设计的参考标杆，把同质团队的薪酬水平和薪酬差异作为薪酬差异设计的比较标杆。⑤设置薪酬等级。把岗位进行排列，形成岗位等级，在此基础上，形成薪酬等级。⑥设计等级薪酬差异，包括外在等级薪酬差异和内在等级薪酬差异。⑦设计团队内部的业绩类薪酬差异，包括外在业绩薪酬差异和内在业绩类薪酬差异。

由于团队内部薪酬差异设计的目的是激励团队成员，因此，团队内部的文化特征、个体的人力资本特征、个体的工作特征、个体的需求特征等，都是设计内部薪酬差异的基础性的问题。

许多学者根据不同的标准把团队文化分为多种类型，比较公认的分类是把企业文化分为职能型文化、流程型文化、市场型文化、网络型文化。在职能型文化的团队中，等级类的薪酬差异被认可，而在市场型文化的团队中，业绩类的薪酬差异被认可。

团队成员的工作具有以下几个特征：他们共同完成一种（或几种）产品、他们的活动过程相似、他们的工作技能相似，因此，相对于团队之间的工作，团队内部成员之间的工作信息不对称程度低，团队成员工作的过程能被相互影响和相互比较，团队成员容易相互监督，这一特点，决定了团队成员的薪酬差异与团队成员的工作密切相关。

由于团队成员的工作相似，因此，团队成员在工作过程中积累的专用性人力资本是相似的。由于团队成员互相影响，他们的需求特征虽然有差异，但也存在较多的共性。因此，团队成员之间的薪酬差异受人力资本差异和需求差异的影响较小。

如果团队的产出可被分割，并且团队成员的业绩具有可比性，那么可以设计团队成员之间的业绩类薪酬差异。当产出不可被分割，并且团队成员的业绩没有可比性，设计等级性薪酬差异是必需的选择。在等级薪酬制度中，晋升的标准是团队成员投入，投入的标准来源于团队成员的工作过程，对投入的评价依赖成员相互的评议，团队成员之间可能存在政治寻租，因此企业文化的建设是设计等级性薪酬差异的保障性工作。

对于从事手工劳动的团队，成员的业绩是可以比较的，设计业绩类的薪酬差异是最佳的；对于一些从事脑力劳动的团队，团队成员的产出具有不确定性（不可分割或产出不易测量），可以设计等级类的薪酬差异。

企业管理团队的产出与企业整体的发展相关，管理团队成员之间对企业发展的贡献难以被准确地量化区分，因此，企业管理团队内部的薪酬差异，应该以等级性薪酬差异为主。由于管理团队内部等级性薪酬差异是根据职位等级的差异设计的，它受制于企业文化和市场薪酬状况的影响。企业要根据实际情况有区别地设计研发团队内部的薪酬差异，如果研发团队的产出可以被清楚地区分，可以设计绩效类薪酬差异；如果研发团队的产出不可以被清楚地区分，可以根据团队成员对研发的投入（人力资本的投入、精力的投入、时间的投入等，以及职称的不同）设计等级类的薪酬差异。由于营销团队成员的工作具有独立性、创新性、社会性、活动性、过程不易被监督等特征，企业应该对营销团队成员侧重设计业绩类薪酬差异，对营销主管人员设计混合性的薪酬差异。技能团队一般从事手工操作活动，其活动过程容易被清楚地监督，他们的薪酬差异主要与产出和工作过程相关。

无论对何种团队，企业只限于设计团队内部的业绩类薪酬差异和等级类薪酬差异，团队内部的福利性薪酬不能有太大的差异，尤其是内在福利性的薪酬，如沟通、友谊、关心等，需要有普遍性、平等性和丰富性。

总之，影响团队内部薪酬差异的因素主要有：团队的工作特性、产出的可分割性、团队成员的相互作用、团队的文化、团队成员的人力资本特征、团队的目标、团队成员的业绩、市场薪酬水平、企业战略等。

综上所述，团队是构成企业组织的基本单位，对团队薪酬差异管理是企业人力资源管理的重要内容。企业既要设计合理的团队之间薪酬差异以激励和培育团队，又要设计合理的团队内部薪酬差异以激励团队成员。其中，团队之间的薪酬差异是团队内部薪酬差异的基础，只有存在团队之间薪酬差异，团队内部才能富有活力，团队内部薪酬差异的激励作用才能被发挥出来。

第十三章
理论框架与理论耦合

一 需要用多种理论和方法研究薪酬差异

由于薪酬的作用是对员工人力资本的激励和培育，而激励问题与影响员工心理的所有要素有关，因此，管理学把员工从事工作所得到的一切都看作是薪酬内容。薪酬涉及员工的生活、工作、精神、需求、价值观、发展等诸多方面。薪酬管理与企业管理的各个方面相联系，是企业人力资源管理的根本性问题。薪酬差异合理性的直接标准是对员工人力资本的激励和培育程度，最终标准是对企业战略的支持程度。

完整的薪酬包括内在薪酬和外在薪酬两大类，每一类都应该被区分为基于相对产出的等级性薪酬、基于绝对产出的业绩薪酬和基于保健作用的福利薪酬三种形式，这六种薪酬形式必须根据具体情况组合使用，但是现有文献过于注重研究外在薪酬的三种薪酬差异形式，而忽略了内在薪酬差异及其分类。

解释企业内部薪酬差异问题的经济学理论主要有效率工资理论、协议工资理论、分享工资理论、锦标制度理论、人力资本理论和市场供求理论。为了维系其知识精确和严密的逻辑性，经济学通过假设，过滤掉了众多的变量，尤其把人假设成一种可用某个变量刻画的资源，忽略了人的心理个性特征和价值观的差异。经济学理论研究薪酬的出发点是三个重要的假设：人是同质的、人是理性的自利人、工作是令人厌恶的。由于存在偷懒行为，必须测量代理人的努力程度。当委托人与代理人之间信息不对称，产出成为薪酬设计的依据，根据产出设计货币薪酬水平。因此，经济学主要解释外在薪酬差异的问题，不能解释内在薪酬差异的问题。

解释企业内部薪酬问题的心理学理论主要有需求层次理论、双因素理论、成就需要激励理论、目标理论、期望理论、公平理论、强化理论、动机理论、波特·劳斯理论、罗伯特·豪斯理论、同步激励理论等。心理学假设人是异质的、非理性的、工作本身具有激励性，认为金钱不是唯一的激励因素，大量的激励因素存在于工作本身，人的心理和需求特征是薪酬设计的主要依据，侧重研究由于心理差异而设计的薪酬分类、薪酬赋予和薪酬激励等，因此，心理学对内在薪酬差异做出了深刻的阐述，但并不揭示外在薪酬差异的形成原因。心理学与经济学的薪酬理论相结合，更能对薪酬差异问题做出合理的解释。

管理学在分析问题的前提条件方面，没有像经济学那样需要一些抽象的假设，更多的是直接面对现实世界。在管理学中，人被认为是复杂的，承认每个人因文化背景不同而具有较大的差异性，基本接近现实的人性。管理学对薪酬的研究是基于完整薪酬，系统地思考薪酬差异功能实现的整个过程，除了关注薪酬对人和物之间关系的影响外，更关注薪酬对人与人之间关系的影响。管理学不只是注重通过物质薪酬差异对员工进行激励，而且注重通过非物质薪酬差异对员工进行激励，管理学不但研究薪酬差异的内容，而且研究薪酬差异的标准和制定过程，管理学研究薪酬差异与整个管理系统的相互作用。

薪酬管理问题需要综合使用多种理论来解释，这是由薪酬管理的复杂性和不确定性特征所决定的。第一，薪酬管理活动中，作为管理主体的管理者和作为管理客体的被管理者都是具有思维能力、复杂的历史文化背景和社会关系、差异化性格和行为方式的人，人的行为又受到人的知识、记忆和预期的影响，从而管理者和被管理者双方的互动行为具有极强的不确定性和动态性。第二，作为薪酬管理研究对象的人是组织中的人，而不是经济学中具有个人理性、追求个人利益最大化的个体。薪酬管理旨在借助组织中的人实现组织目标，同时组织中的人需要依靠组织或者团队实现个人目标，组织、团队和个人目标的多重性和冲突，使得薪酬管理问题非常复杂。第三，现实中，环境的影响、组织运行、管理主体与管理对象的相互作用是交织在一起的，人们很难将管理问题与组织内外环境隔离开来进行思考和研究。[①] 由于薪酬管理问题是复杂性问题，管理系统是复杂性系统，独立的单一学科方法无法解决这些问题，解决一个管理问题往往要综合运用来自多个学科的理性知识，或者说，需要多种学科知识的相互结合。

管理学对薪酬管理的研究，可以吸取经济学、心理学、政治学、社会学等许多学科的理论成果，其中，最值得借鉴的学科是经济学和心理学。由于经济学是社会科学中最具科学性（研究普遍规律的科学）的学科之一，应用经济学理论研究薪酬管理问题，有助于管理学解释薪酬管理中有关"为什么"的问题。由于具有"人"这个共同的研究对象，心理学与管理学具有天然的联系，心理学理论有助于管理学解释薪酬管理中的薪酬激励问题。管理学作为一门完整的学科体系，不但要研究薪酬差异制定的原则、方法和过程，还要有研究薪酬差异管理的基本原理。

管理问题的属性决定了管理研究方法比较特殊。如果将研究方法分为科学研究和思辨研究两大类，那么管理研究须兼用科学方法和思辨方法，科学研究方法虽然将不断"蚕食"思辨的内容，不过管理领域中的思辨研究将永远存在。从现有的管理研究方法看，各类具体研究方法都在被使用，众多的研究方法如何被有效地使用、研究，并解决管理问题，是管理学方法论的核心问题。[②]

本书试图讨论一种理论体系，只使用实证的方法无法解决这一问题。实证的方法致力于讨论有限的要素之间的关系，并不讨论理论体系，并且所使用的数据表现的是在特定情景下的外生因素的特性，所得出的结论往往能较好地解释特定情景下的管理规律，但当情景发生变化后，理论结论不再成立。讨论理论体系需要思辨的方法，这主要体现在规范性分析中。因此，本书主体内容都是用规范性的方法分析，实证分析只起辅助的作用。

---

① 黄速建、黄群慧：《管理科学化与管理学方法论》，经济管理出版社，2005，第20页。
② 黄速建、黄群慧：《管理科学化与管理学方法论》，经济管理出版社，2005，第55页。

二 完整薪酬差异管理原理的理论框架和理论耦合

（一）完整薪酬差异管理原理的理论框架

完整薪酬差异管理原理的理论包括两个层面、四个部分（见图1）：两个层面是薪酬管理一般原理和薪酬设计原理，前一层面包括薪酬差异制度管理原理、薪酬差异功能管理原理两个部分，后一层面包括薪酬差异基础设计原理、薪酬差异具体设计原理两个部分。

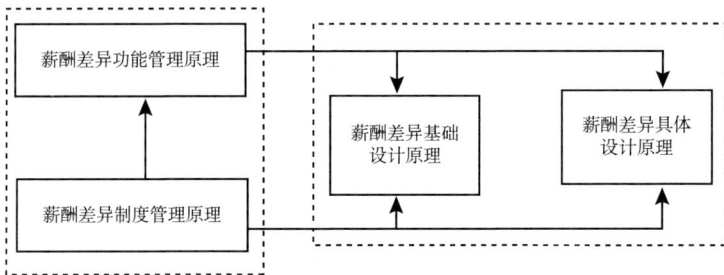

图1 完整薪酬差异管理原理理论框架

四个理论部分的路径是：薪酬差异制度管理原理是根本，其他三个理论都在此基础上建立。薪酬差异功能管理原理是目标，它制约着薪酬差异基础设计原理的方向。薪酬差异基础设计原理说明企业薪酬差异的一般设计，它适用于所有团队的薪酬差异管理。薪酬差异具体设计原理说明了企业内部群体之间和群体内部成员之间的薪酬差异设计。

薪酬差异制度管理原理模型揭示了薪酬差异管理的环境、制度和目的的关系。认为，薪酬制度设计的基础是环境因素，在此基础上设计基于薪酬差异的薪酬等级制度、薪酬构成等，薪酬差异管理的直接目的是对通用性人力资本和专用性人力资本的培育和激励，最终目的是使企业获得竞争优势。

薪酬差异功能管理原理包括两个模型图：薪酬差异管理与专用性人力资本的培育模型图和薪酬差异管理与人力资本的激励模型图。第一个模型图解释了薪酬制度运行中的薪酬差异与人力资本的关系。认为：内部市场分割及其之上的锦标制度对人力资本的培育有重要的作用，内在薪酬差异、延期薪酬差异、所有权薪酬差异、能力薪酬差异协同作用，使企业有稳定的核心团队，这是培育专用性人力资本的必要条件。第二个模型图解释了薪酬制度运行中薪酬差异与人力资本激励的关系。认为，为对人力资本进行激励，岗位设计和锦标制度设计都必须建立在对人的需求之上，设计并组合使用各种薪酬差异，通过竞争、交换和组织认同，调动员工的工作积极性。这两个模型图是对薪酬差异制度管理模型的局部细化和进一步阐释。

　　薪酬差异基础设计原理包括两个模型图：薪酬等级结构设计模型图和薪酬构成设计模型图。第一个模型图解释了薪酬等级的形成，认为内部市场分割是薪酬等级的基础，锦标制度设计是薪酬等级设计的前提，薪酬等级制度适用于内部人而不适用于外部人，薪酬等级制度必须与战略匹配等。这一个模型图是对上述三个模型图的进一步局部细化。第二个模型图解释了不同员工薪酬构成差异产生的原因，认为影响薪酬构成的因素主要有工作的特征、员工的特征、财务的状况、公平性的要求和竞争性的要求，薪酬构成设计中主要的问题是确定内在薪酬和外在薪酬。无论是团队内部的薪酬差异设计还是团队之间的薪酬差异设计，等级制度和薪酬构成的确定是两个基本问题。

　　薪酬差异具体设计原理包括两个模型图：企业内部团队之间的薪酬差异设计原理和企业中团队内部成员薪酬差异设计原理。第一个模型图解释团队薪酬差异形成，认为团队业绩、团队个性、团队工作特征、团队市场薪酬、团队内部的薪酬制度是决定团队之间薪酬差异的主要因素，这些因素又对团队之间内在薪酬差异和外在薪酬差异起不同的作用。第二个模型图解释团队内部薪酬差异的形成，认为团队文化的机械性和有机性、团队产出的可分性、个体产出的可测量性是决定团队成员之间薪酬差异的主要因素，这些因素又对团队成员之间的内在薪酬差异和外在薪酬差异起不同的作用。这两个模型图阐释的基础工作、设计过程和最终目的都是建立在前文的模型基础之上。

　　综上所述，多种因素制约了薪酬差异设计过程，内在薪酬和外在薪酬具有协同性。

(二) 薪酬设计中的理论耦合①

在前文所讨论的薪酬问题中，使用的理论基础主要有经济学理论、心理学理论和管理学理论，在解释薪酬中，这些理论分别起了不同的作用，相互协同并融合。

1. 经济学理论在薪酬设计中的作用

解释薪酬的经济学理论十分多，这些理论对薪酬的形式、薪酬的等级等诸多问题做出了解释。效率工资理论、工资基金理论、最低生存费用理论、锦标制度理论、代理理论、人力资本理论、市场供求理论、工资补偿理论、团队生产理论、内部市场理论、工会理论等，都已经或正在进入到薪酬管理学的视野，其中，委托代理理论、锦标制度理论、内部劳动力市场理论、人力资本理论等，是目前对薪酬设计影响力最大的理论。

委托代理理论是绩效薪酬的理论基础。这种理论认为，由于委托人和代理人之间存在着信息不对称，并且代理人具有机会主义和"道德风险"的倾向，当委托人不能很好地测评代理人的努力程度时，绩效是薪酬设计的最好的依据。绩效薪酬能把代理人的利益与委托人的利益联系起来，最大限度地激励代理人。

锦标制度理论是薪酬等级制度的理论基础。这种理论认为，当个人的绝对绩效难以被准确地测量时，按照个人之间的相对绩效设计薪酬制度是最佳的选择。组织内部的等级制度是按相对绩效而非绝对绩效设立的，其激励力量是通过"锦标竞赛"的形式实施的。两个等级之间的薪酬差异与绩效差异并不成正比。需要恰当设计相邻等级之间薪酬差异，以保持足够的激励力度。由于级别越高，竞争的机会越少，等级之间的薪酬差别要随着等级的增高而增大。

人力资本理论是能力薪酬制度的理论基础。该理论认为，员工的产出不仅仅与努力程度相关，而且与能力大小相关。当一个人的绩效尤其是长期绩效难以被准确地测量时，设计能力薪酬是最优的选择。薪酬的功能是

---

① 徐全军、李清珍：《薪酬设计中学科理论的协同与融合：对经济学理论的思考》，《环渤海经济瞭望》2012 年 11 月。

保证企业获取竞争优势，而竞争优势根源于人力资本，企业应致力于考评人力资本而不是对工作进行监督。目前，人力资本理论正与心理学理论结合，从多个方面解释能力薪酬制度。在国外，基于人力资本理论的胜任力薪酬制度备受关注。

内部劳动力市场理论为薪酬设计提供了宏观的框架。该理论认为，进行薪酬设置，需要对员工进行分类、设立各种等级制度、制定晋升计划和实行长期的激励机制。只有进行内部劳动力市场分割，才能设置等级制度；只有具备等级制度，才能设置职位；有了职位，才能设置员工的薪酬；设置了薪酬，才能进行人力资本的管理；只有进行人力资本的管理，企业才能具有竞争优势。所以，内部劳动力市场理论，是薪酬设计的最基础的理论。

经济学理论是与其他理论协同作用的，这主要表现在以下几个方面。

经济学与其他理论协同解释内部劳动力市场分割的工作。对内部劳动力市场分割过程主要的步骤是：首先确定企业在市场中的定位、市场中的各方竞争力量，明确企业内部的技术和文化，找到自己拥有的稀缺的、难以模仿的、有价值的资源，分析这些资源分布状况，区分出关键员工和一般员工，从而划分出核心团队和其他团队。对企业进行市场定位、明确企业内部的技术和文化、找到自己的战略性资源，这些过程的进行需要管理学理论的指导。为了区分员工，需要在心理学理论指导下对人才特征进行测定，需要在人力资本理论的指导下对员工能力进行识别。

锦标制度的实施需要管理学的指导。内部劳动力市场理论，假定所有的企业都在同样的情境中，研究所有企业的内部劳动力的共性问题。但在具体的实施中，不同的企业面对的情境不同。管理学思考这一问题时，是把内部劳动力市场理论放入情景中，思考根据企业的不同情景进行多样化的市场分割，根据不同的情景设立有区别的等级结构。管理学，尤其是战略管理学，为分析情境问题提供了一系列的工具，如分析宏观环境的PEST模型，分析一般环境的波特五种竞争力模型，分析企业内部环境的价值链模型，分析市场组合的波士顿矩阵，分析企业优势的核心竞争力模型，等等。另外，实施锦标制度，必须设置等级薪酬制度，等级薪酬制度与企业内部组织密切相关，企业的组织问题是管理学研究的领域之一。

人力资本理论需要与其他理论结合起来解释薪酬制度问题。①人力资本理论与内部劳动力市场理论结合，才能解释人力资本的培育。首先，对专用性人力资本的培育，必须首先进行内部劳动力市场分割，否则无法确定关键的人力资源。其次，锦标制度为专用性人力资本的培育提供了有效的机制，锦标制度通过报酬后置和晋升制度，稳定人力资源，为人力资本的激励提供长期的激励机制。②人力资本理论为战略管理理论提供了理论指导。战略管理理论认为，企业的长期竞争优势来自于企业的战略性资源，人力资本理论指出，这种战略性资源存在于专用性人力资本。

经济学和其他理论结合才能更好地解释人际关系问题。内部劳动力市场理论指出了锦标制度的合理性，同时也指出了锦标制度的缺陷，认为在锦标制度中，存在串谋、诋毁、搞裙带关系等行为。讨论防止这些行为的途径时，经济学主要在信息不对称方面下功夫，但现实中，不可能彻底解决信息不对称问题。管理学往往从企业文化开始，思考薪酬制度的缺陷，从薪酬制度的制定过程寻找解决方案。其中，企业文化理论，包含了哲学、伦理学、心理学等多方理论的内涵。

2. 心理学理论在薪酬设计中的作用

把企业作为一个单位，研究整个企业薪酬制度，理论基础主要是经济学，尤其是内部劳动力市场理论。研究薪酬制度的细胞——员工个人薪酬时，理论基础主要是心理学。

薪酬对员工的所有激励效果，都来源于对员工的需求的满足。对一个没有任何需求的员工，薪酬是没有任何作用的。经济学研究问题时，把人假定为自利的人，并且人的偏好是稳定的，因此，经济学理论不能指导管理学对人的需求进行分析。心理学对人的需求有充分的研究，其中，马斯洛的需求层次理论是心理学对需求研究的代表性成果。马斯洛的需求层次理论被引入管理学之后，成为管理学的重要理论基础，管理学研究薪酬作用，离不开这种理论的指导。

心理学理论在薪酬设计中的应用主要表现为以下几个方面。

心理学被应用在对薪酬制度的确定过程中。心理学认为，人的需求具有复杂性，不同的人的需求不一样，具有不同的需求的员工应采用不同的薪酬。对于有追求高层次需求的人，应采用分权较大的薪酬制度；对于有追求物质利益的人，应采用绩效薪酬制度。

心理学理论对确定职位有重要的指导作用。在职位设置、工作分析、职位说明书的制定等过程中，心理学理论被广泛地运用，比如，人际关系问题、工作丰富化问题等都是设置职位时必须思考的问题，对这些问题存在的原因，可以用心理学的理论做出解释。

心理学理论是确定薪酬构成的理论基础。在薪酬构成中存在内在薪酬和外在薪酬两种类型，其中，对内在薪酬的确定，需要心理学理论的指导。薪酬有多种具体的表现形式，按照心理学理论，不同组合形式的薪酬，对员工的激励效果不一样。

心理学理论是薪酬激励作用的理论基础。经济学认为，薪酬通过差异引导竞争，竞争激励员工。心理学也承认竞争的激励作用，但是，心理学认为薪酬通过差异引导需求，需求引导竞争，竞争激励员工。由于人的需求有层次性，除了竞争能激励员工外，对员工多种需求的满足也能激励员工。

3. 理论的融合

管理学自诞生之日起，就注重吸收多学科的知识，形成了今天的管理学理论丛林。随着薪酬理论的发展，薪酬管理学将不断吸收锦标制度、人力资本、竞争与交换等理论内容，使它们成为薪酬管理学理论体系的有机组成部分。在经济学理论与薪酬管理学融合的过程中，某些经济学理论含义必将发生一些变化。

锦标制度被引入管理学后，其含义有所变化。在锦标制度中，假设人是经济人，人追求物质利益最大化，主要讨论外在报酬，不讨论内在报酬的问题。但是，在管理学中，在锦标制度理论的指导下，设置薪酬的等级制度时，既要考虑外在薪酬差异，又要考虑内在薪酬的差异，认为晋升制度的激励作用，不只是满足员工的物质的需求，而且满足员工的对尊重、自我实现的需求。

人力资本的概念被引入管理学，其内涵加入了心理学的因素。在传统意义上的人力资本，是指存在人身体内的一种能产生价值的劳动能力，这种能力是通过学习和保健形成的。被引入管理学后，它的内涵被扩大，人力资本不只是指劳动能力，更进一步，指一个完整的人，这个完整的人，不但能创造价值，而且有需求，不但有能力特征，还有心理特征。

经济学中的竞争和交换理论，在管理学中，被用来解释心理需求。经济学中的竞争理论，认为竞争的标的是物质利益，而在管理学中，该理论认为人们之间的竞争并非完全由物质利益驱动的，竞争也可能纯粹出于个人自尊的原因。同样，经济学中的交换理论，关注的是物质利益的交换过程，但在管理学中，该理论认为人们之间不只有物质交换，而且还存在心理交换、社会交换等。

经济学的薪酬概念被引入管理学后，其内涵发生了变化。经济学中的薪酬，主要是指物质形式的薪酬，虽然经济学也讨论非物质方面的偏好，如员工对闲暇的偏好，但在研究非物质利益时，把非物质利益假设成物质利益的替代品。管理学中的薪酬，不但包括物质形式的薪酬，还包括非物质形式的薪酬，并且认为，物质利益与非物质利益是不同层次的利益，它们之间没有完全的替代关系，人们在获取物质利益的同时，更注重非物质利益的满足。

所有这些理论内涵的变化，主要是把一种理论从不同的视角来解释的结果。内涵变化后，与其他理论的内涵更加接近，对管理问题的指导作用更强。

4. 结论

总之，多种理论对薪酬制度具有指导作用。经济学的指导作用体现在内部劳动力市场的分割、等级制度的安排、长期激励机制的设置、员工的划分、核心资源的培育、绩效薪酬的运用等方面。心理学的指导作用体现在对员工的激励、内在报酬的设置、需求的分析、员工素质的测定等方面。管理学的指导作用体现在对组织环境的分析、对职位的设定、对具体报酬制度的设置等方面。

本书虽然说明各种理论对薪酬分配的指导作用，但研究视角是管理学，研究的最终结果，应属于管理学的领域。

附录一 访谈提纲

个人背景资料（如姓名、年龄、学历、工作年限、职位、部门、工作单位等）。

您怎样看待企业高管与一般员工的工资差异？

您怎样看待营销人员与技能人员的工资差异？

您怎样看待高管团队内部的工资差异？

您怎样看待同工种员工之间的薪酬差异？

您怎样看待学历工资差异？怎样看待职称工资差异？怎样看待职务工资差异？怎样看待业绩工资差异？怎样看待福利和退休金？

您怎样看待工作条件的差异？

您怎样看待权利差异？

您认为晋升的标准应该是什么？

您怎样看待进修机会的差异？

您怎样看待工作的自主性、灵活性和挑战性？

您认为什么样的工作最有趣？

您怎样看待公平性？

您认为晋升与工资有什么关系？声誉与工资有什么关系？发展与工资有什么关系？友谊与工资有什么关系？稳定与工资有什么关系？工作兴趣与工资有什么关系？

您在工作中最看重的是什么（发展、权利、地位、友谊、稳定、货币工资）？

附录二　本书涉及因素的度量指标

变量	指标	测试问题	备注
公司内在薪酬差异的情况	晋升差异	本公司的优秀员工有更多的晋升机会	请根据贵公司近五年来的实际情况判断左边各项:1—完全不符合;2—很不符合;3—不符合;4——般;5—符合;6—很符合;7—完全符合。
	声誉差异	本公司经常评选先进个人,并给予表扬鼓励	
	发展机会差异	表现突出的员工有较多的进修或参观的机会	
	工作挑战性差异	对优秀的员工给予更多的工作自主权	
	工作条件差异	不同等级的员工的时间弹性、工作条件不一样	
	权利差异	不同等级的员工拥有不同的决策权	
	地位差异	不同等级的员工接触的社会阶层有较大的差异	
	尊重差异	对员工有歧视现象	
	归属差异	本公司人际关系紧张,难以沟通,缺乏相互关心	
公司外在薪酬差异的情况	职称工资	本公司存在较大的职称工资差异	请根据贵公司近五年来的实际情况判断左边各项:1—完全不符合;2—很不符合;3—不符合;4——般;5—符合;6—很符合;7—完全符合。
	职务工资	存在较大的职务工资差异	
	工龄工资	存在较大的工龄工资的差异	
	岗位工资	存在较大的岗位工资的差异	
	学历工资	存在较大的学历工资的差异	
	奖金	奖金或提成差别较大	
	股权激励	股权激励收益有较大的差异	
	福利	本公司只为部分员工按国家规定发放劳动保险	
		本公司只为部分员工提供班车、免费午餐、过节补助等福利	

续表

变量	指标	测试问题	备注
公司人力资本积累的情况	总体学历	本公司平均学历水平比同行业企业高	请根据贵公司近五年来的实际情况判断左边各项：1—完全不符合；2—很不符合；3—不符合；4——般；5—符合；6—很符合；7—完全符合。
	总体职称	本公司平均技能等级水平比同行业企业高	
	总体学习倾向	本公司的员工学习或进修的热情比同行业企业高	
	总体工作经验	本公司的工龄较长、业务能力过硬的员工比例比同行业企业高	
	核心专长	本公司与同行业企业相比有核心专长	
公司人力资本激励的情况	离职倾向	本公司员工主动辞职率的比同行业企业低	请根据贵公司近五年来的实际情况判断左边各项：1—完全不符合；2—很不符合；3—不符合；4——般；5—符合；6—很符合；7—完全符合。
	任务绩效	本公司员工比竞争企业员工工作效率高	
	公民组织行为	本公司员工能自觉地维护公司的利益	
	团队合作	本公司员工能主动地帮助同事完成工作	
个体人力资本差异的情况	个体学历的差异	本公司员工的学历差异很大	请根据贵公司近五年来的实际情况判断左边各项：1—完全不符合；2—很不符合；3—不符合；4——般；5—符合；6—很符合；7—完全符合。
	个体技能等级的差异	本公司员工的技能等级差异很大	
	个体经验的差异	本公司员工的工作经验有很大差异	
公司文化特征的情况	职能型文化	对企业最重要的工作，是利用现有技术有效地生产出既定的产品	请根据贵公司近五年来的实际情况判断左边各项：1—完全不符合；2—很不符合；3—不符合；4——般；5—符合；6—很符合；7—完全符合。
	流程型文化	顾客满意是经营成功的首位因素，然后是可靠性、技术，最后是灵活性	
	市场型文化	柔性和敏捷性是经营成功的首位因素，然后是技术和顾客需求，最后是质量	
	网络型文化	灵活性是工作成功的首位因素，其次是顾客反应、技术和可靠性	
公司锦标制度强弱的情况	工作竞赛	本公司经常开展工作竞赛	请根据贵公司近五年来的实际情况判断左边各项：1—完全不符合；2—很不符合；3—不符合；4——般；5—符合；6—很符合；7—完全符合。
	等级制度	本公司存在严格的晋升制度薪酬等级	
	内部选拔	本公司的领导层主要是内部提拔产生	
	延期薪酬	高级别的员工有丰厚的退休金	
	员工排序	本公司经常对员工的业绩进行排名	

续表

变量	指标	测试问题	备注
公司作业特征的情况	工作的独立性	本公司的工作需要密切合作才能完成	请根据贵公司近五年来的实际情况判断左边各项：1—完全不符合；2—很不符合；3—不符合；4——般；5—符合；6—很符合；7—完全符合。
	产出的可分割性	很难分辨出每个人为公司创造了多少利润	
	工作的丰富性	大部分员工经常工作内容丰富接触人较多，做多种事	
	工作复杂性	本公司的工作需要进行几年的专业培训才能胜任	
市场薪酬差异情况	本行业内薪酬差异	本公司所在行业的员工薪酬差异比一般行业员工大	请根据贵公司近五年来的实际情况判断左边各项：1—完全不符合；2—很不符合；3—不符合；4——般；5—符合；6—很符合；7—完全符合。
员工业绩差异情况	员工业绩差异	本公司员工的业绩有很大的差异	请根据贵公司近五年来的实际情况判断左边各项：1—完全不符合；2—很不符合；3—不符合；4——般；5—符合；6—很符合；7—完全符合。
公司组织政治的情况	工会力量	本公司的工会对薪酬有很大影响力	请根据贵公司近五年来的实际情况判断左边各项：1—完全不符合；2—很不符合；3—不符合；4——般；5—符合；6—很符合；7—完全符合。
	政治阴谋	本公司存在内部帮派斗争或裙带关系严重	
	政治操纵	本公司的决策权集中在一两个人手中，没有民主评议程序	
	集团利益	本公司存在固定工、合同工、临时工	
	政府干预	本公司的领导是政府任命的	

附录三　企业完整薪酬差异研究调查问卷

尊敬的先生/女士：

您好！非常感谢您在百忙之中填写这份匿名调查问卷。我们郑重承诺：我们将为您和贵公司保密，在调查中不会设计敏感问题，同时本次调查数据仅供研究使用，在研究结果中将以企业作为研究对象，不会出现您及贵公司的信息，而且不会在研究以外的场合扩散。欢迎您对我们的研究提出意见和建议。

感谢您的支持。

课题组

2015 年 10 月 10 日

请根据贵公司近五年来的实际情况判断左边各项，并在您认可的答案的方框中画"√"（1—完全不符合；2—很不符合；3—不符合；4—一般；5—符合；6—很符合；7—完全符合）。

（完全不符合 _____ 完全符合）

	1 2 3 4 5 6 7
本公司的优秀员工有更多的晋升机会	□□□□□□□
本公司经常评选先进个人，并给予表扬和鼓励	□□□□□□□
本公司为表现突出的员工提供较多的进修或参观机会	□□□□□□□

本公司给予优秀的员工更多的工作自主权 □□□□□□□

本公司不同等级的员工的工作时间弹性、工作条件不一样 □□□□□□□

本公司不同等级的员工拥有不同的决策权 □□□□□□□

本公司不同等级的员工接触的社会阶层有较大的差异 □□□□□□□

本公司有歧视员工的现象 □□□□□□□

本公司人际关系紧张，难以沟通，缺乏相互关心 □□□□□□□

本公司存在职称工资的差异 □□□□□□□

本公司存在职务工资的差异 □□□□□□□

本公司存在工龄工资的差异 □□□□□□□

本公司存在岗位工资的差异 □□□□□□□

本公司存在学历工资的差异 □□□□□□□

本公司员工的奖金、提成或绩效工资差别较大 □□□□□□□

本公司员工股权激励收益有较大的差异 □□□□□□□

本公司只为部分员工发放劳动保险 □□□□□□□

本公司只为部分员工提供班车、免费午餐等福利 □□□□□□□

本公司员工平均学历水平比同行业企业高 □□□□□□□

本公司员工平均技能等级水平比同行业企业高 □□□□□□□

本公司员工学习或进修的热情比同行业企业高 □□□□□□□

本公司工龄较长、业务能力过硬的员工的比例比同行业企业高 □□□□□□□

本公司与同行业企业相比有核心专长 □□□□□□□

本公司员工主动辞职率比同行业企业低 □□□□□□□

本公司员工比竞争企业员工工作效率高 □□□□□□□

本公司员工能自觉地维护公司的利益 □□□□□□□

本公司员工能主动地帮助同事完成工作 □□□□□□□

本公司员工之间的学历差异很大 □□□□□□□

本公司员工之间的技能等级差异很大 □□□□□□□

本公司员工之间的工作经验有很大差异 □□□□□□□

本公司最重要的工作是利用现有技术有效地生产
出既定的产品 □□□□□□□

本公司认为顾客满意是经营成功的首位因素 □□□□□□□

本公司认为柔性和敏捷性是经营成功的首位因素　□□□□□□□

本公司认为灵活性是工作成功的首位因素　□□□□□□□

本公司经常开展工作竞赛　□□□□□□□

本公司存在严格的晋升制度　□□□□□□□

本公司的领导层主要是通过内部提拔产生　□□□□□□□

本公司高级别的员工有丰厚的退休金　□□□□□□□

本公司经常对员工的业绩进行排名　□□□□□□□

本公司的工作需要全体员工的密切合作才能完成　□□□□□□□

本公司很难分辨出每个人为公司创造了多少利润　□□□□□□□

本公司大部分员工接触较多人和从事多样的活动　□□□□□□□

员工需要几年的专业培训才能胜任本公司的主要工作　□□□□□□□

本公司所在行业的企业内部薪酬差异比一般行业的大　□□□□□□□

本公司员工之间的业绩有很大的差异　□□□□□□□

本公司的工会对员工薪酬有很大的影响力　□□□□□□□

本公司内部帮派斗争或裙带关系严重　□□□□□□□

本公司的主要决策权集中在一两个人手中，没有民主

评议程序　□□□□□□□

本公司存在固定工、合同工和临时工　□□□□□□□

本公司的领导是政府任命的　□□□□□□□

本公司的私营化程度极高　□□□□□□□

本公司对行业的垄断能力很强　□□□□□□□

本公司大约共有（　　　　　）位员工。

您的性别是（　　　　　）。

您的年龄是（　　　　　）。

您的最高学历是（　　　　　）。

您在本公司的工作年限是（　　　　　）年。

　　您已经完成了本问卷，再次感谢您的帮助！

参考文献

Adam J. Wowak, Donald C. Hambrick, "A Model of Person-pay Interaction: How Executives Vary in Their Responses to Compensation Arrangements", *Strategic Management Journal* 31 (2010): 803 – 821.

Alexander D. Stajkovic, Fred Luthans, "Differential Effects of Incentive Motivators on Work Performance", *Academy of Management Journa*, Vol. 4. No. 3 (2001): 580 – 590.

Andrew D. Henderson, James W. Fredrickson, "Top Management Team Coordination Needs and The CEO Pay Gap: A Competitive Test of Economic and Behavioral Views", *Academy of Management* Journal Vol. 44. No. 1 (2001): 96 – 117.

Brian K. Boyd, Alain Salamin, "Strategic Reward Systems: A Contingency Model of Pay System Design", *Strategic Management Journal* 22 (2001): 777 – 792.

C. Bram Cadsby, Fei Song, Francis Tapon, "Sorting and Incentive Effects of Pay for Performance: An Experimental Investigation", *Academy of Management Journal* Vol. 50. No. 2 (2007): 387 – 405.

Carl F. Fey, Patrick Furu, "Top Management Incentive Compensation and Knowledge Sharing in Multinational Corporations", *Strategic Management Journal* 29 (2008): 1301 – 1323.

Chao C. Chen, Jaepil Choi, Shu-Cheng Chi, "Making Justice Sense of Local-Expatriate Compensation Disparity: Mitigation by Local Referents, Ideological Explanations, and Interpersonal Sensitivity in China-Foreign Joint Ventures", *Academy of Management Journal*, Vol. 45. No. 4 (2002): 807 – 817.

Clara Kulich, Grzegorz T Rojanowski, Michelle K. Ryan, S. Alexander Haslam, Lucd. R. Renneboog, "Who Gets The Carrot and Who Gets The Stick? Evidence of Gender Disparities in Executive Remuneration", *Strategic Management Journal* 32 (2011): 301 – 321.

James B. Wade, Joseph F. Porac, Timothy G. Pollock, Scott D. Graffin, "The Burden of Celebrity: The Impact of CEO Certification Contests on CEO Pay And Performance", *Academy of Management Journal* Vol. 49. No. 4 (2006): 643 – 660.

Jason D. Shaw, Nina Gupta , John E. Delery, "Congruence between Technology and Compensation Systems: Implications for Strategy Implementation", *Strategic Management Journal* 22 (2001): 379 – 386.

Jason D. Shaw, Nina Gupta, John E. Delery, "Empirical Organizational-Level Examinations of Agency and Collaborative Predictions of Performance-Contingent Compensation", *Strategic Management Journal* 21 (2000): 611 – 623.

Jason D. Shaw, Nina Gupta, John E. Delery, "Pay Dispersion and Workforce Performance: Moderating Effects of Incentives and Interdependence", *Strategic Management Journal* 23 (2002): 491 – 512.

Jinyu He, Hem C. Wang, "Innovative Knowledge Assets and Economic Performance: The Asymmetric Roles of Incentives and Monitoring", *Academy of Management Journal* Vol. 52. No. 5 (2009): 919 – 938.

Joseph E. Coombs, K. Matthew Gilley, "Stakeholder Management as A Predictor of CEO Compensation: Main Effects and Interactions with Financial Performance", *Strategic Management Journal* 26 (2005): 827 – 840.

Marianna Makri, Peter J. Lane, Luis R. Gomez-Mejia, "CEO Incentives, Innovation, and Performance in Technology-Intensive Firms: A Reconciliation of Outcome and Behavior-based Incentive Schemes", Strategic Management Journal 27 (2006): 1057 – 1080.

Mark P. Brown, Michael C. Sturman, Marcia J. Simmering, "Compensation Policy and Organizational Performance: The Efficiency, Operational, and Financial Implications of Pay Levels and Pay Structure", *Academy of Management Journal* Vol. 46. No. 6 (2003): 752 – 762.

Marta A. Geletkanycz, Brian K. Boyd, Sydney F Inkelstein, " The Strategic Value of CEO External Directorate Networks: Implications For CEO Compensation", *Strategic Management Journal* 22 (2001): 889 – 898.

Martin Larraza-Kintana, Robert M. Wiseman, Luis R. Gomez-Mejia, Theresa M. Welbourne, "Disentangling Compensation and Employment Risks Using The Behavioral Agency Model ", *Strategic Management Journal* 28 (2007): 1001 – 1019.

Michael J. Leiblein, Tammy L. Madsen, " Unbundling Competitive Heterogeneity: Incentive Structures And Capability", *Strategic Management Journal* 30 (2009): 711 – 735.

Noam Wasserman, "Stewards, Agents, And The Founder Discount: Executive Compensation in New Ventures", *Academy Of Management Journal* Vol. 49. No. 5 (2006): 960 – 976.

Pascual Berrone, Luis R. Gomez-Mejia, " Environmental Performance and Executive Compensation: An Integrated Agency-Institutional Perspective", *Academy of Management Journal*, Vol. 52. No. 1 (2009): 103 – 126.

Paul Kalyta, "Compensation Transparency and Managerial Opportunism: A Study of Supplemental Retirement Plans", *Strategic Management Journal* 30 (2009): 405 – 423.

Rajshree Agarwal, Rachel Croson, Joseph T. Mahoney, "The Role of Incentives and Communication in Strategic Alliances: An Experimental Investigation", *Strategic Management Journal* 31 (2010): 413 – 437.

Ranjay Gulati, Paul R. Lawrence, Phanish Puranam, " Adaptation in Vertical Relationships: Beyond Incentive Conflict", *Strategic Management Journal*

26：415 – 440（2005）.

Richard Makadok Russell Coff，"Both Market and Hierarchy：An Incentive-System Theory of Hybrid Governance Forms academy of Management Review 2009" Vol. 34. No. 2. 297 – 319.

Seidel, Marc-David L., Polzer, Jeffrey T., Stewart, Katherine J., "The Effects of Social Networks on Discrimination in Salary Negotiations." *Administrative Science Quarterly* vol. 45 . No. 1（2000）：1 – 24.

Steve Werner, Henry L. Tosi, Luis Gomez-Mejia, "Organizational Governance and Employee Pay：How Ownership Structure Affects the Firm's Compensation Strategy", Strategic *Management* Journal 26（2005）：377 – 384.

Todd R. Zenger, C. R. Marshall, "Determinants of Incentive Intensity in Group based Rewards", *Academy of Management Journal* Vol. 43. No. 2（2000）：149 – 163.

Wm. Gerard Sanders, "Behavioral Responses of CEOs to Stock Ownership and Stock Option Pay", *Academy of Management Journal* Vol. 44. No. 7（2001）：477 – 492.

Wm. Gerard Sanders, Anja Tuschke, "The Adoption of Institutionally Contested Organizational Practices：The Emergence of Stock Option Pay in Germany", *Academy Of Management Journal* Vol. 50. No. 1（2007）：33 – 56.

Yoshio Yanadori, Janet H. Marler, "Compensation Strategy：Does Business Strategy Influence Compensation in High-Technology Firms?", *Strategic Management Journal*, 27（2006）：559 – 570 .

Yuval Deutsch, Thomas Keil, Tomi Laamanen, "A Dual Agency View of Board Compensation：The Joint Effects of Outside Director and CEO Stock Options on Firm Risk", *Strategic Management Journal* 32（2010）：212 – 227.

Adrienne Colella, Ramona L. Paetzold, Asghar Zardkoohi, Michael J. Esson, "Exposing Pay Secrecy", *Academy of Management* Review 32（2007），55 – 71.

Akerlof, George A., "Gift Exchange and Efficiency-Wage Theory：Four

Views", the *American Economic Review*, 1984, 74 (2).

Andrew D. Henderson, James W. Fredrickson, "Top Management Team Compensation: The Missing Link between CEO Pay and Firm Performance", *Strategic Management Journal* 23 (2002), 367 – 375.

Anmabile T. M., Hill K. G., Hennessey B. A., Tighe E. M., "The Work Preference Inventory: Assessing Intrinsic and Extrins (1974) ic Motivational Orientations", *Journal of Applied Psychology* 66 (1994).

Aparna Joshi, Hui Liao, Susan E. Jackson, "Cross-Level Effects of Workplace Diversity on Sales Performance and Pay", *Academy Of Management Journal* Vol. 49. No. 3 (2006): 459 – 481.

Baily, M., "Wage and employment under uncertain demand", *Review of Economic Studies*, 41 (1974).

Baker, George, "The Use Of Performance Measures In Incentive Contracting", The *American Economic Review* 90 (2) (2000): 415.

Barron, John M., Gjerde, Kathy Paulson, "Peer Pressure in an Agency Relationship", *Journal of Labor Economics*, 15 (1997): 234.

Barry M. Staw, Lisa D. Epstein, "What Bandwagons Bring: Effects of Popular Management Techniques on Corporate Performance, Reputation, and CEO Pay", *Administrative Science Quarterly* 45 (2000): 523 – 556.

Brian K. Boyd, Alain Salamin, "Strategic Reward Systems: A Contingency Model of Pay System Design", *Strategic Management Journal*, 22 (2001): 777 – 792.

Bryk A. S., Radenbush B. A., Hierarchical Linear Models, Newbury Park CA: Sage, 1992.

Bull, Clive, Schotter, Andrew, Weigelt, Keith, "Tournaments and Piece Rates: An Experimental Study", the *Journal of Political Economy*, 95 (1) (1987): 1.

Che, Yeon-Koo, Yoo, Seung-Weon., "Optimal Incentives for Teams", the *American Economic Review*, 91 (3) (2001): 525.

Dawn Harris, Constance Helfat, "Specificity of CEO Human Capital and

Compensation" 18 (1997): 895 – 920.

Don Knight, Cathy C. Durham, Edwin A. Locke, "The Relationship of Team Goals, Incentives, and Efficacy to Strategic Risk, Tactical Implementation, and Performance", *Academy of Management Journal* Vol. 44. No. 2 (2001): 326 – 338.

Dunlop, J., The task of contemporary wage theory, in Taylor & Pierson (ed.), New Concepts in Wage Determination, 1957.

Elaine C. Hollensbe, James P. Guthrie, "Group Pay-For-Performance Plans: The Role of Spontaneous Goal Setting", *Academy of Management Review* Vol. 25. No. 4 (2000): 864 – 872.

Eriksson, Tor, "Executive Compensation and Tournament Theory: Empirical Tests on Danish Data", *Journal of Labor Economics* 17 (2) (1999): 262.

Frank R. H., Hoosing the Right Pond: Human Behavior and the Quest for Status. Oxford University Press, 1985.

Garen, John E., "Executive Compensation and Principal-Agent Theory", The *Journal of Political* Economy 102 (6) (1994): 1175.

George F. Dreher, Taylor H. Cox, Jr., "Labor Market Mobility and Cash Compensation: The Moderating Effects of Race and Gender", *Academy of Management Journal* Vol. 43. No. 5 (2000): 890 – 900.

Heli Wang, Sonya Seongyeon Lim, "Real Options and Real Value: The Role of Employee Incentives to Make Specific Knowledge Investments", *Strategic Management Journal* 29 (2008): 701 – 721.

Hem C. Wang, Jay B. Barney, "Employee Incentives to Make Firm-Specific Investments: Implications For resource-Based Theories of Corporate Diversification", *Academy of Management Review* Vol. 31. No. 2 (2006): 466 – 476.

Herzberg F., "One More Time: How Do You Motivate Employees?" *Harvard Business Review* 5 (1987).

Holmstrom B., Milgrom P., "Multi-Task Principle-Agent Analysis:

Incentive Contracts, Asset Ownership, and Job Design". *Journal of Law, Economics and Organization* 7 (1991).

Holmstrom, Bengt, Milgrom, Paul, "The firm as an incentive system", The *American Economic Review* 84 (1994): 972.

Jacob Mincer, "A study of Personal Income Distribution", Ph. D. dissertation, Columbia University, 1957.

James G. Combs, Maura S. Skill, "Managerialist and Human Capital Explanations for Key Executive Pay Premiums: A Contingency Perspective", *Academy of Management Journal*. Vol. 46. No. 1 (2003): 63 – 73.

James Heckman, "A Life Cycle Model of Earnings, Learning, and Consumption", *Journal of Political Economy*, 1976, pp. 511 – 544.

Jason D. Shaw, Nina Gupta, John E. Delery, "Pay Dispersion and Workforce Performance: Moderating Effects of Incentives and Interdependence", *Strategic Management Journal* 23 (2002): 491 – 512.

Jensen M. C., Murphy K. J., "Performance Pay and Top Management Incentives", *Journal of Political Economy*, 98 (2).

Jensen, Michael C., Murphy, Kevin J., "Performance Pay and Top-Management Incentives", The *Journal of Political Economy*, 98 (2) (1990): 225.

John S. Earle, Andrew Spicer, Klara Sabirianova Peter, "The Normalization of Deviant Organizational Practices: Wage Arrears in Russia 1991 – 98", *Academy of Management Journal* Vol. 53. No. 2 (2010): 218 – 237.

K. J. Klein, S. W. J. Kozlowski, Multilevel Theory, Research and Methods in Organizations. San Francisco: *Jossey-Bass*, 2000.

Kaplan, Steven N., "Top Executive Rewards and Firm Performance: A Comparison of Japan and the United States", *Journal of Political Economy* 102 (1994): 510.

Kenneth J. Arrow, "The Economic Implications of Learning by Doing", *Review of Economic Studies* 29 (1962).

Lazear, Edward P., "The Power of Incentives", *The American Economic*

Review 90 （2） 2000 （b）：410.

Lazear, Edward P. Rosen, Sherwin, "Rank-Order Tournaments as Optimum Labor Contracts", The *Journal of Political Economy* 89 （5） 1981：841.

Lazear, Edward P. , "Salaries and Piece Rates", *Journal of Labor Economics* 59 （3）（1986）：405.

Lazear, Edward P. , "Performance Pay and Productivity", the *American Economic Review* 90 （5） 2000 （a）：1346.

Lazear, Edward P. , Moore, Robert L. , "Wage, Productivity, and Labor Contracts", The *Quarterly Journal of Economics* 99 （2）（1984）：275.

Lazear, Edward P. , Oyer, Paul, "The Structure of Wages and Internal Mobility", The *American Economic Review* 94 （2）（2004）：212.

Main, Brian G M, O Reilly, Charles A III, Wade, James, "Top Executive Pay: Tournament or Teamwork", *Journal of Labor Economics* 11 （4）（1993）：606.

Martin J. Conyon, Simon I. Peck, Graham V. Sadler, "Corporate Tournaments And Executive Compensation: Evidence From The U. K. ", *Strategic Management Journal* 22 （2001）：805 – 815.

Maslow A. H. , "A Theory of Human Motivation". *Psychological Review* 50 （1943）.

Michel L. Magnan, Sylvie St-Onge, "Bank Performance And Executive Compensation: A Managerial Discretion Perspective", *Strategic Management Journal* 18 （7）（1997）：573 – 581.

Nalbantian, Haig R. , Schotter, Andrew, "Productivity under Group Incentives: An Experimental Study", The *American Economic Review* 87 （1997）：314.

Oswald, Andrew J. , "Wage and Employment Structure in an Economy with Internal Labor Markets", the *Quarterly Journal of Economics* 99 （4）（1984）：693.

Paul Taubman, "The Determinants of Earnings: Genetics, Family and

Other Environments", *American Economic Review* Vol. 66 (1976), pp. 858 – 870,

Peter Wright, Mark Kroll, Detelin Elenkov, "Acquisition Returns, Increase In Firm Size, And Chief Executive Officer Compensation: The Moderating Role Of Monitoring", *Academy of Management* Journal 45 (3) (2002): 599 – 608.

Rosen, Sherwin, "Prizes and Incentives in Elimination Tournaments", The *American Economic Review* 76 (4) (1986): 701.

Sanford E. Devoe, Jeffrey Pfeffer, "Hourly Payment and Volunteering: The Effect of Organizational Practices on Decisions about Time Use", *Academy of Management Journal*. Vol. 50. No. 4 (2007): 783 – 798.

Schmidt F. L, Hunter J. E., "The Validity and Utility of Selection Methods in Personnel Psychology: Practical and Theoretical Implications of 85 Years of Research Findings", *Psychological Bulletin* 124 (1998).

Soo Mintoh, "Host Country National Reactions to Expatriate Pay Policies: A Model and Implications", *Academy of Management Review* Vol. 28. No. 4 (2003): 606 – 621.

Steve Werner, Henry L. Tosi, Luis Gomez-Mejia, "Organizational Governance And Employee Pay: How Ownership Structure Affects The Firm's Compensation Strategy", *Strategic Management Journal* 26 (2005): 377 – 384.

Tosi H. L., Werner S., Kats, J. P., Gomez-Mejia, L. R., "How Much Does Performance Matter? A Meta-Analysis of CEO Pay Studies", *Journal of Management* 26 (2000).

Xiaomeng Zhang, Kathryn M. Bartol, Ken G. Smith, Michael D. Pfarrer, "Ceos On The Edge: Earnings Manipulation and Stock-Based Incentive Misalignment", *Academy of Management Journal* Vol. 51. No. 2 (2008): 241 – 258.

Yoshio Yanadori, Janet H. Marler, "Compensation Strategy: Does Business Strategy Influence Compensation In High-Technology Firms?" *Strategic Management Journal* 27 (2006): 559 – 570.

爱德华·拉齐尔：《人事管理经济学》，刘昕等译，生活·读书·新知三联书店，2000。

巴里·格哈特、萨拉·L. 瑞纳什：《薪酬管理》，朱丹译，上海财经大学出版社，2005。

波特·马金：《组织和心理契约：对工作人员的管理》，王新超译，北京大学出版社，2000。

曹如中、邱羚、秦迎林：《人力资源开发与管理》，清华大学出版社，2015。

曾湘泉：《薪酬：宏观、微观与趋势》，中国人民大学出版社，2006。

甄朝党、张肖虎、杨桂红：《薪酬合约的激励有效性研究：一个理论综述》，《中国工业经济》2005 年第 10 期。

陈佳贵等：《国有企业经营者的激励与约束——理论、实证与对策》，经济管理出版社，2001。

陈清泰、吴敬琏主编《公司薪酬制度概论》，中国财政经济出版社，2001。

陈清泰、吴敬琏主编《可变薪酬体系原理与应用》，中国财政经济出版社，2001。

陈思明：《现代薪酬学》，立信会计出版社，2004。

谌新民：《企业内部劳动力市场——一个综合分析框架及其在中国企业的运用》，中国社会科学出版社，2006。

德斯勒（Dessler，G.）：《人力资源管理》，刘昕译，中国人民大学出版社，1999。

董克用：《中国转轨时期薪酬问题研究》，中国劳动社会保障出版社，2002。

方阳春：《高新企业薪酬制度研究》，浙江大学博士学位论文，2006。

顾琴轩：《国有企业经营者人力资本价值计量及其收入分配研究》，博士论文，2003。

韩国元、刘小畅：《中小企业人力资源组织与管理》，哈尔滨工程大学出版社，2015。

何燕珍：《企业薪酬管理发展脉络考察》，《外国经济与管理》2002

年第 11 期。

亨利·明茨伯格等：《战略历程——纵览战略管理学派》，机械工业出版社，2005。

黄速建、黄群慧：《管理科学化与管理学方法论》，经济管理出版社，2005。

纪纯、王春风、李吉栋：《风险企业薪酬策略研究》，《中国工业经济》2002 年第 9 期。

〔日〕今井贤一等：《内部组织的经济学》，金洪云译，生活·读书·新知三联书店，2004。

金延平：《薪酬管理》，东北财经大学出版社，2008。

劳动和社会保障部劳动工资研究所：《我国企业薪酬热点问题剖析》，中国劳动社会保障出版社，2007。

雷宏振、李垣、廖貅武：《激励扭曲与基于知识合约的团队生产力》，《中国工业经济》2005。

李芳：《全面薪酬的"立体锥结构"构成》，《中国人力资源开发》2005 年第 8 期。

李军：《匹配视角下的现代企业战略性薪酬研究》，经济科学出版社，2008。

李斯特：《政治经济学的国民体系》，陈万煦译商务印书馆，1961。

李新建：《企业薪酬管理》，南开大学出版社，2003。

李中斌、傅红梅：《整体薪酬方案的个性化设计》，《中国人力资源开发》2003 年第 11 期。

廖建桥、张凌、刘智强：《基尼系数与企业内部薪酬分配合理性研究》，《中国工业经济》2006 年第 2 期。

林浚清、黄祖辉、孙永祥：《高管团队内薪酬差距、公司绩效和治理结构》，《经济研究》2003 年第 4 期，第 31~40 页。

林浚清：《中国上市公司高管绩效激励研究》，浙江大学博士学位论文，2004。

罗纳德·伊兰伯格、罗伯特·史密斯：《现代劳动经济学》，中国劳动出版社，1991。

罗文毅:《〈商业周刊〉调查显示:甲骨文 CEO 薪酬最高》,《南方都市报》2002 年 3 月 19 日。

马歇尔:《经济学原理(下)》,陈良壁译商务印书馆,1981。

孟令国:《中国企业管理层隐性激励机制研究——兼论显性激励的不完全性》,暨南大学博士学位论文,2005。

米尔格罗姆等:《经济学、组织与管理》,费方域主译,经济科学出版社,2004。

米尔科维奇:《薪酬管理》,董克用等译,中国人民大学出版社,2002。

潘飞、石美娟、童卫华:《高级管理人员激励契约研究》,《中国工业经济》2006 年第 3 期。

彭伏期:《乡镇企业家报酬机制的理论与实证研究》,浙江大学博士学位论文,2005 年 4 月。

彭四平、童恒庆:《激励心理学》,湖北人民出版社,2006。

秦兴方:《人力资本与收入分配制度》,经济科学出版社,2003。

冉斌:《薪酬设计与管理》,海天出版社,2002。

石伟:《薪酬管理》,对外经济贸易大学出版社,2009。

石伟:《组织文化》,复旦大学出版社,2004。

舒尔茨:《论人力资本投资》,北京经济学院出版社,1990。

孙剑平:《薪酬管理——经济学与管理学视觉的耦合分析》,吉林人民出版社,2000。

孙利虎:《战略薪酬管理理论与实务》,东北财经大学出版社,2015。

孙中一:《企业战略运行机制》,天津人民出版社,2001。

索普、霍曼:《企业薪酬体系设计与实施》,姜红玲等译,电子工业出版社,2003。

王彦斌:《管理中的组织认同:理论建构及对转型期中国国有企业的实证分析》,人民出版社,2004。

王颖、姚鹏、周鑫:《基于"锦标制度"的企业员工激励薪酬方案分析》,《华东经济管理》2005 年第 3 期。

魏光兴、蒲勇健:《公平偏好与锦标激励》,《管理科学》2006 年第 2

期。

文跃然：《薪酬管理原理》，复旦大学出版社，2013。

文跃然：《薪酬管理原理》，复旦大学出版社，2004。

熊敏鹏：《人力资源管理》，机械工业出版社，2003。

徐鑫、杨淑兰、牛立新：《基于个人特征的 CEO 薪酬决定研究综述》，《郑州经济管理干部学院学报》2004 年 12 月。

亚当·斯密：《国民财富的性质和原因的研究》，商务印书馆，1972。

杨剑、白云：《激励导向的薪酬设计》，中国纺织出版社，2002。

姚艳虹：《基于隐性价值评估的企业高管人员激励问题研究》，湖南大学博士学位论文，2004 年 12 月。

俞文钊：《中国的激励理论及其模式》，华东师范大学出版社，1993。

张文贤：《管理入股：人力资本定价》，立信会计出版社，2001。

张玉华：《学习型企业人力资本定价研究》，华中科技大学博士学位论文，2004 年 4 月版。

赵睿：《企业家薪酬与企业绩效研究——基于人力资本特性的分析》，中国社会科学院研究生院博士学位论文，2002。

赵增耀：《内部劳动市场的经济理性及其在我国的适用性》，《经济研究》2002 年第 3 期。

赵增耀：《内部劳动市场的理论、实践和启示》，《学术月刊》2000 年第 6 期。

赵志泉：《薪酬管理》，河南大学出版社，2012。

郑砾：《全球薪酬调查》，人民日报—华南新闻 2001 年 11 月 1 日。

周斌、汪勤：《薪酬管理：理论、实务、案例》，清华大学出版社，2014。

周霞、李国辉、石爱玲：《薪酬管理中公平感的计量模型》，《中国管理科学》2005 年第 13 期。

朱晓妹：《基于心理契约的薪酬模式研究》，知识产权出版社，2008。

图书在版编目（CIP）数据

企业内部薪酬差异管理理论研究／徐全军著 . – – 北
京：社会科学文献出版社，2018.1
（天津社会科学院学者文库）
ISBN 978 – 7 – 5201 – 1169 – 0

Ⅰ.①企⋯　Ⅱ.①徐⋯　Ⅲ.①企业管理 – 工资管理 –
研究　Ⅳ.①F272.92

中国版本图书馆 CIP 数据核字（2017）第 183059 号

· 天津社会科学院学者文库·

企业内部薪酬差异管理理论研究

著　　者／徐全军

出 版 人／谢寿光
项目统筹／邓泳红　桂　芳
责任编辑／陈晴钰

出　　版／社会科学文献出版社 · 皮书出版分社（010）59367127
　　　　　　地址：北京市北三环中路甲 29 号院华龙大厦　邮编：100029
　　　　　　网址：www.ssap.com.cn
发　　行／市场营销中心（010）59367081　59367018
印　　装／北京季蜂印刷有限公司

规　　格／开　本：787mm × 1092mm　1/16
　　　　　　印　张：17　字　数：267 千字
版　　次／2018 年 1 月第 1 版　2018 年 1 月第 1 次印刷
书　　号／ISBN 978 – 7 – 5201 – 1169 – 0
定　　价／79.00 元